本书为北京大学中国与世界研究中心研究课题

道法中国

翟玉忠 著

二十一世纪中华文明的复兴

DAOFA ZHONGGUO

中央编译出版社
Central Compilation & Translation Press

代 序

2008年2月初，蒙翟玉忠先生寄赠此部书的书稿，读后大为惊异。出生在上个世纪六十年代以前的读者，大概会感到时光倒流，似在重温"评法批儒"。当然，书中的资料和观点远较"评法批儒"丰富，还附上了批评当代西学的立场，时代感非常强，与流行思潮明显针锋相对，大约属于"否定之否定"一类。

欣逢中华百家争鸣的盛世，玉忠成就了一家之言。他梳理"中华原生文明"，发掘和弘扬法家的治国理念和方略，如重耕战，社会功勋制，全民监督，常平仓，依法行政，简令谨诛，赏罚当符而重其轻者，独特的外交观，还有道法自然的自然主义世界观。他试图描绘一幅"儒化"之前中华"大黄金时代"的图景，而且毫不掩饰其"托古"的意图是宣扬当代的"新法家"。无论是否同意他的看法，思想开放的读者必然能获得重要的启示。读过此书，我们至少能同意：欲复兴中华悠久的文明，应当仔细审视诸子百家，而不仅是尊孔读经复兴繁盛了几乎两千年的儒家思想。正所谓古为今用，洋为中用；去其糟粕，取其精华。

中华文明生生不息。在"儒化"的中国，传统法家思想依然绵延不绝。比较西学的法律主义（legalism）传统，中国的传统法家要复杂得多，是一整套政治哲学理念和社会管理原则。在当今的"全球化"时代，国家之间相互影响，激烈竞争，强弱的兴衰交替乃是转瞬间的事情，堪比我国的春秋战国时代。春秋战国时代的传统法家是富国强兵之道，新时代的法家思想是富强之源。中国"新法家"必是对中国传统法家的扬弃，也应是拥有未来的思想。

读此书，不禁想到八十年代中期的《河殇》，一部以赞美西方"海洋文明"贬低中华"黄土文明"为核心思想的电视片。那电视片轰动全国，解说词也是一时洛阳纸贵，引发了中国知识界的大讨论。此后，西学崇拜

1

成为中国知识界的主流。然而,迄今不过二十余年,竟是时过境迁,恍如隔世了。没有中华文明深厚的底蕴,这部书的写作和出版是不可想象的。没有中华崛起,国人正在恢复自信和自尊的大环境,这部书的写作与出版也是不可想象的。

读此书是个享受。玉忠不仅观点鲜明,立论极富挑战性,而且行文流畅、通俗。这部书会引发我国大众读者的关注,也应引起我国思想界的关注。

读此书,笔者能理解玉忠对儒家的严厉批评和对西方政治、社会、经济学主流思想成就的贬抑。玉忠的论点虽有极端之嫌,却属于思想变迁中的"矫枉过正",也是青年思想者的必然。他书中反映的情绪,是对一种强势思潮的反弹。这种反弹在我们的时代背景中不难谅解。相反的思想,在大学课堂、新闻报刊、杂志书籍、乃至电视和互联网上,也绝不是含蓄中庸的。笔者本想吁请玉忠在书里增加对下述两个问题的论述:一、为什么儒学能在中华思想界居主导地位两千年?二、倘无最近百年的西学东渐,中国可能有今天的崛起?提这样的问题,无非是指望玉忠能"全面"些,"中庸"些。但转念再想,这要求不仅苛刻,而且是庙堂中已近暮年之人方有的苛刻,或曰"成熟"。正如在西方的通例,中国不仅需要严谨、学富五车、研究领域细致入微的庙堂学者,而且需要不拘一格的思想者,需要思想战线上的斗士。在西方社会里对社会思潮影响最大的书,往往不是居庙堂之高的教授们所著,而是出于无名草莽之手。另外,一种新思潮起初多以比较极端的面目出现。非如此,难有战斗力。缺少战斗力,也就缺少生命力。

此书资料丰富,线索清晰,立论鲜明,质量并不亚于许多高居庙堂的教授专家的著述。而且,玉忠殷殷可见的赤子之心在书中体现得淋漓尽致。笔者曾邀北大比较政治专业的博士生们阅读此书手稿,学生们读过之后众口称奇,皆曰颇受启发。玉忠出身世代农民家庭,生于1973年,师范毕业后任教于河北唐山的乡村中学,未受过任何庙堂的专业训练,更非任何领域的专家教授。他于2001年来京漂流自学,赖撰文为生,生活清贫。他的训练是在中国国家图书馆里自修完成,他良好的英文功底也是自修出身。他的独特思想是在苦读和"社会大学"中形成的,当然也是玉忠向京城的学术先进虚心求教的结果。其实,直到不久以前,"胸怀祖国,放眼世界;刻苦用功,自学成才"还曾是我国相当普遍的现象。今居庙堂之高者,不乏七十年代自学成才之士。我国今已普及大学教育,草莽之中却还能屡出这样的人才,真令人振奋。"是英雄不问出身"乃是我国的骄傲,延续着我国"功勋制"源远流长的伟大传统。倘玉忠今后能持之以恒,刻苦如昔,当能为推动"新法家"运动做出更显著的贡献。

潘维

2008-4-17,北京大学

目 录

代序 ……………………………………………………………… (1)

致读者 岩石开裂 …………………………………………… (1)

"岩石岩石，你何时才能裂开?!"

一位瘦削的西方传教士，形单影只地站在广东海外的上川岛上，对着明朝海禁阴影下的中国大陆绝望地喊道。

他是首个来到亚洲传教的沙勿略（S. Franciscus Xaverius），时间是嘉靖三十一年（公元1552），沙勿略立志把西方文明的基督福音传到东方智慧之源中国；他失败了，这年年底，答应帮助他偷渡的中国人迟迟没有来，身心交瘁的沙勿略客死荒岛。

虔诚的沙勿略至死也不会想到，东西方文明间的距离远远超越他看到的海岸礁石！

引言 中华文明复兴的现实基础 ……………………………… (1)

从以道家为"内术"，以法家为"外术"的道／法原文明，到儒家删述六艺，中华原文明儒化，再到一百五十多年前，西方列强用炮舰摧毁了华夏中心论的千年梦幻，中国学术全盘西化——从道／法到儒家再到西学，中华文明经历了太多的曲折和苦难。

直到二十世纪，随着中华原文明文献不断被整理发掘出来、西方文明自身的发展以及中国一次次西化改革的失败，我们终于看到了中华文明复兴的曙光。

1. 二十世纪中华文明原典和中国学术的再发现 ………………… (1)

2. 西方学术走向东方之路 ………………………………… (9)
 3. 痛定思变：二十世纪西化改革的失败 ………………… (15)

第一部分　再回中华文明的黄金时代

  对大多数国人来说，中华原生文明的黄金时代有如一个被久已遗忘的故事，她显得那么久远，那么陌生：

  4800年前，伟大的黄帝联合湟河、洮河流域的夏部落组成华夏联盟，法定农桑，法定"尚礼义"，取昆山之铜为兵，历经百战，统一华夏。

  2400年前，李悝在魏国变法成功，开启了中华文明长达四百年的大黄金时代！作为战国法家的先行者，李悝《法经》奠定了中华法系的基础，突显了中华文明的本色。

  从黄帝时代到汉宣帝中兴，中华民族信奉规则，崇尚进取；从西北黄土高原到整个东亚大陆，炎黄子孙雄居东方近三千年。

第一章　伏羲啊，伏羲 ………………………………………… (23)

 1. 黄土高原上的道/法文明之光 …………………………… (23)
 2. 道/法原文明的发展期 …………………………………… (30)
 参考阅读：中国的蒙娜丽莎——大地湾女神 ……………… (37)

第二章　大黄金时代 …………………………………………… (39)

 1. 什么力量将中国推进了大黄金时代 …………………… (40)
 2. 秦二世而亡，谁之过 …………………………………… (47)
 3. 为"汉家制度"正名 …………………………………… (52)
 参考阅读：睡虎地秦墓竹简 ………………………………… (57)

第三章　西方文明走下神坛 …………………………………… (60)

 1. 中国传统上是一个反封建反专制之国 ………………… (60)
 2. 是西方文明走下神坛的时候了 ………………………… (69)
 参考阅读：华夏族生生不息的缩影——6000年渔洋村 … (75)

第二部分 中国中世纪

从王官学到百家争鸣,从百家争鸣到黄老之学,中华原文明一以贯之。

西汉末年,随着道/法原文明被逐步腐蚀儒化,中国黄金时代的万丈光芒消退,中华文明陷入了长达两千年的黑暗中世纪。她先是不断遭受北方游牧民族的入侵,19世纪游牧部落退出历史舞台后,她又直接面对西方海洋文明的威胁。

没有什么力量能将这个优秀文明赶出历史舞台,因为在中华文明延绵不绝的生命中蕴蓄着一条政治经济学龙脉——法家!

第四章 一而百,百而一 ……(79)
1. 中华文明的裂变与演化 ……(79)
2. "非法婚配"造就思想怪胎 ……(84)
3. 法家反对儒家人治 ……(90)
4. 儒家执政理念何时了 ……(95)
   参考阅读:汉代公正的法治社会 ……(98)

第五章 儒效?儒效? ……(100)
1. 两千年来中国人是如何被洗脑的 ……(101)
2. 儒家给中华文明究竟带来了什么 ……(110)
   参考阅读:中国曾是一个性方面相当开放的社会 ……(116)

第六章 微微龙脉 ……(118)
1. 中国的钢铁脊梁 ……(118)
2. "欧洲孔子"魁奈与"新加坡法家"李光耀 ……(122)
   参考阅读:遂公盨与大禹治水 ……(125)

第三部分　中华文明的复兴

如果中华文明复兴仅仅为了证明西方文明的一切中国"古已有之",那么就不如全盘西化,因为大量西方文明成果毕竟经过了历史的检验。

中华文明复兴的历史意义在于:中国古典哲学、政治经济理论解决了西方文明政治经济学框架无法克服的现实困难。

第七章　中国古典哲学基础 …………………………………… (131)
　　1. 还我中国哲学 ………………………………………… (131)
　　2. 中国古典哲学三个核心范畴 ………………………… (136)
　　参考阅读:西周青铜法典 ……………………………… (153)

第八章　中国古典经济理论基础 …………………………… (156)
　　1. 西方古典经济学的衰落与中国古典经济理论的复兴 …… (156)
　　2. 中国古典经济理论三原则 …………………………… (169)
　　3. 早熟的中国古典经济理论 …………………………… (190)
　　参考阅读:本杰明·格雷厄姆的商品本位货币计划 ……… (192)

第九章　中国古典政治理论基础 …………………………… (194)
　　1. 道生法、法生德 ……………………………………… (198)
　　2. 社会功勋制和全民监督体系 ………………………… (207)
　　3. 外事武而义 …………………………………………… (225)
　　参考阅读:《美国法典》标题5第2301部B节规定的九条
　　　　　　功绩制原则 …………………………………… (234)

第十章　论全球大争时代 …………………………………… (237)
　　1. 信息时代真实的全球化 ……………………………… (237)
　　2. 全球大争时代中华文明面对的战略环境 …………… (243)
　　3. 全球大争时代保卫中华文明——行工战 …………… (248)

参考阅读：八千年前，吹笛的人是谁 …………………………（255）

附录一　中华原文明谱系 ………………………………………（257）

附录二　中华文明发展路线图 …………………………………（263）

附录三　中华原文明的"四经五书" ……………………………（265）

附录四　新三字经 ………………………………………………（268）

跋 ……………………………………………………………………（273）

致读者　岩石开裂

"岩石岩石,你何时才能裂开?!"

一位瘦削的西方传教士,形单影只地站在广东海外的上川岛上,对着明朝海禁阴影下的中国大陆绝望地喊道。

他是首个来到亚洲传教的沙勿略(S. Franciscus Xaverius),时间是嘉靖三十一年(公元1552),沙勿略立志把西方文明的基督福音传到东方智慧之源中国;他失败了,这年年底,答应帮助他偷渡的中国人迟迟没有来,身心交瘁的沙勿略客死荒岛。

虔诚的沙勿略至死也不会想到,东西方文明间的距离远远超越他看到的海岸礁石!

东西方认知世界的方式和思维方法有着本质的不同

要理解中华文明,我们不得不首先耐心地了解国人的思维特点——那是中国人哲学,生活方式以及政治经济理论的原点。

直到近年来,科学家们才注意到东西方认知世界的方式和思维方法有着本质的不同。为了唤醒石器时代以来东方族群独有的心灵基因,我们先作两个简单而有趣的社会心理学实验,实验内容来自美国国家科学院社会心理学院士理查德·尼斯贝特(Richard Nisbett)的《思维的版图》一书。该书由中信出版社2006年2月出版。

请读者指出下面三项中最接近的两项:

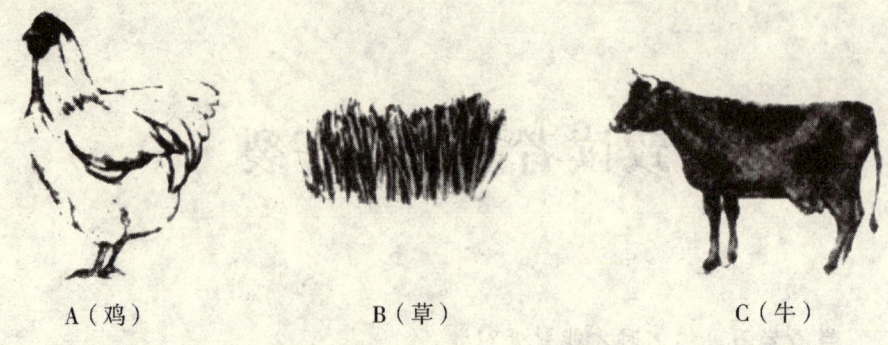

A（鸡）　　　　　　B（草）　　　　　　C（牛）

请读者指出下图右侧的目标物体与上面两组中哪一组相似：

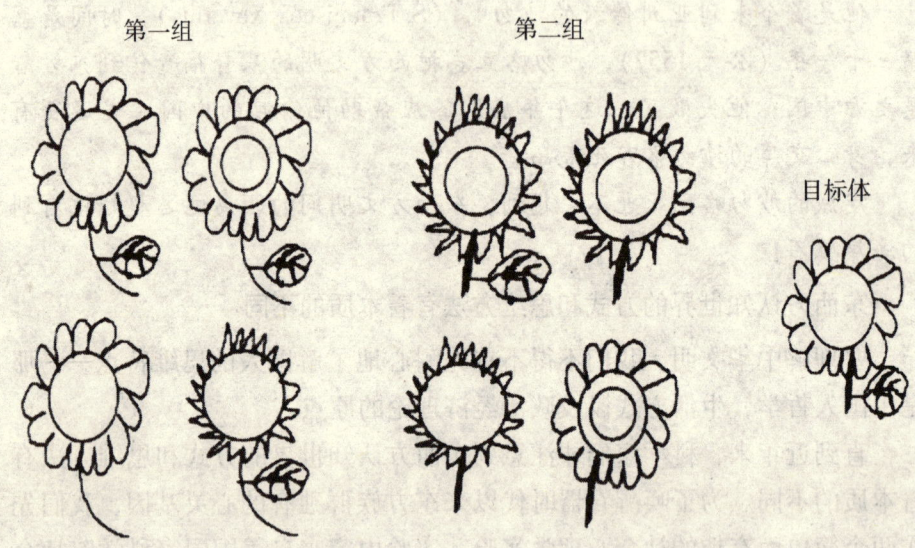

在第一个测试中，如果读者是一位中国人或长期在东方文化背景中（如日本和韩国）生活的人，他（她）更多地会将牛和草归为一类，因为"牛吃草"。而一位西方人，他们会更倾向于将鸡和牛归为一类，因为鸡和牛都是动物；在第二个测试中，东方人将倾向于将目标物体归于第一组中，因为目标物体与第一组整体外表相似。而西方人更倾向于将目标物体归于第二组中，因为第二组中的每个植物都"具有直茎"这个属性。

为什么会产生这样不同的结果呢？这是因为东西方的认知方式和思维方法不同。在中国人的认知中，世界是由连续不断的物质构成的，是动态的,他们更加关注整体及事物间的关系,接受矛盾的互补性;西方人的世界是由独立的物体构成的,是静态的,他们习惯于通过解析单个物体(所谓"客体")的属性,进行形式逻辑分析。

上述两组实验的设计者理查德·尼斯贝特教授将东西方思维版图的分界上推到2500年前的中国和希腊哲学。反映到艺术表现形式上,我们从石器时代流传下来的壁画中看到,一两万年前欧洲人观察世界时已经十分注重个体细节的描写,而东方大约同一时期的壁画中则注重整体印象的刻画——欧洲南部西班牙阿尔塔米拉山洞旧石器时代野牛图是如此逼真,据说一百多年前最初发现它的小女孩以为洞里真有一头活牛,当时吓得惊叫:"这里有牛!"

不同的思维特点会产生迥然不同的知识体系

也是由于思维方式的不同,西方,亚里士多德创立了形式逻辑学。东方,公孙龙等创立了名家。

如果我们不用西方逻辑学和语言哲学野蛮肢解《公孙龙子》,你就会发现它正好与量子哲学相合(坚、白、石 vs 波、粒、量子)。这里主体与客体是相互影响,相互作用的,二者相生相克。

投资家乔治·索罗斯在金融系统中发现了主客互系的认知方法,他称之为"反身性"(reflexivity),1979年,为了纪念量子力学"测不准原理"的发现,表达对量子力学哥本哈根学派的认同,索罗斯干脆将自己的公司改名为"量子基金"。

1947年,哥本哈根学派的代表人物波尔(Neils Bohr)被丹麦政府授予宫廷武士的爵位(Order of the Elephant),这个爵位通常只授予皇族成员或著名的将军。当时波尔家族没有族徽,他毫不犹豫地选择了中国的"太极图"作为族徽的中心图案,用以表达量子波粒互补的性质——东西方文明在原子时代从不同的角度汇集在一起,这是怎样波澜壮阔的景象啊!

波尔为自己家族设计的族徽,上面的铭文是:"CONTRARIA SUNT COMPLEMENTA",译成中文是:对立是互补的。意在说明世界上的偶对体互相联系,相生相克。

过去一百五十年来,由于西方文明的东进,东方人的思维方式已经受到了很大的影响,理查德·尼斯贝特的实验研究也证实了这一点。幸运的是,国人传统的思维方式仍在中华文明的"活化石"中医中得以完整保存,下面我们以图画的形式将不同文明的思维方式从医学角度作一个比较,读者会看到不同的思维方式会产生怎样迥然不同的知识体系:

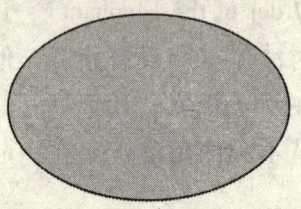

原始人思维:主客混同,相信神秘的互渗律,事物通过神秘力量相互影响。

原始人治病:女儿病了,妈妈吃药。

西方人思维：局部二元思维，（主客）偶对体二元对立，互相排斥。

西方人治病：头痛医头，脚痛医脚。

中国人思维：整体尚中（平衡）思维，偶对体互相联系，相生相克。

中国人治病：整体观念，辨证施治。

  中华文明建立在与现代系统论近似的整体观基础上，从政治到经济，国人习惯于将社会看作一个整体，并很早就对社会系统特性进行了详细的考察；又由于社会系统完全不依赖于先进实验工具（量子力学和热力学等自然科学不是这样），所以中国古典政治经济思想具有了现代的特征——后面读者将会发现，中国古典政治经济的基本原则常常是与系统论的一般原理相对应的。

  由于心智结构上的巨大差异，东西两个文明间对话有时会很痛苦。比如说同西方朋友讨论中国古典经济理论的基础之一"均平原则"的时候，大家都承认当代世界的政治经济结构是失衡的，有产阶级获得了太多的财富和公共权力。如何解决这个问题呢？中国古典政治经济理论会用金融、政治手段损有余，补不足，重新达到社会不同阶层的动态平衡，所谓"应化之道,平衡而止"(语出《黄帝四经·道法》)。但有的西方朋友明确告诉我应消灭有产阶级。

笔者注意到,自然科学的哲学,西方系统论已经证明复杂系统中"1+1>2",整体大于部分之和,整体有自己独立的特性,然而西方学界只停留在用系统观点"解释"政治、经济这样的复杂巨系统。比如经济学家阿瑟·布莱恩(Brian Arthur)发现了市场中的边际收益递增规律,甚至坦然承认自己的认知方式是道家的,但他竟然不知道黄老道家早就已经阐述了自己的经济理论(集中在《管子》轻重十六篇中)——西方人要用系统思想指导自己的文明实践中可能还有相当长的路要走,文明范式的改变总是缓慢的!

阅读本书过程中读者需牢记以下几点

对读者来说,阅读本书同时是一种认知方式和思维方法的挑战,在阅读本书过程中读者需牢记以下几点:

一、"东方人见森,西方人见木",本书的思维方式是中国传统的整体尚中思维,而不是西方的局部二元思维。比如我们把国家看作有机的整体,她拥有自己的系统特性。在系统论出现以前,这种观念早已在华夏文明中根深蒂固;再比如中国古典经济理论并不关注西方政治经济理论中极为重要的私有、公有,计划、市场之类概念。

二、本书努力摆脱以西方思维方式为基础的话语权。鉴于长期以来"无洋不是理,无西不是学"的学术氛围,这显得相当困难,为此我们极不情愿地引用了大量经典文献原文。摆脱西方话语霸权是一个长期的过程,不能指望在一本书或一个短的时间里实现。比如"抱法处势,无为而治"或许更适用于管理从国家到企业这样的复杂巨系统,但自由、执行力这样的概念依旧会大行其道。

三、本书欲意排除国人长期浸淫其中的儒家文化和西学八股文(这种八股文经常以西方学者"卡尔·克拉克曾经说过"之类语句起笔)的影响,它意味着颠覆读者学生时代就建立起来的诸多观念。比如按照中国古典政治理论,我们处在一个标准的全球封建社会,而不是世界性的资本主义时代;再比如西汉末年没有儒化以前的中华原文明是以道家哲学为基础,以法家为政治经济体系,儒家只是中华原文明的异化形态,尽管在道德上儒家具有一定的合理性和建设性。

当读者掩卷的时候,我们希望大家学会从一个更为接近真实的角度审视中华文明以及我们周围的世界,笔者甚至奢望读者能看到二十一世纪人类文艺复兴的曙光——改变过去500年世界历史的前进方向,世界文明的中心开始从西方走向东方,那不单单是一个信仰取代另一个信仰,也不仅仅是一个社会取代另一个社会,更不只是一个帝国取代另一个帝国——那实际上是一个文明取代另一个文明。

整理本书附录一"中华原文明谱系"时,笔者突然意识到,本书不就如同《达芬奇密码》中那个象征基督神圣血统的圣杯吗?拨开两千年厚厚的历史尘土,我们在古老的东方找到了从遥远的过去持续延伸到无限未来的人类文明的圣杯:中国原文明!

引言　中华文明复兴的现实基础

从以道家为"内术",以法家为"外术"的道/法原文明,到儒家删述六艺,中华原文明儒化,再到一百五十多年前,西方列强用炮舰摧毁了华夏中心论的千年梦幻,中国学术全盘西化——从道/法到儒家再到西学,中华文明经历了太多的曲折和苦难。

直到二十世纪,随着中华原文明文献不断被整理发掘出来、西方文明自身的发展以及中国一次次西化改革的失败,我们终于看到了中华文明复兴的曙光。

1. 二十世纪中华文明原典和中国学术的再发现

被人遗忘的张尔田

1911年,在那个风雨飘摇的时代,清末民初著名学者张尔田发表了他的《史微》一书,该书出版后,日本西京帝国大学很快将它列为学生的必读之书。这本书集清朝二百年学术之大成,揭示了中华原文明的本质。可惜近百年来,西学日进,该书无人注意,几近湮没。

对于中华文明的复兴来说,这本书中许多结论都是革命性的。

张尔田注意到了中国学术源于官学,为史官职权。东周社会秩序大乱,孔子删述六艺后,以道/法家为学术主体的中华文明才折衷于儒家。他写道:"自天子失官,史与道分,孔子问于老聃而删述焉,六经折入儒家而先王之意隐矣。"①

上承乾嘉时代大学者章学诚(1738~1801),张尔田将儒家核心经典六艺"非儒家化"了,还原了六经本来的官学地位,其功莫大焉!他在

---

① 张尔田,《史微》,上海书店出版社,2006年1月,第27页。

《史微》开篇就写道:"六艺皆史也,百家道术,六艺之支与流裔也,何以知其然哉?中国文明开自黄帝,黄帝正名百物,始立百官,官各有史,史世其职,以贰于太史。太史者,天子之史也。其道君人南面之术也,内掌八柄以诏王治,外执六典以逆官政,前言往行无不识,天文地理无不察,人事之纪无不达,必求博闻强识疏通知远之士,使居其位,百官听之以出治焉。故自孔子以上,诸子未分以前,学术政教皆聚于官守,一言以蔽之,曰史而已矣。史之为书也六,曰诗,曰书,曰易,曰礼乐,曰春秋。"①

中国学术之变迁大势,是中华文明原典六艺从根据于道家到折衷于儒家,张尔田写道:"周之东迁,天子失官,百家始分,诸子之言纷然淆乱,司徒之官衍为儒家,羲和之官衍为阴阳家,理官衍为法家,礼官衍为名家,清庙之守衍为墨家,行人之官衍为纵横家,议官衍为杂家,农稷之官衍为农家,稗官衍为小说家,司马之职衍为兵家,明堂史卜之职衍为数术家,王官一守衍为医家,而史官之大宗独降为道家。孔子悯焉,于是以儒家思存前圣之业,观书于周,问道于老聃,追迹于三代之礼,序书传,上纪唐虞之际,下至秦缪,编次其事。诗三千余篇,去其重,取可施于礼义,上采契、后稷,中述殷周之盛,至幽历之缺,三百五篇皆弦歌之,以求合韶武之音,正乐雅颂,赞易、序彖、系、象、说卦、文言。因史记作春秋,上至隐,下讫哀,据鲁亲周故殷,运之三代,自是六艺之文咸归孔氏矣。七十子后学因相与尊之为经……是故由前而观,六艺皆王者之史,根据于道家;由后而观,六艺为孔氏之经,折衷于儒家。"②

张尔田看到了道家在中华文明中的基础地位,将之称为"六艺之宗"、"百家之祖"、"儒者之师"。在《史微·原道》中他写道:"昔者黄帝既执道以济天下矣,知道为君人之要术,得之者昌,失之者亡,故立史官而世守之,以垂诫后王,非得道者如夏之终古,商之向挚,周之辛甲、尹佚,莫能居是职焉,而一时佐人君明治理者,若伊尹辅汤,鬻熊、太公与周,管仲治齐,亦无不推原斯学,以秉要而执本。降及东迁,天子失官,老聃乃以守藏史述黄帝上古之言,著道德五千言,庄、列、关尹之徒羽翼之,

---

① 张尔田,《史微》,上海书店出版社,2006年1月,第1页。
② 张尔田,《史微》,上海书店出版社,2006年1月,第2页。

号为道家,盖始此矣。是故道家者,君人南面之术,六艺之宗子,百家之祖而我孔子所师承也。"①

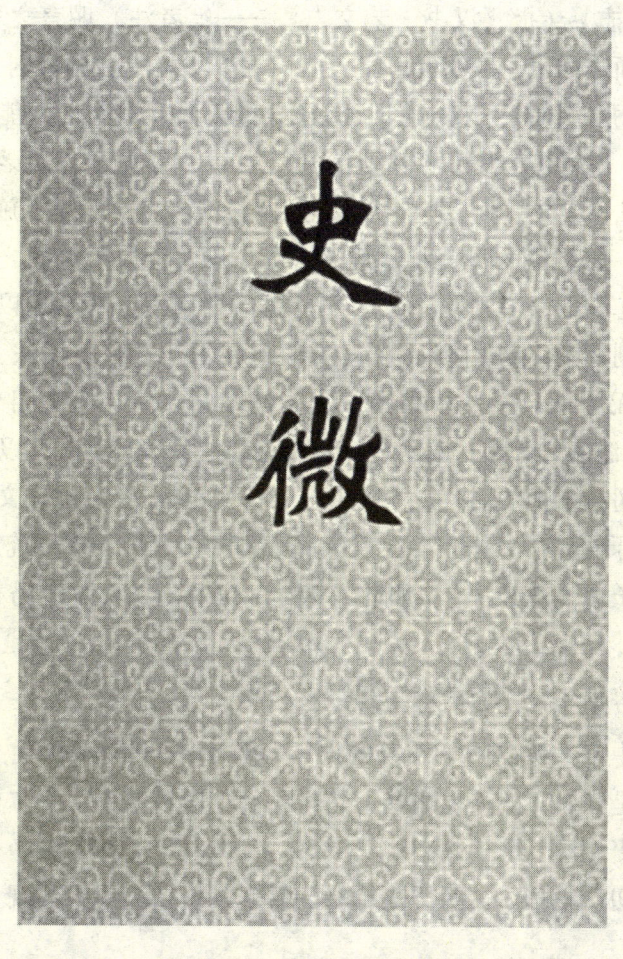

张尔田(1874~1945),原名采田,字孟劬,号遁堪,又号许村樵人,杭县(今杭州)人。中过举人,曾任刑部主事、知事等职。1914年清史馆成立,参加纂修,他负责撰写《乐志》、《刑法志》、《地理志·江苏》、《图海》、《李之芳列传》、《后妃列传》等卷。1921年后,先后在北京大学、北京师范大学、中国公学、光华大学、燕京大学等校任中国史和文学教授,最后在燕京大学哈佛学社研究部工作;1911年出版《史微》。

黄老著作《黄帝四经》1973年才出土,张尔田不可能看到这本书。

---

① 张尔田,《史微》,上海书店出版社,2006年1月,第24~25页。

他在《史微·原法》中竟能深得中华道/法原生文明精髓，得出"法无道则失本，道无法则不行"的结论，令人叹为观止。他写道："法家之学出于理官，《汉志》（指《汉书·艺文志》——笔者注）明言之矣，盖道家者，君人南面之内术，法家者，君人南面之外术也。法无道则失本，道无法则不行。"张尔田接下来的论证也极为大胆，因为他当时只能猜"黄老"的学术源流。"太史公为《申韩列传》，曰：'申子之学本黄老而主刑名，韩非喜刑名法术之学，而其归本于黄老。'又曰'申子卑卑，施之于名实。韩子引绳墨，切事情，明是非，其极惨礉少恩。皆原于道德之意。'尹文子亦曰：'道不足以治则用法，法不足以治则用术，术不足以治则用权，权不足以治则用势。势用则反权，权用则反术，术用则反法，法用则反道，道用则无为而自治。故穷则徼终，徼终则反始。始终相袭，无穷极也。'是可见法家之为用，盖不能离道矣。故法家以道为常，以法为本。"①

张尔田超越了他的时代，也超越了今天许多学者对中华文明的理解。在《史微·原儒》中，张尔田一反汉武帝抑黜百家后，将史统定于孔子的作法，称孔子"实兼道家"。如此"离经叛道"，今天读来仍有振聋发聩之感。

诸子书等中华文明原典的再现

摆脱将中华文明混同于儒家的误区，对于中华道/法原生文明的透彻认识，无疑是张尔田的天才之处。同时我们也应该看到，张尔田的发现有其深刻的历史渊源。

明末清初，中华原文明儒化趋势已经开始扭转，集中体现为诸子学的兴起。

明朝末年，心性儒学理学已经成了纯粹的空谈。除了心性之外，实用之学尽失。清初大儒李恕谷（1659～1733）评述说："高者谈性天，撰语录，卑者疲精死神于举业，不惟圣道之礼、乐、兵、农不务，即当世之刑名、钱谷亦懵然罔识。"所以明末倡经世致用的学者开始关注子书；当时大多数学者来说，子学仍处于次要位置，只有李贽、傅山等少数人将子学放在与经学平等的地位。

---

① 张尔田，《史微》，上海书店出版社，2006年1月，第39～40页。

另外，明朝刻书业发达，诸子书得以大量刊刻，客观上促进了中华文明原典的再现。这些书有的以合集的形式出版，有的单本发行。合集如《六子书》，老子、庄子、列子、荀子、扬子、文中子皆列其中。著名的《二十子》为吴勉学所辑，初刻于万历年间（1572~1619），包括：《商子》、《韩非子》、《管子》、《鬼谷子》等诸多齐、晋法家经典文献。

明人刊刻子书相当粗疏，有时甚至出于己意妄加删节。子书的校勘整理是由清朝学者完成的，他们的目的多是为了以史证经或以子证经，无心插柳柳成荫，结果却是诸多中华学术原典子学的全面复兴。

清儒对中华文明复兴的伟大历史贡献是不能抹杀的。今天我们走进任何一家书店买任何一本诸子百家的经典，都渗透着清儒二百年学术工作的心血。经过他们整理，这些书不仅可以通读了，且在很大程度上恢复了本来面貌。

以《韩非子》为例：

自从汉武帝独尊儒术，法家不能入仕之后，治韩非学说者逐步减少，只有诸葛亮那样的政治精英才出于实用目的研读，唐代尹知章和宋代谢希深也曾为《韩非子》作注，但治其学者可谓少之又少，以至于市面上很少见到，"几于失传"。

韩非（约前280~前233），法家思想的集大成者。著《韩非子》一书，秦王嬴政见其中《孤愤》、《五蠹》等篇，赞赏说："嗟呼，寡人得见此人与之游，死不恨矣！"

至明,对"有侮圣言"的《韩非子》的研究才呈复兴之态。当时著名学者如归有光,焦闳等人都曾为这部书作过评注。张鼎文认为《韩非子》"古今学士列于诸子,与经世并行,其文则三代以下一家之言,绝有气力光焰"。李贽"喜读韩非之书",并在《焚书》中对韩非等先秦法家人物大为赞赏,认为先秦法家人物"各各有一定之学术,各各有必至之事功"。

明人对《韩非子》称赞者有之,刻本也很多,不过文字校勘方面却少有成绩。清代经卢文弨、顾广圻、俞樾、孙诒让、王先慎等的持续努力,《韩非子》一书才得以系统地勘定。

中华原文明典籍的复活除了清朝学者的校勘整理之功,还有现代考古学的重大发现,特别上个世纪七十年代以后《黄帝书》、《秦律》、《汉律》的出土,消失千年后,秦汉文明的治国理念,法律条文赫然屹立在世人面前,他们有如抽打这个古老民族灵魂的闪电,爆出一连串的思想惊雷——黄老不是无为而治、秦法不是暴法、中国文明底色不是儒学……

中国学术与西方学术

通过对中华文明原典的研究,我们不仅发现了中国古典哲学、政治经济思想的核心,我们还发现了一个完全不同于西方学术的学术体系,这种已经在东亚大地上存在了数千年的学术体系有以下三个方面的特征:

首先,中国学术与西方学术的生成背景不同,她是中国知识精英层层累积的结果。

如上所述,中国的学术皆出于官学,而西方学术则出于私学。文献学家余嘉锡先生(1884~1955)言"周秦古书,皆不题撰人",所以我们读中国的经典学术著作,千万不要以为《黄帝内经》就是黄帝作的,《商君书》就是商鞅作的,这些书是一代代中国知识精英的学术成果层层累积的结晶。比如《商君书》是晋法家商鞅学派的代表作,其中应有商鞅本人的作品,但也包括许多商鞅弟子、后学的多次整理、附益和增饰,书中的一些事件是商鞅死后才发生的。

中国学术出于官学还能从《尚书》、《逸周书》、《周礼》这样的西周官方文献中看出来,《逸周书》可谓中国学术之母——政治、经济、兵学、小说……无所不包。公元前770年周平王将周朝的都城由镐京迁到洛邑,穷得没有钱办丧事,各类职官就带着经典奔向各诸侯国,这才有了诸子百家。诸子百家实际上只是官学的不同方面,大体是以道家为哲学基础,以法家为政治经济架构,我们能从西汉统一后诸子百家陆沉,黄老治世理念中清晰地看出来。汉以后中华原生文明儒化,官学的这个特点变得模糊了。

西方学术不同,从古希腊时代起,学术就为有闲阶层私人垄断。读亚里士多德的书,作者就是亚里士多德,读《几何原本》,作者就是欧几里得,"知识产权"清晰。当然西方的政治家也曾影响过学术,但西方学术的主流从来就不是官学。

中国学术著作的作者都分不清究竟是谁,于是在有些人眼里中国学术都成了非学术,最多是"术"。比如中国古典经济思想,绝对不能叫经济学,最多叫理财之术,桑弘羊、陈云则为理财家。这些人不清楚,《九章算术》并不比《几何原本》落后,《孙子兵法》可以同西方任何一本战争理论抗衡——中国学术是我们的先人智慧层层累积的有机体,是我们的国魂!

中国学术与西方学术的第二个不同点是他们的概念体系和学术范式不同。

西方学术受柏拉图及其于公元前387年在雅典创办的学园(Academy)的影响极大,注重反映事物共相的概念并按照严格的逻辑寻求真理。年轻时欧几里得曾在柏拉图学园里攻读过几何,他的《几何原本》后来成为西方学术的标准范式。

据说在柏拉图学园的大门口刻有"不懂几何者不得入内"几个字,西方学术的泛数理化倾向也在那里形成。这不是说柏拉图提倡十年数学教育有什么错,而是因为他不依赖对天象的观察,主张凭借纯粹的数和图形来研究天体运动的学术方法。西方现代经济学数理化已经荒唐到了这样的地步,学完经济学的大学毕业生甚至看不懂公司的财务报表——历史事实是,数理化最初几乎仅限于经济应用领域,而不是经济理论本身。

中国学术不重视概念的定义以及严密的逻辑推理,她重视感知和意悟,对知识内容的直接阐发,而且常常用类比和比喻的方法。今天我们读《韩非子》、《墨子》这样的中国学术原典,就知道他们不是用西方学术论文的体裁,而是用散文体写成的,语言极为优美,道理极为深刻。

比如中国学术中讲产权要公私相分，不是从什么"天赋人权"、"私有财产神圣不可侵犯"之类的假定开始推理，而是讲了一个"百人逐兔"的故事，要人们理解政治经济体系中公私分明的重要意义。《吕氏春秋·慎势篇》引《慎子》云："'今一兔走，百人逐之，非一兔足为百人分也，由未定。由未定，尧且屈力，而况众人乎？积兔满市，行者不顾，非不欲兔也，分已定矣。分已定，人虽鄙，不争。'故治天下及国，在乎分定而已矣。"

中国学术重视感知和意悟，并不是说它没有科学精神。同现代科学一样，中国学术认为只有经过实践检验的理论才具有真理性。韩非子称之为"参验"，他指出，对于一种理论来说，不用事实加以检验就对事物作出判断，那是愚蠢；不能正确判断就引为根据，那是欺骗！所谓："无参验而必之者，愚也；弗能必而据之者，诬也。"（《韩非子·显学》）

中国学术与西方学术的第三个不同点是二者的治学目的不同。

如果说神话是人类学术的胚胎，那么东西方学术的分野最早可以追溯到神话时代。在西方传统的基督教神话中，世界是他创的，神在他所创的世界体系之外，这是西方二元论的最初思维形态。

中国典型的神话则不是这样，世界是神自创的，神的躯体构成了我们的世界。如盘古创世传说，三国时吴国太常卿徐整在其著《五运历年纪》载："天气蒙鸿，萌芽兹始，遂分天地，肇立乾坤，启阴感阳，分布元气，乃孕中和，是为人也。首生盘古，垂死化身；气成风云，声为雷霆，左眼为日，右眼为月，四肢五体为四极五岳，血液为江河，筋脉为地里，肌肉为田土，发髭为星辰，皮毛为草木，齿骨为金石，精髓为珠玉，汗流为雨泽，身之诸虫，因风所感，化为黎氓。"

所以，长期受二元论浸淫的西方哲学家习惯于将可以感知的具体事物和理念分离开来，知识目的是寻求这种超越现实的真实理念。比如洞穴喻，在柏拉图这个影响深远的著名的比喻里，人不过是感觉世界（洞穴）中的被捆得死死的囚徒，看到真实世界就要走出洞穴，才能看到世界的本原。

中国哲学最典型的形态是道论。金文中已确认有"道"字，《貉子卣》上的"道"字，由"行"与"首"两个部件组成，即道路之意。后来这个"道"字被中国哲学家引申开去，具有了无比丰富的内涵。在老子

《道德经》中，道是最高的哲学范畴。中国诸子百家所指的道本身是自我生成的，不是与现实世界相对的理念世界的产物——他们寻求的是"现世"的知识。

中国社会科学院研究生院教授何星亮先生在《中西治学目的之差异》(http://www.enweiculture.com/culture/dsptext.asp?lmdm=030102&wddm=0079&file=20038190301020079.htm)一文中将中西学术治学目的不同归纳为：一是"求知"与"求用"差异，二是"求法则"与"求事实"的差异，可谓精当——中国数学领先世界千载，但《九章算术》和《几何原理》的行文结构完全不同，前者的每一章都以实用问题的解决为目的，后者则建立了用定义、公理、定理、证明构成的演绎逻辑体系。

中国学术与西方学术生成背景、学术范式和治学目的不同，就说中国没有学术，或中国古代知识不是学术是不对的。理解中国学术特点，是我们研究中国学术，复兴中华文明的起点。

2. 西方学术走向东方之路

西方文明的新方向

十九世纪末，甲午惨败使所有想保持中国儒家传统的梦想都成了昨日黄花。在坚船利炮面前，中国知识分子无论保守还是激进，无论左派还是右派，无论情愿还是不情愿，都选择了西化道路，其余波影响至今。

1897年，76岁的国学大师俞樾面对甲午战败后汹涌而来的西学感叹："此三年之中，时局一变，风气大开，人人争言西学矣。"（俞樾，《诂经精舍课艺》序言）

梁启超对中国的西化过程观察得入木三分，在《清代学术概论》一书中他写道：

> "鸦片战役之后，志士扼腕切齿，引为大辱奇戚，思所以自湔拔，经世致用观念之复活，炎炎不可抑。又海禁既开，所谓'西学'者逐渐输入，始则工艺，次则政制。学者若生息于漆室之中，不知室外更何所有，忽穴一牖外窥，则粲然者皆昔所未睹也。环顾室中则皆沉黑

积秽，于是对外求索之欲日炽，对内厌弃之情日烈。"①

"内厌"到什么程度呢？谭嗣同在《仁学》中大谈日本皇军乃"仁义之师"，胡适作诗期望中国快快亡国，无论是"亡给哥萨克"还是"亡给普鲁士"都行。

具有讽刺意味的是，就在中国知识分子怀着对自身文明的强烈否定向西学挺进之际，由于自然科学上的巨大突破，西方文明开始走向新的方向——东方。

如果说爱因斯坦建立相对论，只是推翻了牛顿的绝对时空观（在爱因斯坦的时空观里，时间、空间这样的客体与相对于观测者主体的运动速度相联系，相对观察者高速运动的惯性系会发生钟慢和尺缩效应），那么量子论则改变了人们对整个宇宙的认识——观察者会影响电子的表现形式和物理量，主体决定了电子显现为波还是粒子，微观客体的任何一对互为共轭的物理量，如坐标和动量，都不可能同时具有确定值。

1927年玻尔在《量子公设和原子理论的新进展》提出了著名的互补原理。他指出，平常大家总是认为可以不必干涉所研究的对象就可以观测该对象，但从量子理论看来却不可能，因为对原子体系的任何观测，都将涉及所观测的对象在观测过程中已经有所改变。因此不可能有单一的定义，平常所谓的因果性不复存在。对经典理论来说是互相排斥的不同性质，在量子理论中却成了互相补充的一些侧面，波粒二象性正是互补性的一个重要表现。

主客互系与西方传统主客对立这种二元对立的思维方式迥异。面对欧洲两千多年苦心建立的哲学大厦的坍塌，西方文明显得无所适从，最后连爱因斯坦也成为以玻尔代表的哥本哈根学派的激烈反对者；后来玻尔在中国史专家汉娜·柯比林斯基（汉名柯汉娜）的建议下选择"太极图"作为族徽的中心图案，显然是因为他认为这一图案最好地表达了自己的哲学思想。

喜好空谈、善于故弄玄虚的"易学家"们以为玻尔是在太极图的启发下发现"互补原理"的，抛开这种中式神学不谈，我们发现太极图的确很

---

① 梁启超，《清代学术概论》，复旦大学出版社，1985年，第59页。

好地表达了中国哲学思想。

过去人们普遍认为太极图是由宋朝的道士和儒者传下来的，考古学证明，西汉就有了太极图。1995年，四川省绵阳市永兴区双包山西汉2号墓出土生活用木胎漆盘200多件，其中Ⅰ式20件（见下图）的样式如下："敞口，平折沿，浅腹，平底。盘内为红地，用黑、暗蓝二色绘双鸟戏水。鸟尖嘴，半圆形身，相互对望，地以水波、旋涡纹衬之。图案外周髹红漆，素面，盘壁髹黑漆，用红色彩绘旋涡、菱形、点纹组合的连续图案六组。盘口沿髹黑漆，用红色绘制旋涡、菱形、点纹组合的连续图案十组。盘外壁髹黑漆，朱绘旋纹二周"。四川学者王先胜经过详细考证后认为，这些漆盘是太极八卦盘，其纹饰内涵包括太极图、八卦六十四卦生成序、十月太阳历、阴阳合历、二十八宿等。

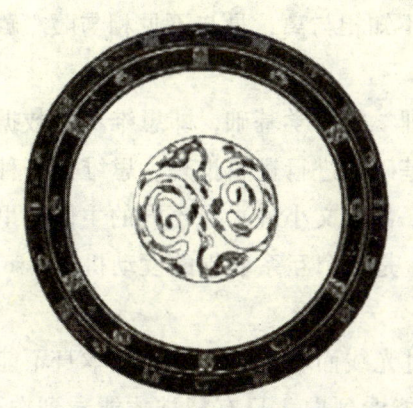 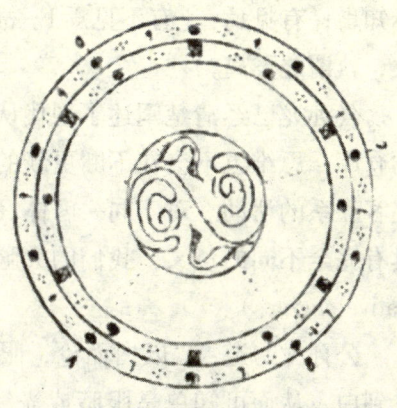

图一：西汉木胎漆盘　　　　　图二：示意图

太极图是中华哲学思想的形象化表达，更详尽的文字表达在道家和名家思想中。后者完整流传下来著作包括《墨子》中的《墨经》六篇和《公孙龙子》六篇，习惯于用西方学术肢解中华文明的学者总是努力将墨经与名家分开来研究，事实上二者连坚白石、白马这样的论说主题也是一样的。

如果我们用波—粒—电子与坚—白—石对应起来，就很容易理解主客互系是世界最根本的属性，是我们认知世界的基础。它不仅适用电子这样的微观领域，也适用于石这样的宏观物体，投资家索罗斯以他的金融天分告诉我们，主客互系法则同样适用于金融市场，他还发明一个专有名词：

11

反身性（Reflexivity），表示事件参与者的思想和它们所参与的事态都不具有完全的独立性，二者之间不但相互作用，而且相互决定。

索罗斯为了解释金融市场的主客互系写了整整一本书，题目是《金融炼金术》，他的思想显得有些混乱，我们还是回到公孙龙。

回到公孙龙和墨子

在公孙龙眼里，坚、白两种属性强烈地依赖于观察方式，他说："石是一，而在石中的坚、白却是'二'。这样，便有摸得着的，有摸不着的；有看得见的，有看不见的。因而，摸得着的（如坚）便与摸不着的（如白）互相隐藏着。既然有互相隐藏，怎能说它们互相不可分离呢？因为"藏"就是不见，不见的当然与可见的有区别而可被分析了。"（《公孙龙子·坚白论》原文：于石，一也；坚白，二也，而在于石。故有知焉，有不知焉；有见焉，〔有不见焉〕。故知与不知相与离，见与不见相与藏。藏故，孰谓之不离？）

公孙龙已经清楚阐述了现代认知心理学的哲学基础，即思维不是数据的仓库，思维也不会在不断更新的数据基础上进行逻辑推理，思维是一种主客互系的活动。对于同一客体（比如一部英文小说）在不同的主体那里具有完全不同的意义，我们的大脑本质上是一个互系联想的发动机（associative engines）。

公孙龙写道："以白而论，眼睛通过光线而看到白，但光线本身不能看到白，从而可知单是眼睛或光线均不能看到白，只有精神才能看到白。但精神又不能看到白色，而是看到分离的东西。坚性必须通过手的触觉而知，而手指还必须叩击物体才能产生触觉，如果不通过知坚的手与手的叩击，那么，精神便不能感知坚。唯有精神，才是谈论分离的根本。"（《公孙龙子·坚白论》原文：且犹白，以目〔见〕，〔目〕以火见，而火不见，则火与目不见而神见；神不见，而见离。坚以手〔知〕，而手以捶〔知〕，是捶与手知而不知，而神与不知。神乎！是之谓离焉。）

墨子论述坚白石与公孙龙没有太大的区别。《墨子·经说下第四十三》有：石头，是一个整体；坚和白，是两种属性，而统一存在于石头之中。所以有被知晓的，有不被知晓的，是可以理解的。（原文：石一也，坚白二也，而在石。故有智焉，有不智焉，可。）

《墨经》开篇阐述了以主客互系为特征的中国哲学的基本概念,特别值得我们关注。《墨子·经上第四十》:

原故,是先找到原因而后成为结果。(故,所得而后成也。)

体(部分),是从整体中分出来的。(体,分于兼也。)

智,有才能。(知,材也。)

虑,是一种求索。(虑,求也。)

知觉,接触事物而产生。(知,接也。)

智,是一种明确的认识。({知心},明也。)

上述概念是西方文明所欠缺的,但这种古老而又崭新哲学却是现代自然科学和社会科学所急需的。下面我们以经济学为例。

布莱恩·阿瑟:道家"非常具有现代性"

经济学领域的"爱因斯坦",推翻以牛顿世界观为基础的西方古典经济学的美国经济学家布莱恩·阿瑟(Brian Arthur),他通过将系统论复杂性理论引入经济学,在上个世纪末发现:以知识为核心的现代经济主要受收益递增规律的支配,正反馈在其中起主要作用,经济不会靠边际效益递减"自动"达到平衡——1798年由托马斯·马尔萨斯牧师打下的西方古典经济学基础开始动摇。

在1999年的一次访谈中,布莱恩·阿瑟曾介绍了自己接触道家的过程,当时它正研究经济学的收益递增规律以及相关的哲学基础:

"在研究道家前,1985年我在夏威夷大学作了一次讲演,这时一位来自中国大陆的学生走过来说:'你讲的早已经有人讲过了!'我说:'是吗?给我引述一下。'他说:'老子都说过了。'我说:'真是那样的话,我深感荣幸。'"

布莱恩·阿瑟回去立刻找来宋朝道家和新儒家的著作来读,惊奇地发现自己的经济哲学思想一千年前中国人已经明确阐述了,那些阐述"非常具有现代性"(It's remarkably contemporary)。他回忆说:"道家认为世界是不断展现的。我回去读宋朝道家和新儒家的著作,以及十一世纪末程颐、程颢等人的著作,发现他们非常具有现代性。他们教导一切都在不断变动,但是万物都按照控制自己的内在法则去构建自己。现在我们称呼它为法(laws)。他们认为原理只有一个,但是表现方式却千变万化。换句话说,这个世界的万物都是在构建自己的原理之上涌现(emerges)的。他们认为,头脑不是填充事实和思想的容器。它也是一种显现。"

布赖恩·阿瑟(W. Brian Arthur),美国新墨西哥州圣塔菲研究所(Santa Fe Institute)花旗银行教席教授。1983年到1996年,他在斯坦福大学担任莫里森(Morrison)经济与人口研究教席教授。他的代表作《报酬递增和商业新世界》(Increasing Returns and the New World of Business)发表在《哈佛商业评论》1996年7/8月号上。

谈到当代高技术管理面对的困惑,布莱恩·阿瑟指出,高技术的管理工作,从最高层次上看,不是管理,而是发现规则。一旦你有了规则,你就想让别人接受,他们必然产生适当的反应。不是最佳的反应,而是适当的。因此在这一领域你不可能有最优的行动。你所能做的只能是适当的行动;道家学说一直认为世界在展现。没有什么真理,有的只是人们强加于它的,人们不可能改变世界,但是你能适当地改变自己。道家教武术时说你不知道你的对手会做什么,但是当你的对手改变方向时你应能准确地反应。因此你不必承受迎面而来的4000磅打击。你应该能够转到一边然后使它偏转方向。这样的思维方式认为没有正确的解决方法,你认识世界在展现后适当地采取行动。

我们不能指望一位美国经济学家分清什么是中华道/法原文明以及《老子》、《墨经》和《公孙龙子》的异同,惟一令人感到遗憾的是,中国道家已经有了自己的经济学,集中在黄老道家专著《管子》轻重十六篇中——中国古典经济学就是不断抑制正反馈的经济学,《老子》所谓"天之道,损有余补不足"。

当笔者研究中国古典经济理论的时候,发现它的三大原则竟与系统论整体观相符合,自然原则是将经济和自然看成一个有机整体、均平原则是将不同社会阶层作为一个有机整体、储备原则是将供给和需求作为一个有机整体……

中国古老的道家哲学同西方最前沿的经济哲学思想重合——笔者意识到,西方世界可能不像过去几个世纪一样只是引进中国的科举制、常平仓这样的制度,从科学到哲学,从经济学到政治学,人类文明处在一个大转折的临界点上——中华文明复兴,有如波涛汹涌的大海,深邃而激动人心!

3. 痛定思变:二十世纪西化改革的失败

"中体西用"在历史大舞台上昙花一现

先是十九世纪末的"中体西用",再到二十世纪的"全盘西化",今天中国思想界几乎被完全殖民化——西方学术已经垄断了中国所有的大学讲堂。

"中体西用"是清末治国理念的基础。1898年5月,甲午战争惨败的阴影笼罩着整个中国,清庭重臣张之洞写了《劝学篇》,其中明确了"中体西用"的内涵,他说:"新旧兼学,四书五经、中国史事、政书、地图为旧学;西政、西艺、西史为新学,旧学为体,新学为用,不使偏废。"

张之洞的定义具有代表性,就是说国家在坚持儒家孔孟之道的同时,学习西方科技。就像他的幕僚辜鸿铭所解释的:"文襄(张之洞谥文襄公——笔者注)之效西法,非慕欧化也;文襄之图富强,志不在富强也,盖欲借富强以保中国,保中国即所以保名教。"进而言之,就是把坚固的西方科技建立在已经完全腐朽的儒家大酱缸上面。结果可想而知,但这是十九世纪末期中国知识分子的普遍看法。

"中体西用"的治世思想最早源于鸦片战争之后,当时林则徐、魏源等开明知识分子将目光投向中国传统范围之外,向敌人求制胜之法。他们查夷情、办夷务、提出"师夷长技以制夷"的口号。

1861年,政论家和思想家冯桂芬在《校邠庐抗议》提出"以中国伦常名教为原本,辅以诸国富强之术"。

是时,王韬、汤寿潜、郑观音、邵作舟等人都是"中体西用"的提倡者。1895年3月,沈寿康在《万国公报》上发表《匡时策》一文,正式提出"中体西用",即"以中学为体,西学为用"。他说:"夫中西学问,本自互有得失。为华人计,宜以中学为体,西学为用。"1896年,孙家鼐在《筹议开办京师大学堂折》中强调办学宗旨时说:"今中国京师创立大学堂,自应以中学为主,西学为辅;中学为体,西学为用。"

1898年6月,张之洞写完《劝学篇》仅一个月后,光绪帝就发布了"诏定国是"诏,宣谕:"中外大小臣工,自王公至于士庶,各宜发愤为雄,以圣贤之学植其根本,兼博采西学之切时务者,实力讲求,以成通达济变之才"。由此"中体西用"成为清朝维新变法的主体思想。

陈旭麓先生在《论"中体西用"》一文中总结十九世纪末此一思潮时说:"显然,三十余年间阐发'中体西用'者不止洋务一派,凡读时务、讲西学的人,莫不接受或附和这一主张,甚至倡发此论者还以早期的改良派居多,因为那时盈中国皆守旧的士人,欲破启锢闭,浸润新知,只能把西学放在他们可能接受的范围之内,那些倡导西学的人,也只能就'中体西用'来立论,过此则是他们不敢设想的,或者是想而不发。"

进入二十世纪,儒家的"体"已经支撑不住西学这个"用"了,全盘西化思潮如潮水般汹涌而来,1914年冬孙桓在《留美学生季报》上发表的《中国与西洋文明》一文中说道:"吾国近岁之变法图强,派遣留学,亦已认此西洋文明必终为世界文明,无可挽救,夫世界趋势,归于大同,吾国之效法西洋文明,实为生存竞争上必不可免之事实。"

二十世纪全盘西化思潮汹涌澎湃

整个二十世纪,由于世界观、思维方法、社会结构等完全异质的中华文明对西方文明产生了巨大的排异反应,导致西化浪潮一波又一波退去,又一波接一波滚滚而来,其中充满了失败和悲剧。这里仅从法律和政治两方面来说明——

中国在甲午战争中的失败和日本在日俄战争中的胜利使中国精英集团痛感：只有引入西方法律制度，进行政治体制改革中国才有希望。

1901年，慈禧太后在八国联军的战旗下改弦更张，以光绪帝名义下诏罪己，决心变法。这份诏书大有商鞅变法的味道："世有万古不易之常经，无一成罔变之治法。大抵法久则弊，法弊则更。"这份诏书吹响了引入西方法律的号角，1902年，光绪皇帝下谕修律，要求参酌各国法律，悉心考订。沈家本和伍廷芳被袁世凯、张之洞等保举主持修律——慈禧太后和她忠诚的大臣们不会想到，大清帝国的病根儿是中华法系的儒化，而不是中华法系本身。

1904年5月15日，沈家本主持的清廷"修订法律馆"开馆。该馆的首要工作就是翻译各国法规。修订法律馆以极高的效率，在一年中翻译了德意志、俄罗斯、日本、法国、英国、美国等国的刑法。在大量翻译参酌的基础上，沈家本对《大清律例》作了全面修订——内容上沈家本废除了"凌迟、枭首、戮尸、缘坐、刺字"等酷刑并禁止使用刑讯逼供；法律体系上他改革中华法系诸法合体、将刑法与民法分立，实体法与程序法分立；司法方面他提出建立陪审员制度和律师辩护制度。

1907年，中国近代第一部专门化的刑法典《大清新刑律》草案初稿终于完成。之后，沈家本又主持制定了中国近代第一部商法《钦定大清商律》、第一部诉讼法《刑事民事诉讼律》、第一部破产法《破产律》等一大批西式法律。随着西方法律的全面引入，李悝制定《法经》2300年后，被儒化腐蚀的中华法系终于隐入历史之中。

儒家思想再加上西方法系，其结果只能是混乱和动荡。沈家本，这位42岁才"学优而仕"，主张"以法救国"的学者相信，只要引入西方法制，再加上"得人"就能强国。为了废除酷刑，他上书朝廷宣称"刑法之当改重为轻"为"今日仁政之要务"。他还在《设律博士议》一文中建议设置律学博士，教授法学："法律为专门之学，非俗吏之所能通晓，必有专门之人，斯其析理也精而密，其创制也公而允，以至公、至允之法律，而运以至精至密之心思，则法安有不善者。"

同样是为"以法强国"的理想，沈家本同以军机大臣张之洞和江苏提学使劳乃宣为首的"礼教派"展开了激烈斗争，后者抨击沈家本等一味摹仿外国（在制定《大清民律草案》时，"总则编"、"债权编"和"物权编"干脆由日本法学家松冈正义负责起草），不以伦常为重，甚至要删去"无夫奸（通奸）"这样的"大罪"——二十世纪初的"礼法之争"和秦汉的"儒法斗争"完全不同，前者只不过是保守的儒家和主张移入西方法律者之间的斗争！

沈家本掀起了中国全面引入西方法律的第一次浪潮。第二次引入西法浪潮发生在改革开放后，尽管此次立法浪潮对中国法制建设起了巨大的推进作用，但中国实现法治之路显然还有漫长的路要走。

据统计，自1979年至1998年12月29日九届全国人大常委会第六次会议闭幕止，除了新宪法外，历届全国人大及其常委会在20年里共审议通过了347件法律和有关法律问题的决定，年均17.35件。相比之下，新中国成立的1949年到1978年的30年里，仅制订了134件法律和有关法律问题的决定，年均不到4.5件。第二次引入西法浪潮直到今天还没有结束，2002年中国共产党第十六次全国代表大会决定，为了适应社会主义市场经济发展、社会全面进步和加入世贸组织的新形势，要加强立法工作，提高立法质量，到2010年形成中国特色社会主义法律体系。

在第二次引入西法浪潮中有这样一个故事，这是参与"七五立法规划"的一位法学家讲给作者的：

> 1985年8月，国务院经济法规研究中心就《为七五计划配套的七五立法规划》向参加"中共中央关于制定七五计划建议座谈会"的相关人士征求意见，反馈回来的各种立法要求多达400余项，仅时任国家经委副主任的朱镕基就提出20来项，最后决定立法300多项。当时所有中央领导人都批准了这个立法计划，唯有时任中共中央总书记的胡耀邦没有批示，事后胡耀邦对国务院经济法规研究中心的负责同志说："你们计划要制定300多个法律吗？一个法律有3000多字，300个法律得要百万字呀，记都记不过来啊，这怎么得了啊！"当时有人笑胡耀邦不懂法律，因为那些人认为法律条文根本不需要普通公民都记住，由律师和法官们记住并运用就行了，打官司只需要找律师就可以了。
>
> 10年后，这位法学家看到有好多老百姓打官司困难时，才明白胡

耀邦的真义，他说："这时我才猛省于法是应该让老百姓记住的。监狱中有好多人请不起律师，花钱请来的律师大多数又不是很负责任，只有老百姓自己懂法，才能依法维权，才会有真正的法治。耀邦同志处处替老百姓着想，他的话是很有些道理的。如今，法律法规越来越多，司法机构越来越庞大，老百姓打官司时，到法院起诉要钱，请律师要钱……"

清廷的宪政改革闹剧

清末的政治改革与法制改革几乎同步进行。1905年7月16日，在朝野人士的不断要求下，清政府宣布派遣朝廷大员出洋考察西方的政治制度。是年12月19日，考察大臣离开上海，沿途访问了日、美、英、法、比利时、德、奥、俄、意、丹麦、瑞典、挪威、荷兰、瑞士等国，广泛了解了各国的政治制度，搜集了许多政治类图书和参考资料。出国考察的所见所闻，使大臣们深深感到，中国必须进行政治改革。戴鸿慈和端方在上奏朝廷的《请定国是以安大计折》中明确指出：东西洋各国之所以日趋强盛，"实以采用立宪政体之故"；中国之所以衰弱不振，"实以仍用专制政体之故"。中国欲救亡图存，富国强兵，"除采用立宪政体之外，盖无他术矣。"

很快，清政府出台了比较完善的政改法规。1906年9月1日，清廷发布了《仿行立宪上谕》，声明朝廷准备"仿行宪政，大权统于朝廷、庶政公诸舆论"。仿行立宪上谕的发布，标志着清廷的预备立宪工作已经正式展开。政府机构改革的指导思想，则是废除中国传统的官僚体制，按照商鞅早就批评过的部门分权、"三权分立"原则"分权以定限"。在这个政府机构改革方案中，立法权由议院行使，在议院成立之前，先设立资政院代行；行政权由内阁与各部大臣行使；司法权由大理院行使，大理院负责解释法律，主管审判，大理院内并设总检察厅，负责检察事务；立法、行政、司法机构互不隶属。1907年10月19日，清廷要求各省设立咨议局；1908年7月22日，批准了宪政编查馆和资政院拟定的《各省咨议局章程》及《咨议局议员选举章程》，并要求各省在一年内开办完成。

到1909年10月，除新疆外，各省咨议局都已经组成。江苏等省则进行了中国历史上的第一次公民选举,直接由选民自由选举议员。1910年10月3日,资政院正式成立。资政院议员由钦定议院和人民选举的议院混合组成。根据规定,资政院拥有议决国家财政预决算、税收和公债的职权;除了宪法以外,其他一切法律均由资政院制订和修改。另外,资政院还可以弹劾大臣、核议地方咨议局与地方最高行政长官督抚的争执。

和法律的全盘西化一样,清朝的西式政治改革也不会结出什么果实。1911年,随着武昌起义的隆隆炮声,清廷的政治改革很快化为乌有!直到今天,还有人大开历史倒车,宣称如果辛亥革命不在当时爆发,中国民主宪政的火炬可能会燃烧下去。

这些人显然不如一百多年前的梁启超见多识广,尽管他也不清楚西化失败的真正原因,仅将之归因于"久经腐败之社会"。1903年梁启超在《论私德》一文中就看到了东方对西方文明的排异反应,梁启超写道:"五年以来,海外之新思想,随列强侵略之势力以入中国,始为一二人倡之,继焉千百人和之。彼其倡之者,固非必尽蔑旧学也,以旧学之简单而不适应于时势也,而思所以补助之,且广陈众义,促思想自由之发达,以求学者之自择。而不意此久经腐败之社会,遂非文明学说所遽能移植。于是自由之说入,不以之增幸福,而以之破秩序;平等之说入,不以之荷义务,而以之蔑制裁;竞争之说入,不以之敌外界,而以之散内团;权利之说入,不以之图公益,而以之文私见;破坏之说入,不以之箴膏肓,而以之灭国粹。"①

西化改革的失败目前已经延伸到经济领域。经济学家杨斌等学者发现,在整个改革开放过程中,西方经济学在解释中国经济现象时老是"穿帮",中国经济出现了许多用西方经济理论难以解释的现象。

继续已被事实证明失败的西化道路,还是向世界敞开胸怀的同时复兴中华文明——中国再次站在历史的十字路口!

---

① 梁启超,《饮冰室合集》专集之四,中华书局,1989年,第127~128页。

第一部分
再回中华文明的黄金时代

对大多数国人来说，中华原生文明的黄金时代有如一个被久已遗忘的故事，她显得那么久远，那么陌生：

4800年前，伟大的黄帝联合湟河、洮河流域的夏部落组成华夏联盟，法定农桑，法定"尚礼义"，取昆山之铜为兵，历经百战，统一华夏。

2400年前，李悝在魏国变法成功，开启了中华文明长达四百年的大黄金时代！作为战国法家的先行者，李悝《法经》奠定了中华法系的基础，突显了中华文明的本色。

从黄帝时代到汉宣帝中兴，中华民族信奉规则，崇尚进取；从西北黄土高原到整个东亚大陆，炎黄子孙雄据东方近三千年。

第一章　伏羲啊，伏羲

礼乐崩坏的春秋末年，当孔子心忧天下，用儒家"义理化"的方法重作鲁史《春秋》时，他或许万万没有想到，董狐、太史简那样秉笔直书的中国史学最终会随着儒学的兴盛走向尽头。这使得今天我们认识中国道/法原生文明时代的历史变得极为困难，因为除了《史记》和残存的《竹书纪年》，中国浩如烟海的史书几乎皆为儒生所作！

幸运的是，二十世纪考古学家提供了大量宝贵的实物和文字材料，这为我们还原了许多真实的历史。王国维先生将"纸上之材料"与"地下之新材料"的相互印证称为"二重证据法"——二重证据法是本书梳理历史的主要理论工具。

我们不满足于修证某些基本的历史事实，比如将《旧唐书》中唐玄宗《纪泰山铭》上的"儒书不足"改回今天山东泰山石刻上的"儒书龌龊"，我们要作的是以时间为主线，让读者对中华原生文明有个整体的印象，特别是道/法文明的制度演进过程。

考古学家曾依据河南登封有关王城岗的传说找到了夏代都城遗址，不过很难肯定地说王城岗就是大禹定都之地；笔者引用传说的目的不是为证明这些传说本身，而是证明中华文化、政治经济制度流源远矣！这是读者在阅读本书时需要特别加以区别注意的。

1. 黄土高原上的道/法文明之光

大地湾遗址揭开伏羲时代的面纱

人类文明的巨大进步发生在新石器时代，从旧石器时代采集食物到新石器时代生产食物，这种转变带来的远远不仅是生产力方面的变革，更重要的是文明形态上的发展与定型。

与其他地区的文明形态不同，中华文明从来没有间断过，哪怕曾经有过儒化和西化的巨大影响，这个文明的认知方式、思维方法、医学，乃至古典政治经济学仍存在于华夏族群的血脉中。

我们的先人生产粮食的历史可以上溯到一万多年以前，至今发现最早的农业遗存是湖南道县的玉蟾岩遗址，碳14测定其距今年代是1.4万年。一万年以内的新石器遗址密布中华大地，从中我们知道当时的华夏文明已经飞速发展。

早期先人的聚落较小，也没有明显的社会系统阶层分化。复杂的社会政治结构的出现大约是在五千年前——华夏文明的太阳渐渐从东方升起。

通过对长江和黄河流域古文明的研究，历史学家许倬云将五千年前出现的复杂社会形态归纳为以下几个方面，体现了古代社会礼法不分的特点。

这种社会有相当数量的财富积累，制作礼仪性的贵重物品。同时具备有礼仪性建筑物的礼仪中心，礼仪中心也可能有层级的差异；一些人拥有较别人更多的财富与权威，社群之内遂有层级的分化；社会复杂化到达一定程度时，为了执行管理功能，即会出现权力的层级化，也就是从社会体走向政治体，终于形成国家的组织；聚落之间的层级化，会出现中心聚落，城市也可能有防卫设施，例如城墙、壕沟；为了礼仪与管理功能，会有专业人员担任这些工作，他们掌握了一定的知识，也可能发展了文字或其他类似的符号。①

为了说明上述文明形态所具有的深厚历史内涵以及它在中华原文明生成过程中的重要意义，我们以甘肃秦安大地湾大型居住遗址为例。

柏杨先生在他的《中国人史纲》中将中国历史分为四个时代：神话时代、传说时代、半信史时代、信史时代。他认为神话时代显然是虚构的，传说时代含有事实成份，但这种成份很少。到了半信史时代，事实成份就大大增多了，而且这些事实能得到考古发掘物的支持——如果不是渭河上游大地湾遗址的发掘，中国神话体系中居三皇之首的伏羲或许永远会被认为是几乎没有任何"事实成份"的神话，然而考古学家唤回了中华民族的

---

① 许倬云，《万古江河：中国历史文化的转折与开展》，上海文艺出版社，2006年6月。

深层记忆。

大地湾遗址位于甘肃省秦安县五营乡邵店村东侧，总面积约 32 万平方米。1958 年甘肃省文物管理委员会文物普查时发现了该遗址，1978 至 1984 年甘肃省文物工作队对遗址进行了为期 7 年的考古发掘，发掘面积达 13800 平方米，出土陶、石、骨、角、玉器等各类文物近万件，清理出房址 241 座，灶址 104 座，灰坑和窖穴 321 个，墓葬 79 座，窑 35 个，防护和排水用的壕沟 9 条，大地湾遗址分为五个文明期，从距今约八千年一直持续到四千八百年前：

第一期距今 8000～7350 年，这一时期的大地湾先民制造了中国最早的彩陶，同时种植生产了中国第一种粮食——黍；

第二期距今 6500～5900 年，这时发掘出了较完整的原始氏族村落，村落以广场为中心，房址呈扇形分布，周围以壕沟环绕。这一时期出土了一批绚丽夺目的彩陶，如鱼纹盆等；

第三期距今 5900～5600 年，彩陶艺术达到鼎盛；

第四期距今 5500～4900 年，此时的村落由于农业的发展和人口的剧增，迅速扩大到整个遗址，山坡中轴线上有数座大型会堂式建筑，似乎为"行政中心"，周围为密集的部落或氏族。复杂社会结构在这一阶段形成。

第五期距今 4900～4800 年，此时大地湾的聚落面积更大，达到 275 万平方米左右。

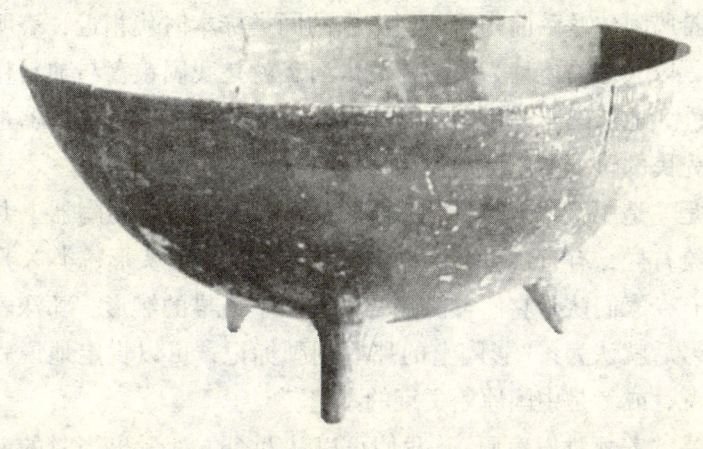

秦安大地湾出土的三足圆底彩陶钵，距今约 8170～7370 年。

三皇之首伏羲的名字最早出现于《易经》、《管子》、《庄子》等先秦典籍中。传说他始画八卦，造书契代替结绳记事，教会人们种田捕鱼，驯养家畜。最早记载伏羲生平的是《易·系辞》，上面说："古者包牺氏之王天下也，仰则观象于天，俯则观法于地，观鸟兽之文与地之宜，近取诸身，远取诸物，于是始作八卦，以通神明之德，以类万物之情。作结绳而为罔罟，以田以渔，盖取诸《离》。"

后来唐代史学家司马贞补《史记·三皇本纪》时更详尽地记述了伏羲的生平："太嗥庖牺氏风姓，代燧人氏继天而王。母曰华胥，履大人迹于雷泽而生庖牺于成纪，蛇身人首，有圣德。仰则观象于天，俯则观法于地，旁观鸟兽之文与地之宜，近取诸身，远取诸物，始画八卦，以通神明之德，以类万物之情。造书契以代结绳之政。于是始制嫁娶，以俪皮为礼。结网罟以教佃渔，故曰宓牺氏。养牺牲以庖厨，故曰庖牺。"

谁能想到，上述记述有相当一部分竟为大地湾考古所证实！

首先是伏羲的出生地。据《水经注》、《开山图注》、《续汉书·君国志》等史料载，伏羲生成纪。大地湾遗址所在的秦安从西汉时期就称成纪，今天，天水城西有明代兴建供奉"人文始祖"的伏羲庙，秦安县距大地湾7公里处的陇城筑有女娲祠，而且大地湾周围至今还保留着与伏羲"风"姓有关的几个地名——风茔、风谷、风台。

其次是伏羲氏的贡献之一——"以田以渔"。以前国际农史界通常认为中国黍源于外国。大地湾一期遗址出土的碳化黍标本在时间上与国外最早发现的希腊阿尔基萨前陶器地层出土的同类标本时代相近，表明早在七千多年前，以大地湾遗址为中心的清水河谷就是我国粮食与油料作物的种植地；另外大地湾出土的鱼钩、网坠等捕鱼工具和大量鱼纹陶器也说明捕鱼是我们先民的重要生产活动。

然后是"造书契以代结绳之政"。大地湾一期出土的陶器上共发现了十几种彩绘符号，有直线也有曲线，形状有竖道、箭头形、类X形和植物关纹样。有专家们认为它们可能就是中国文字最早的雏形。郭沫若生前看到这些符号后就认为："彩陶上的那些刻画标记，可以肯定地说就是中国文字的起源，或者是中国原始文字的孑遗。"

最后是"养牺牲以庖厨"。我们可以从两个方面看出当时的人们已经开始饲养家畜。大地湾出土兽骨17000余件，其中猪骨约占1/3，经鉴定，

1~2 龄的幼猪比例高达 78.9%，这与现代人宰杀的猪的年龄大体相当；另外考古学家在大地湾发现有随葬猪下颚骨的现象，说明当时人类与猪这种家畜的关系密切。

谈到伏羲时代的社会政治制度，《世本·作篇》载："伏羲创以俪皮嫁娶之礼"。宋朝罗泌《路史》上说："上古男女无别，太昊始制嫁娶，以俪皮为礼；正姓氏，通媒妁，以重人伦之本，而民始不渎。"伏羲是否规定婚礼中用两张鹿皮（即俪皮）表示成双成对的意思我们已经很难考证了，但他"正姓氏、别婚姻"，以及后人对同姓结婚在很大程度上会造成近亲繁殖的认识（《国语·晋语四》：同姓不婚，惧不殖也），在制度上保证了中华民族数千年的遗传健康。想想在欧洲大陆，普遍使用姓的历史只有 400 年，世界有些地区直到 20 世纪尚未普遍使用姓氏——华夏姓氏制度，以及后来的家谱体系之伟大着实令人惊叹！在一个全球化的时代，难道我们没有必要将中国科学严谨的姓氏制度推广到全世界吗？哪能作为"封建遗毒"弃如敝履！

大地湾延续整整三千年的壮丽历史画卷告诉我们，那里的社会政治结构正在向一个层级化的文明社会演化。据考古资料，在距今五千五百至四千九百年的大地湾四期，聚落面积分布巨大，密集分布区达 50 万平方米，已初步显示出了城镇化的迹象。被称为"原始人大会堂"的 F901 巨型房址应是大地湾先民进行祭祀、议事等公共活动的场所。许倬云认为，901 号大型房屋是第一级首领召集各级首领聚会之所，前面十二个柱洞及六块石板也许是竖立旗帜之用。

中国其他地方，考古学家曾发现比大地湾更早的同样高度发达的人类遗存，但大地湾却能和中华原生文明形态紧紧地联系到一起。伏羲作为中华民族远古的伟大领袖已经成为一种文明符号，他"仰则观象于天，俯则观法于地，观鸟兽之文与地之宜，近取诸身，远取诸物，于是始作八卦，以通神明之德，以类万物之情"，这种建立在自然主义世界观基础上的通过对宇宙的宏观考察，取象比类，再形象化抽象的整体思维，正是华夏原文明的核心特征。

伏羲啊伏羲，他开创的哲学思维方法一直延伸到中国人的社会生活方式、政治经济体系之中，影响至今！

黄帝和《黄帝四经》

我们发现中国有两个上古史体系。一个是以鲁国为中心的东部儒家体系，以孔子编辑的《尚书》为代表，"祖述尧舜"；一个是以晋为中心的西部体系，以魏国史书《竹书纪年》为代表，由黄帝始。

长期以来，由于缺乏对比材料，东西方学者对儒家（特别是其代表人物孔子）在编辑史书的过程中究竟发挥过什么作用认识不清，一般认为孔子隐瞒事实肯定是有的，但那种修正应该微不足道。事实是，由于儒家随意删节和篡改历史，甚至直接灭纪废典，导致秦汉律，黄老书等反映中华原文明基本史实和政治经济特征的原始文献大量消失，直到今天还有一些学者根据儒家道统始于尧断言，根本就没有黄帝这个历史人物。

为何会出现这种情况呢？因为儒家将尧舜作为道德人治的典范，如果涉及黄帝必然引出华夏道/法家原文明的本质特征，所以孔子在删《尚书》的时侯就干脆从尧开始。据《大戴礼记·五帝德》（即《宰予问五帝德》），孔子甚至不想回答弟子问及的关于黄帝的历史，推崇黄老的司马迁写《史记》才将黄帝的事迹引入正史。

司马迁是个严肃的学者，他看到了排斥黄帝的儒家与其他诸子百家的不同，为此他作了大量实际调查工作。《史记·五帝本纪》中司马迁写道："《尚书》只记载着尧以来的史实，而各家叙说黄帝，文字粗疏而不规范，士大夫们也很难说得清楚。孔子传下来的《宰予问五帝德》及《帝系姓》，读书人有的也不传习。我曾经往西到过空桐，往北路过涿鹿，往东到过大海，往南渡过长江、淮水，所到过的地方，那里的老前辈们都往往谈到他们各自所听说的黄帝、尧、舜的事迹，风俗教化都有不同，总起来说，我认为那些与古文经籍记载相符的说法，接近正确。"（原文：然《尚书》独载尧以来，而百家言黄帝，其文不雅驯，荐绅先生难言之。孔子所传《宰予问五帝德》及《帝系姓》，儒者或不传。余尝西至空桐，北过涿鹿，东渐于海，南浮江、淮矣，至长老皆各往往称黄帝、尧、舜之处，风教固殊焉，总之不离古文者近是。）

迄今为止，我们没有像法国人发掘出三千八百年前刻有汉谟拉比法典的石柱一样发现"黄帝法典"，但这并不等于说我们没有重要的发现，比如1973年，约两千一百多年前抄写的《黄帝四经》（也有学者称之为《黄帝书》）在湖南长沙马王堆三号汉墓中出土，它间接地证明了历史上的黄学——黄帝治世理念的核心是法家。

帛书《黄帝四经》出土时抄写在《老子》乙本前，可以认定是汉时治国理念黄老经典无疑，其中法家思想倾向极为明显，以至于著名历史学家唐兰在《考古学报》1975年1期发文明确指出："古佚书四篇是法家重要著作"。1996年，王德有先生在《哲学研究》上再次肯定了唐兰的观点，该文的题目是：《中国古代学派的分水岭——兼论〈黄帝四经〉的法家归属》①；事实上，著名哲学家冯友兰先生在他的《中国哲学史新编》中也曾断言："稷下黄老之学是齐法家思想的核心"。

传说黄帝曾取昆吾山铜，制青铜兵器。1975年甘肃省东乡县出土了中国最早的单范铸青铜刀，时间正好是距今约五千年的黄帝时代；黄帝发展农业，推广种黍谷、稻米，2004年，甘肃省马家窑文化研究会在甘肃省临洮县购得一件约四千八百年前的半山类型彩陶，上面描绘着人们农耕的图案，说明黄帝时期中国农业文明已经相当发达。

五千年前黄帝时代的青铜刀，长12.5厘米，甘肃东乡县出土。

从周代开始，诸多学者就将黄帝视为中国法律的创制者。《管子·任法》上说："故黄帝之治也，置法而不变，使民安其法者也；"《淮南子·主术训》载："黄帝治天下，法令明而不暗；"《北堂书钞》引太史公《素王妙论》说："黄帝设五法，布之天下；"《商君书·画策》中有："神农既没，以强胜弱，以众暴寡，故黄帝作为君臣上下之义、父子兄弟之礼、夫妇妃匹之合，内行刀锯，外用甲兵。"这里的"刀锯"代指法律。从法定农桑到法定"尚礼义"，显然黄帝是用法律作为统治国家的手段的。

今天，我们不能一窥"黄帝法典"的全貌，只有《汉书·胡建传》收录了一条军事方面的法令：壁垒结成以后，穿洞违反结营规定，这就是

---

① 《哲学研究》1996年10期，第43~49页。

奸邪的事，奸邪的人处死。（原文：《黄帝李法》曰："壁垒已定，穿窬不繇（由）路，是谓奸人，奸人者杀。"）

2. 道/法原文明的发展期

儒家的德治神话

为了论证德治和人治的合理性，早期儒家从尧舜时代至西周的历史中树立了许多德治盛世和近乎完美无缺的道德典范，这些都是以否定历史真实为高昂代价的。

举例说，儒家大力推崇的尧禅让舜一事远非那么富有浪漫主义色彩，舜很可能是囚禁了帝尧和太子丹朱之后才夺取得皇位的。

据《竹书纪年》记载，尧晚年德行衰弱，舜囚禁了尧，并为难丹朱，使丹朱不能见到其父。（原文：昔尧德衰，为舜所囚。舜囚尧，复偃塞丹朱，使不与父相见也。）《韩非子·说疑》也说，"舜逼尧"。

舜铲除异己，可谓杀人如草，据《尚书·尧典》、《史记·五帝本纪》等史籍载，正是在舜的劝说下，尧把共工流放到幽州，把驩兜流放到崇山，把三苗驱逐到三危，把鲧杀死（一说流放）在羽山。

舜为什么要谏言杀鲧呢？很简单，鲧曾经反对舜继位。《韩非子·外储说右上第三十四》中记述说尧想把天下传让给舜，鲧劝谏道："不吉利啊！谁会把天下传让给平民呢？"尧不听，起兵在羽山郊外诛杀了鲧。共工又劝谏道："谁会把天下传让给平民呢？"尧不听，又起兵在幽州都城杀了共工。于是天下没有人敢说不要把天下传让给舜了。（原文：尧欲传天下于舜，鲧谏曰："不祥哉！孰以天下而传之于匹夫乎？"尧不听，举兵而诛杀鲧于羽山之郊。共工又谏曰："孰以天下而传之于匹夫乎？"尧不听，又举兵而诛共工于幽州之都。于是天下莫敢言无传天下于舜。）

多年以后，正直的楚国大夫屈原还在为鲧鸣不平。他慨叹：鲧因为刚直不阿而忘掉自身，终于被杀戮在羽山的荒野；（《离骚》原文：鲧婞直以忘身兮，终然妖乎羽之野。）就是由于行为耿直而不随波逐流，鲧的治理洪水因其被杀而半途而废前功尽弃。（《九章》原文：行婞直而不豫兮，鲧功用而不就。）

抛开儒家编造的上古德治神话，尧舜禹时代中华法制体系逐步成形，其中一个不可不提及的人物是皋陶。

皋陶又名咎繇,生于尧帝之时,卒于夏禹之前,是古代东夷部落少昊氏的首领。皋陶历经尧舜禹三世,历史传说他的主要功绩是制定刑法和对教育有所贡献,曾帮助尧舜禹推行"五刑"、"五教"。其中"五刑"是指"甲兵、斧钺、刀锯、钻笮、鞭扑":甲兵即对外来侵犯和内部叛乱的讨伐;斧钺系军内之刑,属军法;刀锯系死刑和重肉刑;钻笮是轻肉刑;鞭扑是对轻罪所施的薄刑。

皋陶是黄帝之子少昊之后,生于公元前21世纪,是中华民族的司法鼻祖。

史书中记载的夏朝法规多些,还出现了象征中华文明先进形态的"环境保护法"。《左传》昭公六年中说"夏有乱政,而作禹刑";《晋书·刑法志》载:"夏后氏之王天下也,则五刑之属三千。"汉朝经学家郑玄指出所谓五刑三千条,即"大辟二百,膑辟三百,宫辟五百,劓、墨各千"(《周礼·秋官·司刑》郑氏注)。

另外《逸周书·大聚解第三十》借周公之口收录了一条禹时期的环境保护法,上面说:"我听说禹的禁令:春季三个月,山林中不准用斧子砍伐,以成就草木的生长;夏季三个月,江湖中不准下网罟,以成就鱼类的生长。并且聚合农民努力操作,以成就男耕女织之事。"(原文:旦闻禹之禁:春三月山林不登斧[斤],以成草木之长;夏三月川泽不入网罟,以成鱼鳖之长。且以并农力[桑],成男女之功。)

商、周中华道/法原文明

商、周是中华道/法家原文明发展的一个重要时期。《伊尹·九主》是帛书《老子》甲本后四种古佚书之第三种,一般被认为是《汉书·艺文志》道家《伊尹》五十一篇中之佚篇,在很大程度上反映了商初重臣伊尹的法家治国理念。《伊尹·九主》崇尚法家治国,明分守,绳法则,审名命,对《申子》、《韩非子》、《管子》等法家著作都有深度的影响。佚篇的重要概念和用语,可与西周金文、《国语》、《左传》相印证,一般认为其成书年代不晚于春秋末期。

历史上的伊尹不是符合儒家道德标准的圣人,韩非子早就将伊尹看作与管仲、商鞅并列的法家人物。《韩非子·奸劫弑臣第十四》中有:"伊尹掌握了法术,实行赏罚,商汤因此称王;管仲掌握了法术,实行赏罚,齐桓公因此称霸;商鞅掌握了法术,实行赏罚,秦国因此强大。这三个人,都精通成就霸王的法术,熟悉治国强兵的方法,而不拘泥于世俗的说教。"(原文:伊尹得之,汤以王;管仲得之,齐以霸;商君得之,秦以强。此三人者,皆明于霸王之术,察于治强之数,而不以牵于世俗之言。)

据说商对在街上倒灰的人处以刑罚("刑弃灰于公道"),可知商朝及商初重臣伊尹在法家"重其轻者"的刑事政策形成过程中有重要影响。蒙文通先生指出:"非子以伊尹、管仲、商君为皆尚法术,则法家之从商,不亦宜乎！"① 荀子也说"刑名从商"（《荀子·正名》），据文献记载，当时常用的刑名主要有墨、劓、刖、宫、大辟等五种，在殷墟甲骨文中这些刑名得到了印证。

西周已经是一个法治社会，从西周治国理念的经典文献《逸周书》中我们能明显看出来。地下资料证实，《逸周书》多篇为西周文献。她不仅篇章比《尚书》多，涉及内容也比《尚书》广泛，在某种意义上，其学术价值显然比《尚书》大，但世人皆研治《尚书》、很少有人知道《逸周书》。为什么会这样呢？因为这本书是孔子"删《尚书》之余"，不合儒家思想，当然就无人问津。

事实是，《逸周书》是西周政治的百科全书，是中华道/法原文明的核心，后面读者将会看到，我们在研究中国古典政治经济理论时常常以《逸周书》为起点。被儒家编辑过的，大讲以德治国的《尚书》更多作伪之嫌。

西北师范大学的赵逵夫先生在为罗家湘《〈逸周书〉研究》作序时直接了当地指出："《逸周书》中的一些篇章使我们看到在《尚书》中所显示的文、武、周公的仁政、仁德、诚信、礼仪之外思想与作为的另外一面：文王、武王夺取天下，既用了诡诈，也显示了凶残，并不如孔子以来儒家学者所粉饰的那样，所以，从某一方面说，《逸周书》有比《尚书·周书》更可珍贵的地方。"②

通过对金文的研究，学者们知道《周礼》是对西周政制的追述。其中我们能看到，周初"礼"已经和"法"分离，孔子所谓的礼不过是"礼仪法"，法制而非礼制才是西周政治的基本特色。《周礼》中春官是礼官，其重要职官肆师专门负责依禁令惩罚怠慢礼事的人，可见当时的礼是靠法制来维系的。

《周礼·春官宗伯第三·肆师》叙述肆师的职责是：掌管建立王国的祭祀之礼，协助大宗伯。建立大祭祀之礼，[规定] 用玉、束帛和纯色完好的牲；建立次一等祭祀之礼，[规定] 用牲和束帛；建立小祭祀之礼，[规定] 用牲。按照一年四季安排祭祀的次序，以及 [对新落成的庙] 行

---

① 蒙文通《古学甄微》，巴蜀书社，1978 年，第 230 页。
② 罗家湘，《〈逸周书〉研究·序言》，上海古籍出版社，2006 年 10 月，第 3 页。

衈礼。举行大祭祀时，负责察看牺牲，[将符合要求的牲]拴系在栏圈中，交付给充人和监门[喂养]。凡祭祀占卜日期、[祭前三日]重申对百官的告诫，以及[祭祀前夕]确定明日开始祭祀的时间，告教并协助[大宗伯]行礼事。视察祭器是否洗涤干净时也这样做。祭祀那天，[用标签]标明器物中所盛的谷物，报告谷物洁净；察看所陈列的馔具，报告陈列齐备；到将行祼礼时，筑捣郁金香草并煮[而用以调和鬯酒]。告教并协助[群臣]行祭祀的小礼，责罚怠慢礼事的人。掌管各祭坛兆域中以及庙中的禁令。（原文：肆师之职，掌立国祀之礼，以佐大宗伯。立大祀，用玉帛、牲牷；立次祀，用牲币；立小祀，用牲。以岁时序其祭礼，及其祈珥。大祭祀，展牺牲，系于牢，颁于职人。凡祭祀之卜日，宿为期，诏相其礼；视涤濯亦如之。祭之日，表齍盛；告絜，展器陈，告备。及果，筑鬻，相治小礼诛其慢怠者。掌兆中庙中之禁令。）

著名史学家杨向奎从土地制度，及与之相联系的赋役制度、兵车制度考证，法家经典《管子》同于《周礼》，皆出于齐国。杨向奎在《〈周礼〉的内容分析及其成书时代》一文中这样写道："《周礼》虽然近于杂家的作品，然而也有它的中心思想，是一部重视刑法而有儒家气息的书，因此有人以为出于荀子学派，这虽然有待证明，它出于齐国有儒家气息的法家是可以肯定的。"[①]

杨向奎先生的论断有很深的历史背景。周初姜太公吕尚封于齐，他的治国理念不仅会影响到西周王朝，还直接影响了后来的齐相管仲以及西汉以刘邦为核心的齐法家集团。在《史记·齐太公世家》中司马迁曾评价吕尚说："天下三分，其二归周者，太公谋计居多。"吕尚的思想主要集中在后人编辑的《六韬》一书中，1972年发掘的山东临沂银雀山西汉初年一号墓和1973年河北定州发掘的西汉中山怀王刘修墓都出土了竹简《六韬》，足见西汉时人们对这本书的重视程度。

学者们在论述吕尚思想时常常把道、法、儒等拆开来从多角度研究，我们不防也用这样的方法。当然最后还是要同其他学者一样得出结论——吕尚的思想"介于黄老之间"——实际上就是齐法家思想核心黄老之学。

《六韬》的思想内核包括：

---

① 《山东大学学报》，1954年第4期。

1. 道家思想。道家是法家的哲学基础，这是因为后世法家继承了道家自然主义的世界观，同时法家还将道提高到最高领袖所应达到的修养的高度。

《六韬·文韬·大礼第四》中记录了太公回答文王的一段话："文王问：君主应该怎样临朝执政呢？太公说：君主要安详稳健而气质宁静，要

齐法家的开创者姜太公

柔和有节而胸有成竹，要善于与臣民协商问题而不固执己见，对人要谦虚而无私，处事要公正而不偏。文王问：君主应该怎样倾听意见呢？太公说：不要轻率接受，不要简单拒绝。轻率接受，容易丧失主见；反面拒绝，容易闭塞言论。君主要像高山那样，使人仰慕效法，要像深渊那样，使人莫测其深。英明正确，镇静公正，就是准则。"（原文：文王曰，主位如何？太曰，安徐而静，柔节先定，善与而不争，虚心平志，待物以正。文王曰，主听如何？太公曰，勿妄而许，勿逆而拒。许之则失守，拒之则闭塞。高山仰止，不可及也；深渊度之，不可测也。神明之德，正静其极。）

2. 法家思想。人皆趋利避害，人情论是法家政治哲学基础之一。吕尚在《六韬·文韬·文师第一》中开篇就说："鱼要贪吃香饵，就会被钓丝牵着；人要食君俸禄，就会服从君主使用。所以用香饵钓鱼，鱼可供烹

食；以爵禄取人，人可竭尽其力；以家为基础而取国，国可为你所有；以国为基础而取天下，天下可全部被征服。"（原文：夫鱼食其饵，乃牵于缗；人食其禄，乃服于君。故以饵取鱼，鱼可杀；以禄取人，人可竭；以家取国，国可拔；以国取天下，天下可毕。）

吕尚认为奖惩贵在"赏信罚必"，《六韬·文韬·赏罚第十一》载："文王问太公说：奖赏是为了鼓励好人好事，惩罚是为了惩戒坏人坏事。我想奖赏一人以鼓励百人，惩罚一人以警戒众人，应该怎么办？太公说：用赏贵在守信，用罚贵在必行。如能对于你所见、所闻的事都做到赏信罚必，那么，那些你所未见未闻的事，也都自然会潜移默化了。"（原文：文王问太公曰：赏所以存劝，罚所以示惩。吾欲赏一以劝百，罚一以惩众，为之奈何？太公曰：凡用赏者贵信，用罚者贵必。赏信罚必于耳目之所闻见，则所不闻见者，莫不阴化矣。）另据《说苑》，武王曾向太公提出有关治国之道的问题，太公特别指出要"不公私善害公法，赏赐不加于无功，刑罚不施于无罪"。

另外，《六韬》还认为尧舜时代就是法家治国，这值得我们关注。姜太公说帝尧为君主时，约束心志而清静无为。官吏中正守法的就升迁爵位，廉洁爱民的就增加禄。人民中有孝敬父母、抚爱幼小的就敬重他，尽力从事农桑的就慰勉他。区别善恶良莠，表彰善良人家，提倡公正节操，以法制禁止奸邪诈伪。对厌恶的人，他有功必赏；对喜爱的人，他有罪必罚。赡养鳏寡孤独的人，救济祸患伤亡的家。（《六韬·文韬·盈虚第二》原文："帝尧王天下之时……削心约志，从事乎无为。吏忠正奉法者尊其位；廉洁爱人者厚其禄。民有孝慈者爱敬之；尽力农桑者慰勉之。旌别淑慝，表其门闾，平心正节，以法度禁邪伪。所憎者，有功必赏；所爱者，有罪必罚。存养天下鳏、寡、孤、独，赈赡祸亡之家。"）

3. 经济思想。姜太公将社会分为农工商三个阶层，重视农工商专业化，各阶层利益均衡，强调货币稳定，流通顺畅，主张耕战合一，富国强兵。从管仲到范蠡、计然，从商鞅再到桑弘羊，我们都能发现吕尚经济学思想的影响。

太公将农工商并称三宝，《六韬·文韬·六守》载："太公说：这三件大事就是大农、大工、大商。把农民组织起来，聚居一乡，互助合作，粮食自然会充足；把工人组织起来，聚居一乡，互相协作，用具自然会充足；把商人组织起来，聚居一乡，互通有无，财货自然会充足。三种行业，各得其所，人民无忧无虑。"（原文：太公曰：大农、大工、大商谓之三宝。农一其乡则谷足；工一其乡则器足；商一其乡则货足。三宝各安其处，民乃不虑。）

据说太公还出台了"九府圜法"的经济金融政策，具体内容已不可考。《汉书·食货志》对"九府圜法"的记载过于简略，颜师古作注说，九府为：太府、玉府、内府、外府、泉府、尺府、职内、职金、职币等九个掌管财币之官；圜法者"均而通也"。从颜师古注看，"九府圜法"是中国古典经济理论货币流通思想——"财币欲其行如流水"——的政策实践。

一个国家居安不忘思危，寓兵于农，这是法家经济思想的重要组成部分。姜太公主张耕战合一，国家在和平环境中不忘战的思想在今天看来仍十分宝贵。感兴趣的朋友可以参阅《六韬·龙韬·农器第三十》。

姜太公吕尚是西周道/法思想的领军人物，是中华原文明的一个巨人。经过春秋时代管仲相齐和郭偃易晋，中华原文明迎来了她的顶峰——大黄金时代！

参考阅读：

中国的蒙娜丽莎——大地湾女神

这是距今约六千五百年的大地湾人头形器口彩陶瓶，堪称远古时期的雕塑杰作。

该瓶为细泥红陶，通高31.8厘米，口径4.5厘米，底径6.8厘米，圆鼓腹，平底。两侧器耳缺失，上腹开裂。器口为圆雕头像，短发齐额，五官端正，挺鼻小嘴，面庞秀丽。瓶体从上到下饰三层大体相同的黑彩图案，其主题花纹分为两部分，其一是两个弧边三角纹构成一空白圆圈，内中填充弧线和垂弧；其二构图较复杂，由斜直线、侧弧及凹边三角纹组成。从头部形象分析，多数人认为是一女性形象，有人从整体造型着眼，推测应是一位衣着华丽的孕妇，先民们借以寄托人丁兴旺的良好意愿，有学者称之为"大地湾女神"。

围绕"大地湾女神"还有一段鲜为人知的曲折故事：20世纪70年代初，甘肃秦安五营邵店村二队农民张德禄同社员们一起搞农田基建，一镢头下去掘出个"物件"，他仔细地擦掉上面的泥土，彩陶瓶显露出了本来面目。既有泥捏的人头，还有好看的花纹，不忍丢弃就拿回家当摆设。十多天后，家里的两个猪娃突然死了，张德禄的母亲就埋怨他拿回的这"物件"，给家里带来了晦气和灾难。最后张德禄只好找来阴阳先生，经阴阳先生掐算之后，说放在家里并无大碍，猪是得瘟病死的，这"物件"才幸免于难。后来他找来水泥将上腹部的裂缝粘牢，继续把它摆放在家里的柜子上。直到1978年，大地湾考古发掘开始，这位农民终于把这个珍藏多年的"宝贝"交给了省城来的考古人员，自此，这件后来名扬四海的国宝才得以为世人所知。

第二章　大黄金时代

从公元前五世纪末到公元前一世纪，中华文明走向了自己的巅峰——台湾作家柏杨在《中国人史纲》中将这四百年称为"大黄金时代"。

那是一个怎样的时代啊！西周以血缘为基础的封建贵族不再是政治权力的垄断者，一个人可以凭他的能力成为文化、政治和经济精英。思想的洪流犹如决堤的洪水一样冲出了专制的大门，平民得到了获取知识的机会；长期坚持法家治国理念的秦王朝建立起了现代化的集权国家。柏杨先生以豪迈热情的笔调写道：

"大黄金时代中的平民却可从新获得知识技能，爬到贵族地位，担任政府官员和累积财富。新的社会形态是，一个人的权力，决定于他的思想和能力，不再完全决定于他的祖先成分，这是从前连做梦都梦不到的事，遂使贵族阶级固有的知识分子认为名份大乱，七窍生烟。"

"秦王朝把中国建立成为一个现代国家，统一而强大，具备强有力的中央政府，奠立了中国广达三百万平方公里的基本疆域，世界上没有一个古文明国家或民族，能在一开始时即拥有这么广大完备的规模，而且置于有效率的管理之下。"①

大黄金时代犹如一座文明火山的爆发，道家、儒家、墨家、兵家等百家思想喷涌而出。然而，所有这一切都是表面现象。从周初百家萌芽的《逸周书》到西汉总统百家的黄老思想，诸子百家不过是中华道/法家原文明的大分裂和再组合的中间阶段而已。柏杨敏锐地指出："大黄金时代是

---

① 柏杨，《中国人史纲》，同心出版社，2005年11月，第89页。

法家学派当权的时代。"①

1. 什么力量将中国推进了大黄金时代

李悝革命

事件是历史的刻度。史学家们习惯于把沧桑巨变的东周分为春秋和战国两个阶段，分界为公元前476年，就是周敬王死的那年。

一个衰落王朝国君的死怎么可能确立一个伟大的时代的界限？究竟是什么打破了春秋时期的战略平衡，将中国带入了诸候混战的战国时代呢？这就是李悝变法。司马迁在《史记·平准书》上这样写道："魏用李克（当作李悝），尽地力，为强君。自是之后，天下争于战国。"是李悝变法，将魏国打造成一流强国，中华文明因此进入了一个崭新的时代！

李悝变法犹如平静的水面投下一颗炸弹，扰动了众诸侯国。魏国因此成为当时最强盛的国家，西攻强秦，北伐中山，东败齐军，南控淮、泗，威振中华。李悝大约生于公元前455年，卒于公元前395年。魏文侯在位于公元前424至前387年，那么中国真正进入战国应在公元前400年左右，而不是史学家们的公元前475年。是李悝这位伟大的法家人物，在公元前五世纪末将中国推向了大黄金时代！

历史有时是不公平的，一个决定炎黄子孙历史命运的人竟然长期被淹没于时间的沉沉暮霭之中。在周代封建国家制度走向解体之际，是李悝变法强化了西周法家文明内核，将中华文明推向了一个新阶段——从政治到经济都是这样。

李悝的政治经济政策具备了中国古典政治经济理论的全部特征，具体内容包括：

一、废除封建世袭贵族制，建立社会功勋制，实行"食有劳，禄有功"。对于无功受禄的贵族，李悝主张取缔他们的特权，没收他们的财产，把他们的财产、权力分配给那些为社会立功勋的人。

二、制定《法经》，奠定了中华法系的基础。后来《秦律》、《汉律》都是在《法经》的基础上逐步扩大补充而成的，其影响持续到清末西方法

---

① 柏杨，《中国人史纲》，同心出版社，2005年11月，第126页。

系第一次大规模引入中国之时。《法经》原文早已失传,明代董说所著《七国考》卷十二中,载有西汉末年桓谭《新论》所引《法经》条文,从中我们能清楚地看到法家"刑无等级"、"重其轻者"等基本原则。其内容和形式直接影响了秦汉律法。

三、强调百姓均平和储备原则,发展了中国古典政治经济理论。李悝推行"尽地力"和"平籴"的经济政策。所谓"平籴"就是把好年成分为上、中、下三等,坏年成也分为上、中、下三等,好年成由官府按好年成的等级出钱籴进一定数量的余粮,坏年成由官府按坏年成的等级平价粜出一定数量的粮食。《汉书·食货志》留下了李悝经济政策的细节,是中国古典经济理论的重要文献资料,全文引述如下:

"李悝为魏文侯制定了充分利用土地生产能力的教令,认为地方圆百里,总共有九万顷,除去山地大湖村居所占的三分之一,还有田亩六百万亩,耕耘田地勤奋小心则每亩加收三斗,不勤奋那么也减去三斗。方圆百里土地上的粮食增减一下,就是一百八十万石粟。又说买进谷物太贵伤害士、工、商,太便宜又会伤害农民,士、工、商受到伤害,就会出现离散,农民受到伤害就会出现国家贫困。因此太贵和太贱都要伤害一方。善于治理国家的,使士、工、商不受到伤害而使农民更加勤勉。现在一个有五口人的农户,种地百亩,一年的收成是一亩一石半,打成粟是一百五十石,除去十分之一的税十五石,剩下一百三十五石。食用,一个人一月要一石半,五个人一年要九十石粟,还剩下四十五石。卖去三十石,得到一千三百五十钱,除掉社闾春秋祭祀社神摊派三百钱,还剩一千零五十钱。穿衣,一个人大致用钱三百,五个人全年用钱一千五百,差四百五十钱。不幸的有疾病死丧的费用,及上交赋税,还没有算在这里面。这就是农民所以经常贫困,没有勤勉耕种的心思而使谷物太贵的原因。因此善于按平价购粮储存的人,一定小心观察每年有上、中、下三种收成,大熟之年收成增产四倍(即百亩六百石),谓除交纳什一税、食粮、穿衣、祭祀费用等外,最后剩余四百石;中熟能收到平常年景收成的三倍,最后还剩三百石;下熟能收到平常年景收成的一倍,最后还剩一百石。小饥荒能收到一百石,中饥荒能收到七十石,大饥荒能收到三十石。所以丰收之年官府收购粮三百石,余一百石由农户自己储存,一般年景买二百石,下熟之年则买入一百石,使百姓合适满足,粮价平均,饥荒的现象就中止了。小饥荒时就卖掉小熟时所征的粮食,中饥荒时就卖掉中熟时所征的粮食,大饥荒时就卖掉大熟时所征的粮食。所以,即使遇到荒年和水旱灾害,所买进的不贵就不会造成士、工、商离散,用有余的去补充不足的。他在魏国实行这些政策,魏国就富强了。"(原文:李悝为魏文侯作尽地力之教,以为地方百里,提封九万顷,除山泽邑居参分去一,为田六百万晦,治田勤谨则晦益三升,不勤则损亦如之。地方百里之增减,辄为粟百八十万石矣。又曰籴甚贵伤民,甚贱伤农,民伤则离散,农伤则国贫。故甚贵与甚贱,其伤一也。善为国者,使民毋伤而农益劝。今一夫挟五口,治田百晦,为粟百五十石,除十一之税十五石,余百三十五石。食,人月一石半,五人岁终为粟九十石,有四十五石。石三十,为钱千三百五十,除社闾尝新春秋之祠,用钱三百,余千五十。衣,人率用钱三百,五人终岁用千五百,不足四百五十。不幸疾病死丧之费,及上赋敛,又未与此。此农夫所以常困,有不劝耕之心,而令籴至于甚贵者也。是故善平籴者,必谨观岁有上、中、下孰。上孰其收自四,余四百石;中孰自三,余三百石;下孰自倍,余百石。小饥则收百石,中饥七十石,大饥三十石,故大孰则上籴三而舍一,中孰则籴二,下孰则籴一,使民适足,贾平则止。小饥则发小孰之所敛、中饥则发中孰之所敛、大饥则发大孰之所敛而粜之。故虽遇饥馑、水旱,籴不贵而民不散,取有余以补不足也。行之魏国,国以富强。)

李悝变法是一场革命,这场革命经秦汉持续放大,贯彻到了中华民族的灵魂之中。但在当时,由于魏国贵族势力强大,李悝新法没有能够像秦国法家那样长期施行下去。公元前354年齐魏桂陵之战后,魏国很快就没落了。

不过李悝的思想并没有因为魏国的衰亡而消失,它成了中华文明永恒的星辰。一千二百年后,唐代著名理财家杜佑(735~812)在其《通典》中将李悝与中国历史上最伟大的政治人物并列在一起,评论道:"周之兴也得太公,齐之霸也得管仲,魏之富也得李悝,秦之强也得商鞅,后周有苏绰,隋氏有高颎。此六贤者,上以成王业,兴霸图,次以富国强兵,立事可法。"

李悝（约前450～前390），战国时期魏国人。佐魏文侯变法，开启了中华文明长达四百年的大黄金时代！著《法经》，奠定了中华法系的基础。

厉王革典

李悝的改革是全方位的，彻底且卓有成效；从某种意义上说，李悝变法又是历史发展的一种必然，因为西周末年至春秋时代，改革的暗流已经涌动了数百年。

第一位打起改革大旗的是西周末年伟大的政治家周厉王姬胡，《国语·周语下》称："厉始革典"，"厉王革典"被儒家骂了近三千年，现代还有人继续骂他，理由是他不民主，《史记》上说当时人们不敢说话，"道路以目"。事实是什么样的呢？史书记载和大量金文资料的问世可以让我们大致了解历史的本来面目。

公元前9世纪的周王朝陷入内忧外患之中，王室衰弱，南淮夷入侵已经达到洛水一线。在这种困境下，周厉王强化中央权力，锐意改革。变法内容涉及改革世卿世禄，改革经济体制等多方面。《诗经·大雅·荡》中就抱怨厉王不用旧臣，还告诫他说殷的灭亡不能怨上帝，是殷王不用旧臣的缘故。（原文：匪上帝不时，殷不用旧。）

经济上，厉王任用荣夷公，施行国家专卖政策，引起了贵族的激烈反对，姬胡采取了高压政策。由于贵族势力太大，最后引发政变，姬胡变法失败。

《国语·周语上》记载，周厉王将要重用荣夷公，马上遭到了主张自由经济的大夫芮良夫的反对，他说："国家就要衰败了！荣夷公这个人喜欢聚敛钱财，而不知道搜刮百姓丧失民心的后果将非常严重。'利'这个东西，生之于百物，为天下之所有，如果天下的'利'都被少数人所占有，那危害就多了。天地百物，都依靠'利'来生存繁衍，它怎么可以只由少数人占有呢？少数人霸占了多数人的'利'，就会引起众怒，而不知道失掉民心就会危害到政权的生存，用这种思想来诱导君主，国家还能长久吗？所谓国家的治理者，就是将天下的'利'让天下所有的人都受益，不管他是什么人都能最大限度的获取应得的利益，就是这样做还经常惧怕有遗漏的地方，招来百姓的怨愤。因此《颂》中说：'思文后稷，克配彼天。立我蒸民，莫匪尔极。'《大雅》说：'陈锡载周。'难道不是惧怕没有把'利'分配给天下的百姓而招来灾难吗？所以它能保护祖宗的周朝几百年长盛不衰至今。现在大王想把天下的'利'归自己一人所有，难道行得通吗？普通百姓搜刮财富尚被称之为强盗行为，如今大王也要实行搜刮百姓的办法，其下场就危险了。如果非要使用荣夷公，周王朝必定灭亡。"没多长时间，荣夷公被厉王用为卿士。（原文：厉王说荣夷公，芮良夫曰："王室其将卑乎！夫荣公好专利而不知大难。夫利，百物之所生也，天地之所载也，而或专之，其害多矣。天地百物，皆将取焉，胡可专也？所怒甚多，而不备大难，以是教王，王能久乎？夫王人者，将导利而布之上下者也，使神人百物无不得其极，犹曰怵惕，惧怨之来也。故《颂》曰：'思文后稷，克配彼天。立我蒸民，莫匪尔极。'《大雅》曰：'陈锡载周。'是不布利而惧难乎？故能载周，以至于今。今王学专利，其可乎？匹夫专利，犹谓之盗，王而行之，其归鲜矣。荣公若用，周必败。既，荣公为卿士。）

厉王不顾众大臣的反对，强化监督体制，强行推行'专利'政策。公元前842年，都城四郊的人集结起来，发动了周朝历史上有名的"国人暴动"，厉王逃到了一个叫"彘"的地方。

与内政相比，周厉王的对外政策应该说是相当成功的。厉王曾数次南征，艰苦奋战，大体平定了南方。南方的楚君熊渠曾立其三子为王，厉王时因害怕被征伐竟自动放弃称王。《史记·楚世家》记载："及周厉王之时,暴虐,熊渠畏其伐楚,亦去其王。"

管仲易齐与郭偃更晋

周厉王的孙子被申国和蛮族联军杀死后,公元前770年,周平王东迁洛邑。当周王朝的光荣和权力已经成为昨日黄花的时候,变法之潮在春秋之世激荡起来,并一直持续到李悝时代。这段时间有几件事值得一提:首先法家从地域上分为两支,一是东国法家,或称齐法家;二是秦晋法家,或称晋法家。冯友兰先生在《中国哲学史新编》中区分了晋法家与齐法家,认为在理论上二者的区别很小,思想核心则完全相同,比如信仰道家自然主义的世界观,以趋利避害的自然主义人性论作为政治哲学基础等等。

表面看来晋法家对商业的限制很强烈,这主要是因为当时和今天一样,西部远不如东部商业发达。《商君书·去强第四》中说:"农、商、官三者,国之常官也。"意即农民、商人、官吏三种人是国家在什么时候都应该有的人。

春秋时代的改革暗流主要表现在中国东西部两次大的变法,分别是"管仲易齐"和"郭偃更晋"。这两次变法对后世的影响很大,《君商书·更法第一》记载,商鞅与同僚争论变法时就将郭偃作为榜样,说"郭偃之法曰:'论至德者不和于俗;成大功者不谋于众'"。法家理论家韩非在《韩非子·南面第十八》中写道:"管仲毋易齐,郭偃毋更晋,则桓、文不霸矣。"

管仲的改革在《管子》一书中介绍得较详尽,但郭偃连生平都已经很难考证了,只知道前636至前628年晋文公在位期间,他曾帮助文公变法。关于晋国变法的内容,《国语·晋语四》作了简要介绍。那是公元前636年,流亡归来的晋文公新政的主要部分包括:

"文公会见百官,授与官职,任用功臣。废除旧的债务,减免赋税,布施恩惠,舍弃禁令,分财给寡少的人,救济贫困,起用有才德而长期没升迁的人,资助没有财产的人。减轻关税,修治道路,便利通商,宽免农民的劳役。鼓励发展农业,提倡互相帮助,节省费用来使资财充足。利器便民,宣扬德教,以培养百姓的纯朴德性。推举贤良,任用有才能的人,制定官员规章,依法办事,确立名分,培育美德。昭显有功勋的旧族,惠爱亲戚，荣耀贤良，尊宠贵臣，奖赏有功劳的人，敬事老人，礼待宾客，亲近旧日的友人。胥、籍、狐、箕、栾、郤、桓、先、羊舌、董、韩等十一族，都担任朝廷近官。姬姓中贤良的人，担任朝廷内务官。异姓中有才能的人，担任边远地方的官。王公享用贡赋，大夫收取采邑的租税，士受禄田，一般平民自食其力，工商之官领受官廪，皂隶按其职务领取口粮，家臣的食用取自大夫的加田。于是政治清明，民生丰安，财用充足。"（原文：公属百官，赋职任功，弃责薄敛，施舍分寡，救乏振滞，匡困资无，轻关易道，通商宽农，懋穑劝分，省用足财，利器明德，以厚民性。举善援能，官方定物，正名育类，昭旧族，爱亲戚。明贤良，尊贵宠，赏功劳，事耇老，礼宾旅，友故旧。胥、籍、狐、箕、栾、郤、柏、先、羊舌、董、韩，实掌近官。诸姬之良，掌其中官。异姓之能，掌其远官。公食贡，大夫食邑，士食田，庶人食力，工商食官，皂隶食职，官宰食加。政平民阜，财用不匮。）

从上面我们看出，"郭偃之法"还没有完全脱离周初的政治经济框架，尽管已经有"赋职任功"和"赏功劳"，但"胥、籍、狐、箕、栾、郤、桓、先、羊舌、董、韩等十一族，都担任朝廷近官。姬姓中贤良的人，担任朝廷内务官。异姓中有才能的人，担任边远地方的官"，说明郭偃的政治改革中仍残存较多封建世袭因素。

在春秋改革暗流中还有件事值得一书：昭公二十九年（公元前513年），赵鞅、荀寅占领汝滨，令晋国民鼓石为铁，以铸刑鼎，上刻范宣子37年前制定的《范宣子刑书》，其中明确有废除西周的"刑不上大夫，礼不下庶人"的条款。

这下可激怒了远方的孔子，他惊呼："晋国恐怕要灭亡了吧！其失掉了法度了。晋国应该遵守唐叔传下来的法度作为百姓的准则，卿大夫也应按照他们的位次来维护它。这样，百姓才能尊敬贵人，贵人也因此才能保守他们的家业。贵贱的不错乱，才是所谓法度。文公正是因此而设立执掌官职位次的官员，在被庐制定法律，以至作盟主的。现在废弃这个法令，而铸造了刑鼎，百姓都能看到鼎上的条文，贵人还用什么来得以被尊敬？贵人还有什么可保有？贵贱没有次序，还怎么治理国家？（《左传·昭公二十九年》原文：晋其亡乎！失其度矣。夫晋国将守唐叔之所受法度，以经纬其民，卿大夫以序守之。民是以能尊其贵，贵是以能守其业。贵贱不怨,所谓度也。文公是以作执秩之官,为被庐之法,以为盟主。今弃是度也,而为刑鼎,民在鼎矣,何以尊贵?贵何业之守?贵贱无序,何以为国?")

历史车轮并没有按孔子的预言前进,法律面前人人平等,"布衣驰鹜"的大黄金时代即将到来,孔子"国将不国"的呼号在大黄金时代成了血缘特权贵族们的丧钟!

2. 秦二世而亡,谁之过

秦二世而亡的儒家版本

一个困扰了国人两千多年的问题是,大黄金时代的法家文明为什么会在公元前210年秦始皇死后突然断裂?儒家把秦二世而亡作为法家制定的秦法是暴法的证明记录在案,一遍又一遍地重复,影响所及,连国外关于中国历史的教科书也认为,西汉承秦制最多只是行政结构上的继承,而不是治国理念上的继承。直到1973年长沙马王堆黄老帛书的出土,真相才大白——所谓黄老思想的核心就是齐法家,西汉和秦一样是法家治国。

要解释秦二世而亡的真正历史原因,首先必须回答的一个问题是陈胜吴广为什么要起义。笔者把陈胜吴广起义的儒家版本看成"中国第一谎言",这个儒家版本影响之广,以致两千年来中国的政治精英深受其害。

和陆贾(约前240~前170)一样,贾谊(前200~前168)也将秦灭亡的原因归结于法家思想本身,《过秦论》的结论是必须将当时的秦政儒家化。贾谊没有想到的是,他那篇被西汉政治家们丢弃的《过秦论》影响了一代又一代中国人。

《过秦论》中贾谊首先分析了大秦帝国辉煌的原因,一言以蔽之就是秦帝国几代人都坚定贯彻了法家治国原则。贾谊写道:"这时商鞅辅佐秦孝公,在国内建立法律制度,致力于耕种纺织,修造防守进攻的武器;对外实行连横,使诸侯各国相斗,于是秦国人毫不费力地取得了黄河以西的大片土地……秦孝公死了以后,惠文王、武王、昭襄王继承先辈的旧业,沿袭前人的策略,向南占领了汉中,向西攻取了巴蜀一带,向东割取了肥沃的土地,向北收取了险要的郡县……传到孝文王、庄襄王,他们在位的时间很短,国家没有大事。到了秦始皇,则发扬六代祖先遗留的功业,像挥动长鞭赶马那样震御天下,吞并了西周、东周,灭掉了诸侯国,登上了尊贵的皇位而统治全国,用残酷的刑罚来奴役天下的百姓,威势震慑四海。"(原文:当是时也,商君佐之,内立法度,务耕织,修守战之具;外连衡而斗诸侯,于是秦人拱手而取西河之外……孝公既没,惠文武昭襄王,蒙故业,因遗策,南取汉中,西举巴蜀,东割膏腴之地,北收要害之郡……施及孝文王、庄襄王,享国日浅,国家无事。及至始皇,奋六世之余烈,振长策而御宇内,吞二周而亡诸侯,履至尊而制六合,执搞朴以鞭笞天下,威振四海。)

秦始皇嬴政(前259~前210)任用李斯为相,废封建,行郡县;统一度量衡、文字;开辟驰道,修筑长城,巩固国防;他胸怀天下,礼贤下士,勤于政事,依法行政,是一位杰出的政治家。

那么秦始皇一死为什么天下就大乱,终至灭亡了呢?而且首倡者是两位平民。(《过秦论》所谓:"瓮牖绳枢之子,氓隶之人"。)贾谊认为是秦始皇"废除古代帝王的治国方法,焚烧各学派的著作,企图使百姓愚蠢糊涂;毁坏有名的城池,杀害杰出的人物;收缴天下的兵器集中到都城咸阳销熔,用它铸造成十二个铜人,来削弱天下的老百姓。"(原文:于是废先王之道,焚百家之言,以愚黔首;隳名城,杀豪杰;收天下之兵,聚之咸阳,销锋镝,铸以为金人十二,以弱天下之民。)

进一步说,就是秦始皇没有儒家化。

陈胜、吴广起义起因见司马迁《史记·陈涉世家》:"秦二世元年七月,征调居住在里巷左边的贫民去防守渔阳,一共有九百人驻扎在大泽乡。陈胜、吴广都编在这次征发的行列,当了屯长。恰遇天下大雨,道路不通,他们估计已经误了到达渔阳规定的期限,而按照法律规定,这是该杀头的。"(原文:二世元年七月,发闾左适戍渔阳,九百人屯大泽乡。陈胜、吴广皆次当行,为屯长。会天大雨,道不通,度已失期。失期,法皆斩。)

自古以来,军事集结不到位都要受到严惩,"失期当斩"无论如何都不能证明秦法残暴。西汉名将李广就是因期会失道,怕受法律制裁引刀自刎的;《国语·鲁语下》孔子也说过:"从前大禹召集群神到会稽山,防风氏违命后到,大禹杀了他,陈尸示众。"(原文:昔禹致群神于会稽之山,防风氏后至,禹杀而戮之。)

史书记载,西汉时《军法》有诸多"畏懦当斩"、"逗桡当斩"、"失期当斩"、"失道当斩"的规定。1983年张家山汉墓出土的汉法律文书有这样一条法律:"与盗贼遇而去北,及力足以追逮捕之而官□□□□□逗留畏耎弗敢就,夺其将爵一络[级],免之,毋爵者戍边二岁。"①

除了军法,秦律对徭役失期的惩罚是很轻的,看不到一丝酷法的痕迹。《睡虎地秦简·徭律》中有:"御中发征,乏弗行,赀二甲。失期三日到五日,谇;六日至旬,赀一盾;过旬,赀一甲。其得也,及诣。水雨除兴。",这里"御中发征"是指地方官征发服役者为朝廷官府服役。即使徭役不去也只是罚二副甲;失期三至五日只是斥责一下;失期六至十日,罚一盾;超十天,罚一甲;如遇大雨,可免除此次征发,无所谓处罚。《睡虎地秦简·法律答问》中还有:"不会,治(笞);未盈卒岁得,以将阳有(又)行治(笞)。"就是说征发徭役时如不报到,处罚应该是笞打;征发徭役时不报到,但在一年内被捕获,以游荡罪再行笞打。

---

① "□"为古代残简或其他情况下文献流传所缺失字,下文同例不再注明。

秦二世而亡是因为秦二世胡亥背叛了法家

由此我们可以看出,秦法不是暴法。大秦帝国灭亡的根本原因是秦二世胡亥背叛了法家治国理念,而不是像贾谊所说的那样,是因为贯彻法家治国理念。贾谊的意思是,天下都统一了,"攻守之势异"了,还不儒化!

由于胡亥继位本身就是一场阴谋的产物,为了剪除异己,他听从赵高"严法而刻刑"的建议,将法家渐推向了严刑峻法的反面。在此意义上,陆贾在《新语·道基第一》中说"秦二世尚刑以亡"是对的。

《史记·李斯列传》详细记载了"胡亥更法"的细节:赵高说,"实行严峻的法律和残酷的刑罚,把犯法的和受牵连的人统统杀死,直至灭族,杀死当朝大臣而疏远您的骨肉兄弟,让原来贫穷的人富有起来,让原来卑贱的人高贵起来。全部铲除先帝的旧臣,重新任命您信任的人并让他们在您的身边。这样就使他们从心底对您感恩戴德,根除了祸害而杜绝了奸谋,群臣上下没有人得不到您的恩泽,承受您的厚德,陛下您就可以高枕无忧、纵情享受了。没有比这更好的主意了。"二世认为赵高的话是对的,就重新修订了法律。(原文:赵高曰:"严法而刻刑,令有罪者相坐诛,至收族,灭大臣而远骨肉;贫者富之,贱者贵之。尽除去先帝之故臣,更置陛下之所亲信者近之。此则阴德归陛下,害除而奸谋塞,群臣莫不被润泽,蒙厚德,陛下则高枕肆志宠乐矣。计莫出于此。"二世然高之言,乃更为法律。)

在李斯曲意求荣上了《行督责之术》后,直接继承西周明德慎罚思想,法家简令谨诛、赏罚当符的法制原则被抛弃了,刑杀成了胡亥的统治方式,《史记·李斯列传》上记载,这封答书上奏之后,二世看了非常高兴。更加严厉地实行督责,向百姓收税越多的越是贤明的官吏。二世说:"像这样才可称得上善于督责了。"路上的行人,有一半是犯人,在街市上每天都堆积着刚杀死的人的尸体,而且杀人越多的越是忠臣。(原文:书奏,二世悦。于是行督责益严,税民深者为明吏。二世曰:"若此则可谓能督责矣。"刑者相半于道,而死人日成积于市。杀人觿者为忠臣。)

贾谊之后,儒生们继续散布是法家政治导致秦国灭亡的历史谎言。在公元前81年汉昭帝召集的盐铁会议上,那些儒生们指出,是"商鞅以重刑峭法为秦国基,故二世而夺",他们当面质问西汉重臣桑弘羊:"商鞅严于刑法,崇尚财利,使得秦国人无法生活下去,一起到秦孝公那里去啼哭。吴起兴兵打仗,攻城掠地,使得楚国人心骚动不安,一起到楚悼王那里去哭泣。从此以后,楚国一天比一天危急,秦国一天比一天衰弱。"(《盐铁论·非鞅第七》原文:商鞅峭法长利,秦人不聊生,相与哭孝公。吴起长兵攻取,楚人摇动,相与泣悼王。其后楚日以危,秦日以弱。)

桑弘羊显然比今天许多人更了解历史真相,也更理性,他反驳说是二世、赵高亡秦,而非商鞅,更非法家。他说:秦国任用商鞅,国家因而富强,后来终于兼并六国而完成了帝王的统一事业。到了秦二世的时候,由于奸臣独断专行,合理的法律制度得不到实行,旧贵族叛离,使得秦朝灭亡。正如《春秋》上说的:"不说这个了,因为祭仲已经死了。"善于唱歌的人能使别人接续他的歌声,善于制作的人能使别人继承他的事业。原始的椎车变成有轮辋的车子,是相土改良而成的。周朝的建国事业能完成,是周公出力的结果。如果有裨谌为郑国起草政令,而没有子产来修改润色,有周文王、周武王制定规章制度,而没有周公和吕望的配合,功业也是不能成功的。现在你们用赵高篡权而使秦国灭亡这件事来攻击商鞅,就好像用崇侯虎扰乱殷政这件事来指斥伊尹一样啊。(《盐铁论·非鞅第七》原文:秦任商君,国以富强,其后卒并六国而成帝业。及二世之时,邪臣擅断,公道不行,诸侯叛弛,宗庙隳亡。《春秋》曰:'末言尔,祭仲亡也。'夫善歌者使人续其声,善作者使人绍其功。椎车之蝉攫,负子之教也。周道之成,周公之力也。虽有裨谌之草创,无子产之润色,有文、武之规矩,而无周、吕之凿枘,则功业不成。今以赵高之亡秦而非商鞅,犹以崇虎乱殷而非伊尹也。)

从某种意义上说,贾谊也看到了秦始皇时代严重的社会问题,那就是财政政策的极度膨胀,司马迁也说秦始皇"轻民力"。据统计,秦始皇统一天下后全国服役者达200万。当时全国人口约2000万,即1/10的人口脱离了生产。到胡亥时,赋税甚至增加到超过农民收入的2/3。今天,面对长城、秦始皇陵、灵渠、驰道这一个又一个古代奇迹,我们不得不反思,一个伟大王朝为之耗尽了心血!

刘邦和他的谋士们清楚地看到了秦帝国灭亡的原因,于是汉朝一方面采用了秦国的立国根基法家思想,另一方面也改变了秦朝过度膨胀的财政政策,尽可能紧缩财政,即使受匈奴之辱也靠和亲之策忍气吞声。

汉承秦制，是继承了秦法家的政治制度和治国理念的，"伐无道，诛暴秦"在刘邦那里不过是一个政治口号！《汉书·刑法志》载：汉王兴起后，高祖刚开始进入关中，就以三条法令相约束，说："杀人的人要判死刑，伤害别人以及盗窃的人要负他应负的罪责。"免除繁多苛刻的刑法，人民大为高兴。这之后，四方少数民族并没有归附，兵事也没有停止，三条法令不足以防止邪恶的人，于是相国萧何采集秦朝法令，选取其中合乎时宜的，制订了九章法律。（原文：汉兴，高祖初入关，约法三章曰：'杀人者死，伤人及盗抵罪'。益蠲削烦苛，兆民大说。其后四夷未附，兵革未息，三章之法不足以御奸。于是相国萧何捃摭秦法，取其宜于时者，作法九章。）

入咸阳"收秦丞相御史律令图书藏之"的萧何是如何"捃摭秦法"的呢，由于秦汉律在南北朝时期就已经散佚，后人就很难断言。考古学的伟大作用此时就显现了出来，《张家山汉简》与《睡虎地秦简》的出土让我们清楚地看到：汉律继承了秦律，恢复了法家治国！

3. 为"汉家制度"正名

汉宣帝一语成谶

中学历史教科书上说，汉初奉行"黄老哲学"，制定休养生息政策，清静无为。许多人将这种"清静无为"理解为自由放任、无所作为。直到1973年，湖南长沙马王堆三号汉墓中出土了大量埋没两千多年的黄老思想文献后，才为我们解开了诸多历史迷团。

原来，黄老哲学不等同于老庄哲学，正如冯友兰先生讲的，黄老哲学是齐法家的思想核心。司马迁说申子和韩非思想"归本于黄老"的真实意义也明了起来。《史记·儒林列传》称"孝文帝本好刑名（汉代常常黄老刑名并称——笔者注）之言"，《史记·商君列传》也称商鞅"少好刑名之学"，这是因为孝文帝和商鞅同是法家。进一步说，汉承秦制"承"的主要是齐地的法家思想和秦国的法律制度。

儒家走上中国政治舞台的过程是缓慢和渐进的。西汉直至孝景时还"不任儒者"。公元前140年汉武帝一上台，他的老师名儒卫绾就上奏："已经推荐上来的贤良之士，有的是提倡申不害、商鞅、韩非、苏秦、张仪学说的,扰乱国政,请全部废除。"武帝批准了该建议。(《汉书·武帝纪》原文:丞相绾奏:"所举贤良,或治申、商、韩非、苏秦、张仪之言,乱国政,请皆罢。"奏可。)

丞相卫绾堵住了研治法家者入仕之道。当御史大夫、同出儒门的赵绾提出窦太后不应干涉朝政时,激怒了信奉黄老、握有实权的窦太后(武帝的爷爷汉文帝的皇后),她大骂这些儒生是装神闹鬼、只会骗人的术士新垣平,先是卫绾被免职,后来许多高级官员受牵连。

《资治通鉴·汉纪》详细记载了这次重要的治国理念之争:"太皇窦太后好黄、老言,不悦儒术。赵绾请毋奏事东宫。窦太后大怒曰:'此欲复为新垣平邪!'阴求得赵绾、王臧奸利事,以让上。上因废明堂事,诸所兴为皆废。下绾、臧吏,皆自杀。丞相婴、太尉蚡免,申公亦以疾免归。"

公元前135年,窦太后去世,好儒的田蚡作了丞相,儒家得以登堂入室。《史记·儒林列传》记载了这一政治变化:"到窦太后去世,武安侯田蚡做了丞相,他废弃黄老、刑名家等百家学说,延请治经学的儒生数百人入朝为官,而公孙弘竟以精通《春秋》步步高升,从一介平民荣居天子左右的三公尊位,封为平津侯。从此,天下学子莫不心驰神往,潜心钻研儒学了。"(原文:及窦太后崩,武安侯田蚡为丞相,绌黄老、刑名百家之言,延文学儒者数百人,而公孙弘以春秋白衣为天子三公,封以平津侯。天下之学士靡然乡风矣。)

尽管汉武帝开始任用儒生,但汉朝的法家治国理念并没有改变。史载汉武帝任用了大批正直廉洁的法家公务员文法吏(又称"文史法律之吏",后来其中许多人被戴上"酷吏"的大帽子),还让张汤修改法律,使法律更为完善。

直到汉宣帝刘询(前92~前49,在法律中引入了儒家"亲亲相隐"原则),法家思想仍是西汉的指导思想。汉元帝刘奭作太子时就好儒术,为人柔懦。他反对宣帝"用法太深",建议任用儒生,宣帝因此严厉斥责了刘奭,一度准备让好法令的淮阳王刘钦作太子。

《汉书·元帝纪》载:(太子刘奭)性格柔顺仁慈,爱好儒家思想,看到宣帝所任用多是精通法制律令的官吏,又用刑名学派思想制约臣下,在大臣杨恽、盖宽饶等人因为犯有诽谤朝政罪被杀后,曾经趁陪待宣帝宴饮时从容指出:"陛下执法太重,应该任用儒生。"宣帝生气地说:"汉家本有自己的制度，就是霸道王道共用，怎么可以用德政教化天下，使用周朝的制度呢！况且俗儒不识时务，好是古非今，混淆名实，不知该遵循什么，怎能把国家委托给这些人呢？"他叹息道："扰乱我汉家制度的是太子啊！"从此疏远太子而喜欢淮阳王刘钦，曾说："淮阳王能明察事理，又好法令，应该做我的太子。"这时淮阳王之母张婕妤特受宣帝宠爱，宣帝有意要用淮阳王取代太子。然而因为宣帝在少年时曾依靠许氏，自己和太子都是从低微地位上来的，所以始终没有舍弃许氏母子。（原文：[太子刘奭]柔仁好儒。见宣帝所用多文法吏，以刑名绳下，大臣杨恽、盖宽饶等坐刺讥辞语为罪而诛，尝侍燕从容言："陛下持刑太深，宜用儒生。"宣帝作色道："汉家自有制度，本以霸王道杂之，奈何纯任德教，用周政乎！且俗儒不达时宜，好是古非今，使人眩于名实，不知所守，何足委任！"乃叹曰："乱我家者，太子也！"由是疏太子而爱淮阳王，曰："淮阳王明察好法，宜为吾子。"而王母张婕妤尤幸。上有意欲用淮阳王代太子，然以少依许氏，俱从微起，故终不背焉。）

　　不幸的是，宣帝的预言成了现实，他的犹豫不决则成了灾难。

汉宣帝刘询（前92～前49），大黄金时代富有远见的政治领袖。

元帝上台后,立刻封没有任何功勋的孔子第13世孙孔霸为关内侯,赐食邑800户,号褒成君,给事中,加赐黄金200斤,府邸一所。读经作官成为当时士人入仕的重要途径,儒生满朝,甚至执法也要"顺经术意"。清初思想家王夫之评价元帝广用儒生之事说:"自是以后,汉无刚正之士,遂举社稷以奉人,而自诩其敦厚朴让之多福。宣帝曰:'乱我国家者,必太子也。'其言验矣。"(王夫之,《读通鉴论·卷四·元帝二》)

汉宣帝死后41年,大儒王莽篡汉!

特别需要说明的是,汉宣帝所说的"霸王道"不是指儒法并用,或外儒内法、德主刑辅。在西汉,黄老没有像孟子一样将"王道"和"霸道"对立起来,尽管黄老哲学更崇尚以法治国的王道。《黄帝四经·六分》:称王天下的人,看轻一城一地而重视士人的归附,这样就使国家稳固而自身安逸;看轻财利而尊重知识,所以功成而财生,卑屈己身而尊重有道之人,所以能使自身显赫而令行天下。因此称王天下的人,天下人都会以其为表率。霸主积蓄兵力以征讨不听命的诸候国,诛伐理当治罪的国家而不图私利,所以能令行天下而没有敢于违抗命令的。除此之外,像那些不讲王术,只是凭借武力,为了私利而穷兵黩武的人,身亡国危指日可待,而他们居然还意识不到是因为什么。至于说到霸王,因为他们能效法天地,覆载天下,公平无私,所以能使天下万事各得其宜。(原文:王天下者,轻县国而重士,故国重而安身;贱财而贵有知[智],故功得而财生,贱身而贵有道,故身贵而令行。□□天下□天下则之。[霸]主积甲士而正[征]不备[服],诛禁当罪而不私其利。故令行天下而莫敢不听。此自以下,兵单[战]力挣[争],危亡无日,而莫知其所从来。夫言[霸]王,其□□□唯王者,能兼复[覆]载天下物曲成焉。)

汉代立国者为何会深受黄老之学的影响

是我们为"汉家制度"正名的时候了,造就"强汉"的是齐法家,而不是"贵生、养生"的道家或"礼治、德治"的儒家。以刘邦为核心的汉代立国者为何会深受齐法家影响呢?一个重要原因是包括萧何、曹参在内的西汉政治精英集团崛起于齐法家的中心传播地带——山东与江苏交界的沛县。

1973年齐法家经典《黄帝四经》出土后不久,学者们就发现,其中有大量的语句、段落与《国语·越语下》重出互见，思想内涵也较一致。古代越国的统治阶层者一直自称是黄帝之后，《吴越春秋》记载勾践的世系，是从黄帝开始："黄帝——昌意——颛顼——鲧——禹——启——太康——仲庐——相——少康——无余……"然后下至勾践，所以他们崇拜黄帝是完全可能的。史传老子——鬼谷子（他发展了黄老心术，为纵横家鼻祖）——范蠡有师承关系，在后人辑的《范子计然》一书中，我们能明显看出越国重臣范蠡、计然的黄老思想。就是说，在公元前5世纪初，黄老之学已经传播到了江苏所在的长江流域。

黄老对西汉治世思想的影响巨大，另外值得一提的是以乐毅——乐臣公为主线的乐氏家族。乐毅的先祖乐羊曾与法家代表人物李悝同时在魏国为官，深得魏文侯信任，战功显赫，于魏文侯四十年（公元前406年）攻下了中山国。

史载少时"乐毅贤，好兵"，同商鞅一样，乐毅是战国著名改革家，却因为他曾于燕昭王二十八年（公元前284年）联合秦、楚、韩、赵、魏五国共同伐齐，克齐72城，以兵家闻名于世，今天世人已经很少注意到乐毅的法家治国思想。

顺便介绍一下燕齐矛盾产生的背景。原来燕昭王的父亲燕王哙和某些新儒家一样愚蠢，要学习尧舜虚无飘渺的"禅让"，在苏代等人的劝说下，他竟将王位让给了权势极重的相国子之（"燕王哙让子之"发生在公元前316年）。结果当然不是儒家所谓的天下大治，两年后，太子平和将军市被起兵攻子之，齐宣王派兵增援，杀太子平和将军市被，平定了叛乱。齐军也进入燕都，杀燕王哙和子之。公元前312年，赵国派公子职入燕，立以为王，这就是燕昭王。从登上王位第一天起，燕昭王就立下了报杀父兄之仇的决心。

言归正传，在乐毅辅佐燕昭王30年里（公元前311年乐毅赴燕，约在燕昭王死那年，公元前279年在燕惠王逼迫下奔走赵），乐毅是如何主政的呢？燕昭王采纳乐毅建议，实行论功授爵授禄，制定严格的法律；改革吏制，设相国和将军，分掌政治、军事大权；全国分五郡，郡下设县；郡守和县令由燕王任命——这些措施显然带有浓重的法家色彩！

从乐毅那篇为自己奔赵辩护的《报燕惠王书》中，我们也能看到乐毅的法家思想：

"我听说贤能圣明的君主不拿爵禄偏赏给亲近的人,功劳多的就奖赏他,能力胜任的就举用他。所以考察才能然后授给官职的,是能成就功业的君主。衡量品行然后交往的,是能树立声誉的贤士。我暗中观察先王的举止,看到他有超出一般君主的心志,所以我借为魏国出使之机,到燕国献身接受考察。先王格外抬举我,先把我列入宾客之中,又把我选拔出来高居群臣之上,不同父兄宗亲大臣商议,就任命我为亚卿。我自己也缺乏自知之明,自认为只要执行命令接受教导,就能侥幸免于犯罪,所以接受任命而不推辞。"(《史记·乐毅列传》原文:臣闻贤圣之君不以禄私亲,其功多者赏之,其能当者处之。故察能而授官者,成功之君也;论行而结交者,立名之士也。臣窃观先王之举也,见有高世主之心,故假节于魏,以身得察于燕。先王过举,厕之宾客之中,立之群臣之上,不谋父兄,以为亚卿。臣窃不自知,自以为奉令承教,可幸无罪,故受令而不辞。)

"乐毅变法"的成就是明显的:使得长期大而弱的燕国民众殷富,国库充盈,士卒乐战,进入"战国七雄"之列;可惜的是,燕国的法家政治和魏国一样,没有能够持续下去,燕国很快就衰亡了。

汉高祖刘邦对乐毅十分敬仰,据《史记·乐毅列传》记载,刘邦经过原来赵国属地时还特地寻找乐毅的后人,当得知乐毅的孙子乐叔还在时,就把乐卿封赐给他,封号为华成君。

汉初乐毅的后人中还有同属法家的乐瑕公和乐臣公,他们在赵国将要被秦国灭掉时逃到齐国(乐毅死在赵国)。其中乐臣公长于研究黄老的学说,在齐国很有名气,人们称他为贤师。司马迁在《乐毅列传》的结尾简单记述了黄老之学的师承体系:"乐臣公学黄帝、老子,其本师号曰河上丈人,不知其所出。河上丈人教安期生,安期生教毛翕公,毛翕公教乐瑕公,乐瑕公教乐臣公,乐臣公教盖公。盖公教于齐高密、胶西,为曹相国师。"

这里的"曹相国"就是西汉名相,信奉黄老之学的曹参!

参考阅读:

睡虎地秦墓竹简

公元前217年,秦吏喜入葬云梦睡虎地(今湖北省云梦县睡虎地)。

随葬品有竹简、毛笔、漆器、竹木器、陶器、铜器等。1975年,喜墓被发掘,随葬的大量法律文书竹简是我国现存时代最早的成文法典,它向世人雄辩地证明:秦法不是暴法。日本学者堀毅这样评价说:"秦律事实上并不象《史记》及《汉书》等史书所说的那样严酷,而且在罪行法定方面的完备程度堪与唐律相媲美。"①

睡虎地秦吏喜墓复原图

喜墓出土的秦简牍共1155枚,简长23.1~27.8厘米,宽0.5~0.8厘米,简文墨书秦隶,多写于篾黄上,少数两面墨书。竹简以细绳分上、中、下三道连成册,从书体、内容和其中多处避始皇名讳可知,简书由多人书写,有的写于战国晚年,有的写于秦始皇时期。

秦简牍经整理编纂,分为9种,分别为《编年记》、《语书》、《秦律十八种》、《效律》、《秦律杂抄》、《法律答问》、《封诊式》、《为吏之道》和《日书》。《编年记》成书不晚于前217年,为我国现存最早的年谱,以编年体记载了从秦昭王元年(前306年)到始皇三十年(前217年)秦军

---

① 堀毅,《秦汉贼律考》,《秦汉法制史论考》,法律出版社1988年版,第336页。

政大事及墓主喜的经历，《语书》和《为吏之道》是训诫官吏的教令，《日书》为术数书，其他的均是记录秦代或战国晚期的法律文书。其中《秦律十八种》内容广泛，包括农业生产、国家牛马饲养、粮食贮存、保管、发放、货物或财物、开市职务、官府手工业、官营手工业生产定额、徭役、军功爵、任用官吏、驿传、少数民族管理等；《效律》是对县和都官管理的物品实行检验的法律规定；《秦律杂抄》涉及官吏任免、限制游士、传籍、军纪等；《法律问答》是对法律条文及有关问题做的解释；《封诊式》是关于调查案件、验实案情、审讯定罪等文书程序和审理案件的具体守则。

云梦秦简所记载的秦律内容远远超出李悝《法经》，已具备刑法、诉讼法、民法、军法、行政法、经济立法等方面的内容。

第三章　西方文明走下神坛

受西方中心论的影响，中国长期以来被戴上了封建、专制的帽子——尽管中国早已经不是封建专制社会。

400年的大黄金时代，中国古典政治经济理论横空出世，中华文明完成了从封建专制向中央集权政治的转变。

面对西方文明的本质缺陷，思想被殖民化的中国人文学者当迷途知返！

1. 中国传统上是一个反封建反专制之国

秦始皇身后的中国怎成了专制封建之国

中国是如何被扣上封建专制的大帽子的呢？答曰：源于西方中心论！

西方中心论发源于西方，但真正起到推波助澜作用的是被殖民化的中国本土知识分子。中华人民共和国成立后，西方殖民中国的梦想成了昨日黄花，但中国学人思想的殖民化却越陷越深。

西方中心论者缺乏了基本的理性判断，本应独立的人文精神变成了冠冕堂皇的人云亦云。他们总是努力在中华文明中找到与西方文明对应的要素，如果附和不上，他们就削足适履，就算大卸八块也在所不惜。比如中国哲学不讲二元对立，根本就没有唯心唯物之别，但那些西化学者千方百计非要给荀子加上唯物主义的大帽子。

西方中心论与西方文明共生。当古希腊历史学家希罗多德第一眼看到金字塔的时候，他断言那是奴隶建造的，因为如果希腊人建造金字塔，肯定要逼迫着奴隶终日劳作完成。现代考古学证明，金字塔的建造者不是戴着锁链的奴隶，而是可以享受假期的自由劳动者。从亚里士多德开始，"专制主义"就是一种站在外面对"东方"的评价。亚里士多德认为：

"野蛮人比希腊人更有奴性,亚洲人比欧洲人更有奴性;因此,他们毫无反抗地忍受专制统治。这种君主政体很像是暴政,但是由于它们遵循成法而世代相传,所以很稳定"。开始这个专制东方只指土耳其,后来扩大到波斯,然后是印度,最后是中国,如果另一个有智慧生命的星球正好出现在东方,那西方学者会将这个星球上的文明立刻定义为专制主义——好莱坞的一些电影就是这样做的。

断言秦始皇统一天下以后中国为封建社会是西方中心论中的特例,本来中外学者大多认为,中国的封建体制在秦始皇统一全国后就结束了。比如 1904 年,严复在翻译英国学者甄克思(E. Jenks, 1861~1939)的《A History of Politics》一书时,就认为中国有四千多年处在宗法社会之中,宗法社会又可分为两个时代:周以前是封建时代,秦以后则是军国社会;马克斯·韦伯(Max Weber)也仅把中国先秦称为"封建社会",秦统一后至清代的中国社会,他称之为"家产官僚制"(世袭君主下的官僚制)社会。

但 1922 年以后,苏俄和共产国际却坚称现实中国是"半封建"社会,于是又有了五阶段论,西方走过了原始社会、奴隶社会、封建社会、资本主义社会,中国也要重新跟着走一回。这样,秦始皇之后的中国"重返"封建社会也就顺理成章了。

当郭沫若在 1930 年出版的《中国古代社会研究》中改变中国文化"封建"一词的古义——封土建邦——将秦以后称封建社会时,史学家嵇文甫(1895~1963)曾谈到过当时一般学者的感觉:"郭先生有一个最奇特的论断,就是说秦始皇是中国封建社会的完成者。他不承认西周的封建制度,他说东周才是从奴隶制向封建制过渡的时代,而秦汉以后才完成真正的封建社会。我们知道,现在所有各派论中国社会史的,不管他们说秦始皇以后中国已经是商业资本主义社会也好,说秦始皇并未曾破坏封建的基础也好,但是秦始皇对于封建制所起的作用,是破坏的而不是完成的,这一点他们大家都没有什么异议。现在郭先生根本翻过来了。"

历史事实是,周朝才更像西欧中世纪的封建社会。在西周,受封诸侯承认周天子为天子,诸侯在分封的国土上,聚族立宗,修建城池,设百官有司,组成国家机器,也像周天子那样搞分封,将一部分土地分给昆弟子侄、姻亲,任命他们为卿大夫。各侯国除了朝觐、互通聘问外,拥有多方面的自主权。

以血缘为基础的封建制在周朝中叶以前是有效率的，当时地广人稀，就是在黄河流域也有大量的土地没有开发。此种情势下，中央集权所需要的通讯和交通几乎不可能。为了使读者更好地理解什么是以血缘关系为基础的封建体制，这里不妨举例说明：

2003年1月19日，陕西眉县杨家村发现一组窖藏西周青铜器，出土铜器20多件，铭文3000字以上。这些青铜器属于周王朝显赫的单氏家族，其中逑盘（逑，音 qiú，也有学者释为"逨"）记载了单氏的家族史，从中我们看到，单氏一直是西周显族，历代要么为王室征战四方，要么在宫廷担任要职。单氏八代的名号跟周王世系的对应关系如下：

1	单公	文王武王
2	公叔	成王
3	新室仲	康王
4	惠仲猛父	昭王穆王
5	零伯	共王懿王
6	亚祖懿仲	孝王夷王
7	皇考龚叔	厉王
8	逑	宣王

自从周立国初期单公被封在杨村一带，这个家族就世世为官，靠血缘世袭一代又一代传下去，直到东周礼乐崩坏，这种特权才消失，代替封地的是中央直接管理的郡县，代替世袭贵族的是对社会作出贡献的精英集团。就是说一个农民通过战争或辛勤劳作获得国家功勋后，也可以做杨村的地方首长——当然他不能将自己的职位传给自己的子孙，不能再"子子孙孙永寶用享"（西周铜器铭文中的常用语）。

封建与反封建之争

就像历史的任何进步都不会呈直线发展一样，中国封建与反封建的辩论一直持续到清末。辩论归辩论，大黄金时代以后，当西方封建制成为常态时，封建制在中国已经一去不复返了。

大一统时代，很早主张恢复封建制的是齐人淳于越，此事发生在秦始皇三十四年（公元前213年）。淳于越的主张引起了时任丞相的李斯的强烈反对，李斯意识到通过教育能使儒家达到封建复古的政治目标，建议国家收回教育主权（有如现代国家的做法）。他的方法是将其他国家的历史典册全部焚毁，诗、书、百家语除由博士官掌握的，民间的都要交公统一焚烧——现代国家可以用发布法令禁止某些法律的施行和书籍的流传。李斯的目标是没有错的，但行事方式却被儒家抓住了把柄。

事情的经过是这样的，在咸阳宫举办的秦始皇寿宴上，淳于越劝秦始皇为自身安危计，学周朝分土建诸侯。据《史记·秦始皇本纪》，宴会上博士齐人淳于越上前说："我听说殷朝、周朝统治天下达一千多年，分封子弟功臣，给自己当作辅佐。如今陛下拥有天下，而您的子弟却是平民百姓，一旦出现像齐国田常、晋国六卿之类的谋杀君主的臣子，没有辅佐，靠谁来救援呢？凡事不师法古人而能长久的，还没有听说过。刚才周青臣又当面阿谀，以致加重陛下的过失，这不是忠臣。"始皇把他们的意见下交群臣议论。丞相李斯说："五帝的制度不是一代重复一代，夏、商、周的制度也不是一代因袭一代，可是都凭着各自的制度治理好了，这并不是他们故意要彼此相反，而是由于时代变了，情况不同了。现在陛下开创了大业，建立起万世不朽之功，这本来就不是愚陋的儒生所能理解的。况且淳于越所说的是夏、商、周三代的事，哪里值得取法呢？从前诸侯并起纷争，才大量招揽游说之士。现在天下平定，法令出自陛下一人，百姓在家就应该致力于农工生产，读书人就应该学习法令刑禁。现在儒生们不学习今天的却要效法古代的，以此来诽谤当世，惑乱民心。我冒死罪进言：古代天下散乱，没有人能够统一，所以诸侯并起，说话都是称引古人为害当今，矫饰虚言挠乱名实，人们只欣赏自己私下所学的知识，指责朝廷所建立的制度。当今皇帝已统一天下，分辨是非黑白，一切决定于至尊皇帝一人。可是私学却一起非议法令，教化人们一听说有命令下达，就各根据自己所学加以议论，入朝就在心里指责，出朝就去街巷谈议，在君主面前夸耀自己以求取名利，追求奇异说法以抬高自己，在民众当中带头制造谣言。像这样却不禁止，在上面君主威势就会下降，在下面朋党的势力就会形成。臣以为禁止这些是合适的。我请求让史官把不是秦国的典籍全部焚毁。除博士官署所掌管的之外，天下收藏的《诗》、《书》、诸子百家著作，全都送到地方官那里去一起烧掉。有敢在一块儿谈议《诗》、《书》的处以死刑示众，借古非今的满门抄斩。官吏如果知道而不举报，以同罪论处。命令下达三十天仍不烧书的,处以脸上刺字的肉刑和罚做筑城的劳役刑四年,发配边疆,白天防寇,夜晚筑城。不取缔的,是医药、占卜、种植之类的书。如果有人想要学习法令,就以官吏为师。"秦始皇于是下诏说:"可以。"(原文:博士齐人淳于越进曰:"臣闻殷周之王千余岁,封子弟功臣,自为枝辅。今陛下有海内,而子弟为匹夫,卒有田常、六卿之臣,无辅拂,何以相救哉?事不师古而能长久者,非所闻也。今青臣又面谀以重陛下之过,非忠臣。"始皇下其议。丞相李斯曰:"五帝不相复,三代不相袭,各以治,非其相反,时变异也。今陛下创大业,建万世之功,固非愚儒所知,且越言乃三代之事,何足法也?异时诸侯并争,厚招游学。今天下已定,法令出一,百姓当家则力农工,士则学习法令辟禁。今诸生不师今而学古,以非当世,惑乱黔首。丞相臣斯昧死言:古者天下散乱,莫之能一,是以诸侯并作,语皆道古以害今,饰虚言以乱实,人善其所私学,以非上之所建立。今皇帝并有天下,别黑白而定一尊。私学而相与非法教,人闻令下,则各以其学议之,入则心非,出则巷议,夸主以

汉高祖刘邦(前256~前195),汉创立者。西汉一方面继承了秦国的法律系统,另一方面引入了齐法家治国理念,将中国东西两大法家体系融合成一个有机的整体。

为名,异取以为高,率群下以造谤。如此弗禁,则主势降乎上,党与成乎下。禁之便。臣请史官非秦记皆烧之。非博士官所职,天下敢有藏《诗》、《书》、百家语者,悉诣守、尉杂烧之。有敢偶语《诗》《书》者弃市。以古非今者族。吏见知不举者与同罪。令下三十日不烧,黥为城旦。所不去者,医药卜筮种树之书。若欲有学法令,以吏为师。"制曰:"可。")

大黄金时代另一个主张回到封建制的是郦食其。《史记·留侯世家》记载,公元前204年,楚汉战争正酣,刘邦在荥阳被项羽包围,郦食其建议恢复分封制,以争取六国旧贵族的支持。这件事有些戏剧性,自称酒徒的儒生郦食其提完建议还没有走,张良碰巧进来,为刘邦辨明利害后,刘邦大骂郦食其是"竖儒",并让人把刻的封印全部销毁。

多年后,有人给雇农出身、斗字不识的后赵开国皇帝石勒(公元174~333)读《汉书》,当读到郦食其建议恢复分封制以争取六国旧贵族的支持时,石勒大惊曰:"此法当失,何得遂有天下?"及至读到张良反对分封制,主张推行郡县制时,石勒评论说:"赖有此耳。"

不仅在秦汉,直到唐朝李世民还曾想恢复分封制。据《贞观政要》载,贞观十一年,李世民欲分封自己的子弟功臣,但善于虚怀纳谏的李世民在李百药、马周等人上书反对后,改变了主意。

大黄金时代反封建的成功铸就了国人的大一统意识,它告诉人们,只有统一才有持久的和平和真正的福祉,在全球化时代,它将成为人类最宝贵的精神财富之一。

说中国"封建",在现代语境中还有另一个意思,那就是迷信。事实上中国古典政治哲学最早抛弃了落后的天启说,建立了自然主义的道家世界观。中华原文明儒化后,儒家主张"天人感应",以原始互渗思维为主导的谶纬学说大兴,道家思想与神仙方术结合为道教,解除自然主义世界观武装的中华文明再也无法抵御西方文明的入侵。中华原文明的自然主义世界观退化到了什么程度呢?有一件事可以说明,据说法家社会学家列维·布留尔(Levy-Bruhl)是在读了《史记》法文译本后才萌发研究原始人思维的念头的,因为该书中有大量关于星象与人事直接有关的记述——曾经从师于大儒董仲舒的司马迁显然受了他的老师"天人感应"学说的影响。

秦王何曾坑儒生

如果说反封建是秦始皇以后中国历代政治家的基本主张，那么反对专制的思想流源则更为古老。中国古典政治理论明确反对专制，提倡人民自治。这是齐法家和晋法家的共同主张，而且晋法家更为强调国民自治。

姜尚认为独占天下利益，专制天下的人会失天下。《六韬·文韬·文师第一》上说："天下不是一个人的天下，而是天下人的天下。能和天下人同享天下利益的，就可以取得天下；独占天下利益的，就会失掉天下。"（原文：天下非一人之天下，乃天下之天下也。同天下之利者则得天下；擅天下之利者则失天下。）

管仲将法定义为："君臣上下贵贱皆发（法）焉，故曰法。"在《管子》一书中，"专制"的反义词为"亏令"，都是死罪，《管子·立政第四》中说："考宪而有不合于太府之籍者，侈曰专制，不足曰亏令，罪死不赦。"意即检查法令文件，有与太府所存不符的，多了叫做"专制"，少了叫做"亏令"，都是死罪不赦。他还论证说，独断专横的国家，必然疲于奔命而祸事多端；独断专横国家的君主，必然卑鄙而没有威望。所谓："独王之国，劳而多祸；独国之君，卑而不威。"（《管子·形势第二》）

晋法家经典《商君书》明确反对国家领袖一人专断，主张国民自治，甚至指出一个国家民众自治程度和这个国家的强大成正比，民众自治程度越高，国家越强大，书中不厌其烦地论述这一观点。

《商君书·去强第四》中说：政事在十里之内才能做出决断的，国家就弱；在九里之内能做出决断的，国家就强大。在当日能处理好当天的政务，就能称王天下，在当夜就能处理好当天的政务，国家就强大，第二天才能处理好当天政务的，这样的国家会被削弱。（原文：十里断者，国弱；九里断者，国强。以日治者王，以夜治者强，以宿治者削。）《商君书·说民第五》和《商君书·靳令第十三》中有类似观点，不再赘述。

两千年来，从儒生到今天的自由主义者，最能证明中国专制的是秦始皇"焚书坑儒"。"焚书"的历史真相前面我们已经提及，说到"坑儒"，事实上公元前212年秦始皇依法处罚的是术士，那些人不是儒生，"坑术士"本身也是按法律规定施行的。

《史记·秦始皇本纪》明确载：侯生、卢生一起商量说，"始皇为人，天性粗暴凶狠，自以为是，他出身诸侯，兼并天下，诸事称心，为所欲为，认为从古到今没有人比得上他。他专门任用治狱的官吏，狱吏们都受到亲近和宠幸。博士虽然也有七十人，但只不过是虚设充数的人员。丞相和各位大臣都只是接受已经决定的命令，依仗皇上办事。皇上喜欢用重刑、杀戮显示威严，官员们都怕获罪，都想保持住禄位，所以没有人敢真正竭诚尽忠。皇上听不到自己的过错，因而一天更比一天骄横。臣子们担心害怕，专事欺骗，屈从讨好。秦法规定，一个方士不能兼有两种方术，如果方术不能应验，就要处死。然而占候星象云气以测吉凶的人多达三百，都是良士，由于害怕获罪，就得避讳奉承，不敢正直地说出皇帝的过错。天下的事无论大小都由皇上决定，皇上甚至用称来称量各种书写文件的竹简木简的重量，日夜都有定额，阅读达不到定额，就不能休息。他贪于权势到如此地步，咱们不能为他去找仙药。"于是就逃跑了。始皇听说二人逃跑，十分恼怒地说："我先前查收了天下所有不适用的书都把它们烧掉。征召了大批文章博学之士和有各种技艺的方术之士，想用他们振兴太平，这些方士想要炼造仙丹寻找奇药。今天听说韩众逃跑了不再还报。徐市等人花费的钱以数万计算，最终也没找到奇药，只有他们非法谋利互相告发的消息传到我耳朵里。对卢生等人我尊重他们，赏赐十分优厚，如今竟然诽谤我，企图以此加重我的无德。这些人在咸阳的，我派人去查问过，有的人竟妖言惑众，扰乱民心。"于是派御吏去一一审查，这些人辗转告发，一个供出一个，始皇亲自把他们从名籍上除名，一共四百六十多人，全部活埋在咸阳。（原文：侯生、卢生相与谋曰：始皇为人，天性刚戾自用，起诸侯，并天下，意得欲从，以为自古莫及己。专任狱吏，狱吏得亲幸。博士虽七十人，特备员弗用。丞相诸大臣皆受成事，倚辨于上。上乐以刑杀为威，天下畏罪持禄，莫敢尽忠。上不闻过而日骄，下慑伏谩欺以取容。秦法，不得兼方，不验，辄死。然候星气者至三百人，皆良士，畏忌讳谀，不敢端言其过。天下之事无小大皆决于上，上至以衡石量书，日夜有呈，不中呈不得休息。贪于权势至如此，未可为求仙药。"于是乃亡去。始皇闻亡，乃大怒曰："吾前收天下书不中用者尽去之。悉召文学方术士甚众，欲以兴太平，方士欲练以求奇药。今闻韩众去不报，徐市等费以巨万计，终不得药，徒奸利相告日闻。卢生等吾尊赐之甚厚，今乃诽谤我，以重吾不德也。诸生在咸阳者，吾使人廉问，或为訞言以乱黔首。"于是使御史悉案问诸生,诸生传相告引,乃自除犯禁者四百六十余人,皆坑之咸阳。)

至于后来怎么变成"坑儒"了,则是后来儒家伪造的,先是西汉刘向在《战国策序录》中说"坑杀儒士",东汉赵岐《孟子题辞》中又说:"坑戮儒士",之后便以讹传讹了。朱渊清先生在《再现的文明——中国出土文献与传统学术》一书中考证说:"历史上第一个完整提出'焚书坑儒'说法的是伪孔传本《古文尚书》。全书之前假冒孔安国的《序》:'及秦始皇,灭先代典籍,焚书坑儒,天下学士,逃难解散。'伪孔传《古文尚书》是东晋豫章内史梅赜(其实当是梅颐)献上的伪书。此书真正的造伪者,在笔者看来,应该是魏晋之交的一个名叫郑冲的人。郑冲厚诬秦始皇'焚书坑儒',是为晋初实行的文化专制的儒教政治效命服务。"①

历史上第一个为秦始皇"焚书坑儒"正名的是西汉理财家桑弘羊,他甚至认为即使埋的是儒生也是应该的。公元前81年,面对儒生的空谈,在西汉政府举行的盐铁会议上桑弘羊质问儒生:你们这些儒生卑贱无能,品行恶劣,废话连篇,毫无用处,表里不一,口是心非。就像挖墙洞、跳墙头的小偷,自古以来就是社会的祸害。这就是孔丘被鲁国国君驱逐,不被当世所用的原因。为什么这样说呢?就是因为他那套儒术虚伪圆滑,而且远离时代不合要求。因此秦始皇烧了儒家的书,不实行儒术,把他的门徒活埋在咸阳而不任用他们。现在怎么能让你们这些人鼓弄口舌,眉飞色舞地参加皇帝召开的会议,来评论国家大事呢?(《盐铁论·利议第二十七》原文:大夫曰:嘻!诸生阘茸无行,多言而不用,情貌不相副。若穿逾之盗,自古而患之。是孔丘斥逐于鲁君,曾不用于世也。何者?以其首摄多端,迂时而不要也。故秦王燔去其术而不行,坑之渭中而不用。乃安得鼓口舌,申颜眉,预前论议,是非国家之事也?)

按侯生、卢生这些术士的评价,秦始皇是个严守法纪、十分勤政的政治家,他清楚儒家思想对国家法治生活的危害,所以只任用那些懂法律的法家公务员(狱吏),司马迁说他"刚毅戾深,事皆决於法"。当长子扶苏建议对犯法的儒生法外开恩时,秦始皇"大怒",派他到北方上郡去监

---

① 朱渊清,《再现的文明——中国出土文献与传统学术》,华东师范大学出版社,2002年4月,第4页。

督蒙恬的军队。

走出各式各样西方中心论的阴影，我们能清楚地看到大黄金时代的中国是一个反封建、反专制国家。西方中心论者最后的救命稻草是：这些文献都是痴人说梦，从《史记》到《战国策》，从《管子》到《商君书》，每一个字都是伪造的——在真理的阳光下，谎言能传播多久！

2. 是西方文明走下神坛的时候了

中国在西方人心目中的地位变迁

早有学者注意到西方现代化进程的诸多重要环节都曾从中华文明中汲取了营养。十七八世纪欧洲的启蒙思想家们曾将中国作为人类文明的模范，他们没有像此前一千年前的日本一样被完全"华化"，原因很多，其中一个重要的原因是，唐朝时中国还没有完全被儒化，道/法原文明的光辉仍隐约可见，而清帝国已经完全腐朽，不堪一击。

经济学家盛洪考证说，传教士介绍回去的中国古典哲学，对启蒙时代的英国古典政治经济学产生了重要影响。他指出亚当·斯密很可能是从他的密友魁奈那里获得理论灵感的，他说："一个重要的证据，就是魁奈的《中华帝国的专制制度》。在这本书的第八章，魁奈精辟地阐述了经济自由主义的核心思想，而这一章的题目就叫作'中国的法律同作为繁荣政府的基础的自然原则的比较'。这说明，即使中国古典哲学不是现代经济自由主义的唯一源泉，起码提供了这一传统的精神楷模。从老子的'道法自然'，到魁奈的'自然秩序哲学'，再到亚当·斯密的'看不见的手'，这中间有着有案可稽的思想线索。"

魁奈和亚当·斯密时代的西方人对已经儒化的华夏文明深为敬仰，他们认为中国人是心智最高的人种，中华文明是西方的榜样。塔夫里阿诺斯在《全球通史》中写道："实际上，17世纪和18世纪初叶，中国对欧洲的影响比欧洲对中国的影响大得多。西方人得知中国的历史、艺术、哲学和政治后，完全入迷了。中国由于其孔子的伦理体系、为政府部门选拔人才的科举制度、对学问而不是对作战本领的尊重以及精美的手工艺品如瓷器、丝绸和漆器等，开始被推举为模范文明。"

也像今天中国有些人大肆鼓吹三权分立的民主宪政一样，1669年约翰·韦伯苦口婆心地劝说英王查理二世施行仁政。浪漫的法国人走得更远，18世纪第一个元旦，为了显示品味，参加法国王室化妆舞会的嘉宾竟不约而同地化妆成中国人；1756年春分那天，法国国王路易十四模仿康熙皇帝，走上地头，扶犁扬鞭，号召天下百姓勤奋劳作。

欧洲启蒙时代的思想家几乎都是华夏文明的崇拜者，尽管孟德斯鸠为了满足自己的理论框架先验地将华夏文明打入专制的冷宫（孟德斯鸠诋毁中国的理由后来成为普遍原则），不过华夏文明形象真正衰落还是在鸦片战争中国战败之后。

1792年，大英帝国的马戛尔尼勋爵率领使团第一次出使中国，通商要求遭到拒绝，败兴而归的欧洲人对中国的美好形象坍塌了。"一个专制帝国，几百年几千年都没有什么进步，何处值得仰慕？"马戛尔尼写道："一个民族不进则退，最终它将重新堕落到野蛮和贫困状态。"23年后，英国国王再次派阿美士德率使团来华商谈贸易问题，此次通商努力的失败大大加强了西方精英集团用武力解决中国问题的决心。

早在1720左右，一位敏锐的西方观察家就指出："中国的一切富足、浮华与礼仪，政体与衙门，生产与贸易，与欧洲相比又算得了什么？中国的强大不过是一个错觉。我可以毫不夸张地说，3万英国或德国步兵加上一万名骑兵，只要指挥得当，就能打败中国的全部军队。"历史不幸被他言中，在120年后的鸦片战争中，参战的全部英军还不到3万人。

1840年鸦片战争失败使中华文明在西方人眼中一落千丈，中国人成了世界上最低劣的种族。1842年一位大英帝国军官在《英军在华作战记》中坦言，中国是个长期愚昧而又骄傲自大的国家，是一个没有自我更新能力和缺乏活力的国家。19世纪70年代美国人在《调查中国移民问题的联合特别委员会报告书》中认为，中华文明已经达到了四千年罪恶的顶点，再没有像中国人这样低劣的了。

中国思想家眼中的西方文明缺陷

既然战败了，在西方人的思维模式中，中国人就成了"野蛮人"，西方当然会拒绝"华化"。伟大的中华文明于是变得近乎一文不值；令人感到不可思议的是，在西方相当一部分人鄙视中华文明之际，我们看到大黄金时代中国思想家们早就从理论上论证了当代西方文明的缺陷，这足以使今天中国那些"皓首穷西方之经"的学者们汗颜。

一是部门分权监督,三权分立的政治体制,中国古典政治理论认为这种体制最多不过是一时之计,不可能达到政治清明。两千多年前晋法家商鞅学派就曾指出它的弱点,《商君书·禁使第二十四》指出,现在治国的人,依靠官多吏众,官吏下又设辅佐和监察人员,以禁止官员们谋私利。但辅佐和监察人员也想谋私利,那么怎么去禁止呢?因此依靠辅佐和监察人员治理国家是暂时的。(原文:今恃多官众吏,官立丞、监。夫置丞立监者,且以禁人之为利也;而丞、监亦欲为利,则何以相禁?故恃丞、监而治者,仅存之治也。)"

并不是说商鞅学派否定西方的权力监督原则,黄帝就曾"置左右大监,监于万国"。他们反对的是"驺虞相监",因为二者"利合而恶同",并认为众官员利益实际上是一致的,只能让"事合而利异者",即事务相关而利益不同的人互相监督才行。法家从人情论政治哲学出发,实行人与人之间建立在连带责任基础上的互相监督(为区别于西方的部门监督,我们称之为"全民监督"),将举报确定为每个人的神圣法律义务,违反公共利益不举报将承担相应的连带责任。

韩非子论述说,去掉那些不易觉察的奸邪行为要用什么方法呢?关键在于一定要使民众窥探彼此的隐情。那么又怎样使民众互相窥探呢?大致说来,也就是同里有罪要连坐受罚罢了。假定禁令有牵连到自己的,从情理上看,他们就不得不相互监视,唯恐牵连到自己头上。不允许有奸心的人得到隐匿的机会,靠的是四下里有眼睛盯着。这样一来,民众自己就会谨慎小心而对别人进行监督,从而揭发坏人的隐秘。告奸的人免罪受赏,有奸不报的人一定要连带受刑。如能这样,各种各样的奸人就被揭发出来了。(《韩非子·制分第五十五》原文:则去微奸之道奈何?其务令之相规其情者也。则使相窥奈何?曰:盖里相坐而已。禁尚有连于己者,理不得相窥,唯恐不得免。有奸心者不令得忘,窥者多也。如此,则慎己而窥彼,发奸之密。告过者免罪受赏,失奸者必诛连刑。如此,则奸类发矣。")

如何实现人与人之间的全民监督呢?《商君书·画策第十八》中以军事行动为例:一般来说,战争是民众讨厌的东西,能让民众喜欢去打仗的君主就称王天下。强大国家的民众,父亲送他的儿子去当兵,哥哥送他的弟弟去当兵，妻子送她的丈夫去当兵，他们都说："不能得到敌人的首级不要回来！"又说："不遵守法律，违抗了命令，你死，我也得死，乡里会治我们的罪，军队中又没有地方逃，就是跑回家，我们要搬迁也没有地方可去。"军队的管理办法是将五个人编成一伍，实行连坐，用标记来区分他们，用军令来束缚他们。逃走了也没有地方居住，失败了没有办法生存。所以三军的将士都非常听从军令，就是战死也不掉转脚跟向后退。（原文：凡战者，民之所恶也。能使民乐战者王。强国之民，父遗其子，兄遗其弟，妻遗其夫，皆曰："不得，无返！"又曰："失法离令，若死，我死。乡治之。行间无所逃，迁徙无所入。"行间之治，连以五，辨之以章，束之以令。拙无所处，罢无所生。是以三军之众，从令如流，死而不旋踵。）

与法家相比有时西方法制显得过于幼稚

在刑事政策上，西方法律显得过于幼稚，上个世纪变来变去，二战前多讲报应刑主义，认为刑罚是针对恶行的恶报，恶报的内容必须是恶害，恶报必须与恶行相均衡，主张罪刑均衡，犯什么罪就坐多少年牢，不讲犯罪人的个人特点，这种"轻轻重重"的刑事原则使二战前期犯罪猖獗，于是说报应刑主义不好；有人曾提出目的刑思想、教育刑思想，要让罪犯重返社会，结果发现犯罪依然相当严重。于是又有人主张重新回到报应刑主义。最后妥协的结果是相对报应刑主义，就是对危险的人，再犯罪重判，而对第一次犯的轻罪，非常宽容。

法家反对"轻轻重重"的量刑原则，也反对"厚诛薄罪"的暴法，主张"重其轻者"，"简令谨诛"、"赏罚当符"。那么"重其轻者"的目的是什么呢，是让严重的犯罪不复发生，而"轻轻重重"只能是越来越乱。《商君书·靳令第十三》：实行刑罚，对那些犯轻罪的人使用重刑，那么犯轻罪的事就不会再发生，犯重罪的事也不会有，这就叫用刑罚去掉刑罚，刑罚去掉了国家的事情也能办成；对犯有重罪的人使用轻刑，刑罚虽然使用了，而事情也没办成，这就叫用刑罚招致更大的刑罚，那么国家的实力就会被削弱。（原文：行罚，重其轻者，轻者不至，重者不来。此谓以刑去刑，刑去事成；罪重刑轻，刑至事生，此谓以刑致刑，其国必削。）

齐法家认为法令顺应民意是法令得以顺利执行的前提，也强调"严罚"。《管子·重令第十五》中认为，凡属统治国家的重要手段，没有比法令更重要的。法令威重则君主尊严，君主尊严则国家安定；法令没有力量则君主低贱，君主低贱则国家危险。所以，安国在于尊君，尊君在于行令，行令在于严明刑罚。刑罚严，法令行，则百官畏法尽职；刑罚不严，法令不行，则百官玩忽职守。因此，英明的君主明察治民的根本，根本没有比法令更要紧的。（原文：凡君国之重器，莫重于令。令重则君尊，君尊则国安；令轻则君卑，君卑则国危。故安国在乎尊君，尊君在乎行令，行令在乎严罚。罚严令行，则百吏皆恐；罚不严，令不行，则百吏皆喜。故明君察于治民之本，本莫要于令。）

到西汉盐铁会议的时候，是否坚持"重其轻者"的刑事政策成了儒家与法家争论的焦点。儒生要礼治，主张"故治民之道，务笃其教而已"；而桑弘羊则坚持反对儒家的人治，他说：文学说帝王制定的法令，像大路一样宽广。现在的法令也像驰道一样并不狭窄，可是人们却公然犯法，就是因为对犯罪行为惩罚太轻了。万丈的高山，人们并不轻易去攀登，几万斤的重物，人们也不敢轻易去推举。正因为商鞅把在路上倒灰也定为一条罪，所以才把秦国的百姓治理得很好。盗马的人处死，盗牛的人判枷刑，是为了重视农业而杜绝轻易毁坏耕畜行为。边防军的士兵威武，粮秣大盛，是为了加强边防重视战备。因偷东西而伤了人与杀人同罪，是为了使犯罪的人从内心感到害怕，从而排除他的邪念。这就像内虚的鲁国借用楚国的军队去讨伐强齐，而被《春秋》所憎恶一样。所以轻罪重判，罪浅深究，是有原因的。法意之精微，本来就不是一般人所能了解的。（《盐铁论·刑德第五十五》原文：文学言王者立法，旷若大路。今驰道不小也，而民公犯之，以其罚罪之轻也。千仞之高，人不轻凌，千钧之重，人不轻举。商君刑弃灰于道，而秦民治。故盗马者死，盗牛者加，所以重本而绝轻疾之资也。武兵名食，所以佐边而重武备也。盗伤与杀同罪，所以累其心而责其意也。犹鲁以楚师伐齐，而《春秋》恶之。故轻之为重，浅之为深，有缘而然。法之微者，固非众人之所知也。）

大多数人认为汉初文帝废除肉刑是汉初"德政"的体现，事实与此相反，文帝虽用鞭笞代替了诸肉刑，但被笞者多被打死，鞭刑实际比肉刑还严厉。也就是说文帝是坚持了重其轻者的法家刑事政策的，景帝时这种情况才稍有改变，他下诏将鞭笞改成了轻捶，使受刑者得以活命。东汉崔寔

(？~约170）在他的《政论》中记载："文帝虽除肉刑，当劓者笞三百，当斩左趾者笞五百，当斩右趾者弃市。右趾者既损其命，鞭挞者往往至死，虽有轻刑之名，其实杀也。当此之时，民皆思复肉刑。至景帝元年，乃下诏曰：'加笞与重罪无异，幸而不死，不可为民。'乃定减笞轻捶。自是之后，笞者得全。以此言之，文帝乃重刑，非轻之也。"

西方文明的反自然基因

最后，历史上西方文明一直没有能够处理好人与自然的关系，而中国古典经济理论早就将环境纳入了经济系统，强调自然原则，认为每个人都有获取自然资源的机会。《黄帝四经·果童》中记述了黄帝的一段话，从中我们能看出先民的自然主义经济观。他说，人民仰仗上天而得以生存，依赖大地而得以有饭吃，人们因此把天地看作自己的父母。现在我要教化他们而使之端正，斟酌衡量而使之均平，那么应该从谁开始呢？（原文：夫民仰天而生，侍［待］地而食。以天为父，以地为母。今余欲畜而正之，均而平之，谁敌［适］由始？）

西方文明基因是反自然的，将人作为地球和万物的主人置于与地球、万物对立的位置。这种思想可以直接追溯到《旧约全书·创世纪》：

"神说：我们要找着我们的形象，按着我们的样式造人，使他们支配统治海里的鱼、空中的鸟、地上的牲畜和地球，以及地上所爬的一切昆虫。"

"神赐给挪亚和他的儿子，对他们说：你们要生养众多，遍满地球。凡地上的走兽和空中的飞鸟，都必惊恐、惧怕你们；连地上一切的昆虫并海里一切的鱼，都交付你们支配了。凡活着的动物，都可以做你们的食物，这一切我都赐给你们，如同蔬菜一样。"

文艺复兴后，新的市民文化与古老的宗教信仰结合起来形成了现代西方文明，作自然主人、征服自然的观念更为明显。法国哲学家笛卡儿的话最具代表性："我们认识了火、水、空气、诸星、诸天和周围一切其他物体的力量和作用以后（正如我们各行工匠的各种技艺一样清楚），我们就可以在同样方式下把他们应用于它们所适宜的一切用途下，因而使我们成为自然的主人和所有者。"上个世纪工业文明造成的破坏达到触目惊心的程度时，西方人的环境意识才开始觉醒。

中国古典经济理论自然原则讲"按时取物",西方人讲"按时不取物",就是按季节休渔之类。中国有些人当然要学西方"按时不取物"了,也休起渔来,美其名曰"环境保护"。殊不知,这样做不能从根本上解决生态环境的退化问题,只会使人类对自然力的破坏减轻!

华夏文明与西方文明相反。我们的先民按自然本身的规律进行生产生活,发展了完备的月令体系。最晚至秦代,中国就制定了环境保护法。《睡虎地秦墓竹简·秦律十八种·田律》中有:春天二月,不准到山林中砍伐木材,不准堵塞水道。不到夏季,不准烧草作为肥料,不准采刚发芽的植物,或捉取幼兽、卵,不准……毒杀鱼鳖,不准设置捕捉鸟兽的陷井和纲罟,到七月才解除禁令。只有因死亡而需要伐木制造棺椁的才不受季节限制。(原文:春二月,毋敢伐材木山林及雍堤水。不夏月,毋敢夜草为灰,取生荔、麛卵,毋□□□□□□毒鱼鳖,置网,到七月而纵之。唯不幸死而伐棺椁者,是不用时。)

当我们求索中华文明持续发展的奥秘时,有人称之偶然;当人们发现两千多年前的大黄金时代中国就出现了完善的环境保护法时,他们又将之和原始思维联系起来——难道这些人竟连炎黄子孙早已脱离原始社会的现实也要视而不见吗?面对中国 400 年的大黄金时代,拨开层层历史乌云,我们看到了人类文明的又一座辉煌峰巅!

参考阅读:

华夏族生生不息的缩影——6000 年渔洋村

渔洋村位于河南省安阳县,隔漳河与河北省相望,距著名的殷墟西北 22 公里。专家发现,在这个不足千户的小村庄里,居然完整地记录着 6000 年不断代的中华文明史。从仰韶文化、龙山文化、下七垣文化,到商、春秋战国,再到汉代、北朝(东魏北齐)、宋、元、明、清,直至民国、新中国抗美援朝和文化大革命等各个历史时期的发展、演变,都能在这里找到实物和印记。

目前这个村子曾有东、西、南、北四个明代寨门,上面曾分别建有南海菩萨庙、玉皇庙、泥马杜康庙和魁星阁,这四座庙已被扒掉。南寨门左边镶嵌有一块青砖，上边刻有"大清乾隆五十五年重修"字样。

中国社会科学院考古研究所安阳工作站站长唐际根说："当代历史学者已经将关注的重点转移到普通人身上，试图还原普通人的生活风貌，而渔洋村为我们提供了一个中国普通村落6000年演变的标本，在它4平方公里的土地上，普通人的生活6000年来不间断地在这里重复，从而形成了丰富的历史堆积，人们可以自由参观、体验、感知和观察，这也许就是渔洋村最重要的价值所在。"

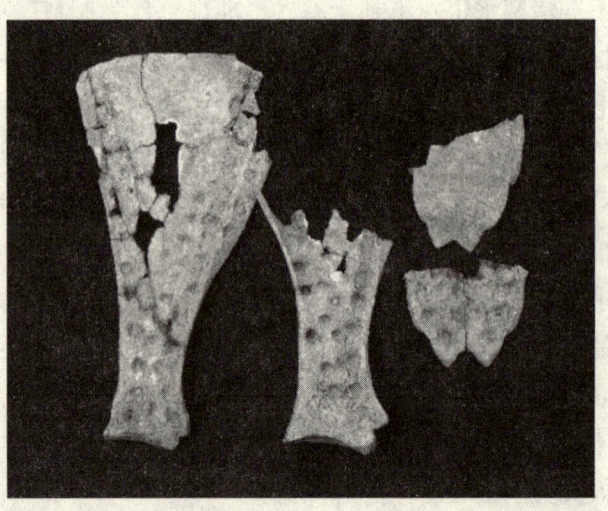

渔洋村出土的殷商时期用于占卜的牛肩胛骨和龟甲

第二部分
中国中世纪

从王官学到百家争鸣,从百家争鸣到黄老之学,中华原文明一以贯之。

西汉末年,随着道/法原文明被逐步腐蚀儒化,中国黄金时代的万丈光芒消退,中华文明陷入了长达两千年的黑暗中世纪。她先是不断遭受北方游牧民族的入侵,19世纪游牧部落退出历史舞台后,她又直接面对西方海洋文明的威胁。

没有什么力量能将这个优秀文明赶出历史舞台,因为在中华文明延绵不绝的生命中蕴蓄着一条政治经济学龙脉——法家!

第二部分

中国古典诗

第四章 一而百，百而一

中华文明复兴不是要复兴儒家，无论是儒法并用还是外儒内法还是儒表法里。

中华文明复兴是要复兴中华原文明的基本形态，它是以道家哲学为基础，以法家为政治经济体系。

1. 中华文明的裂变与演化

裂变：诸子学成为异端

写《汉书·艺文志》时，班固就指出所谓的诸子百家皆出于王官，是中国传统文明的一部分，这是符合历史情况的。西周末年，日渐衰落的周王朝连自身都难保，哪里还养得起庞大的国家机器，随着行政机构诸多职能的丧失，学术散于野，直至春秋战国百家兴起。

《汉书·艺文志》上说，诸子十家，其中可观的只有九家罢了，都兴起在王道衰微、诸侯主政的时候。那时的君主，好恶相当悬殊，因而这九个学派群起并立，各自坚持自己的学说，崇尚自己好的一面，用以游说各国君主，以取得诸侯王的支持。这些学说虽然有差别，就像水火一样，相灭也能相生，仁与义，敬与和，相反也都能相互补充促进。《周易》上说"天下归宿相同而道路各异，思想一致但思考不同。"（原文：诸子十家，其可观者九家而已。皆起于王道既微，诸侯力政，时君世主，好恶殊方，是以九家之术蜂出并作，各引一端，崇其所善，以此驰说，取合诸侯。其言虽殊，辟犹水火，相灭亦相生也。仁之与义，敬之与和，相反而皆相成也。《易》曰："天下同归而殊途，一致而百虑。"）

班固将王官与百家对应如下：

儒家者流，盖出于司徒之官。

道家者流，盖出于史官。

阴阳家者流，盖出于羲和之官。

法家者流，盖出于理官。

名家者流，盖出于礼官。

墨家者流，盖出于清庙之守。

从横家者流，盖出于行人之官。

杂家者流，盖出于议官。

农家者流，盖出于农稷之官。

小说家者流，盖出于稗官。

对照流传至今的西周文献《周礼》和《逸周书》，我们可以模糊地看出百家确出于王官。在《逸周书》中，不仅能找到法家、道家、兵家思想的源头，甚至能从中找到后来小说家的影子。比如《逸周书·殷祝解第六十六》有这样一则故事，显然是虚构的，目的是陈古以刺今：商汤放桀以前，住在郊野之中。夏桀的士民百姓听说汤在郊野，纷纷丢弃财物，扶老携幼投奔他，夏桀都城变得空虚无人。夏桀请求商汤说："国之所以是国，因为有家；家之所以是家，因为有人。现今我国中无家，家中无人了。您有了人，让我把国交给您，归您所有啊。"（原文：汤将放桀于中野，士民闻汤在野，皆委货扶老携幼奔，国中虚。桀请汤曰："国所以为国者，以有家；家所以为家者，以有人也。今国无家无人矣，君有人，请致国君之有也。"）

西周政治制度和理念是一个整体，是中华原文明的初始胚胎形态。经历春秋战国诸子百家的阐发、重组，至西汉归于黄老，中华原文明再度融合为一个整体。

司马谈（？~前110年，司马迁的父亲）和班固一样认为中华原文明具有内在的一致性，他写《论六家要旨》时甚至也引用了《周易·系辞传》中的同一句话："天下一致而百虑，同归而殊途"，总结当时的学术界，他说，阴阳家、儒家、墨家、名家、法家和道家都是致力于如何达到太平治世的学派，只是他们所遵循依从的学说不是一个路子，有的显明，有的不显明罢了。我曾经在私下里研究过阴阳之术，发现它注重吉凶祸福的预兆,禁忌避讳很多,使人受到束缚并多有所畏惧,但阴阳家关于一年四季运行顺序的道理,是不可丢弃的。儒家学说广博但殊少抓住要领,花费了气力却很少功效,因此该学派的主张难以完全遵从,然而它所序列君臣父子之礼,夫妇长幼之别则是不可改变的。墨家俭啬而难以依遵,因此该派的主张不能全部遵循,但它关于强本节用的主张,则是不可废弃的。法家主张严刑峻法却刻薄寡恩,但它辨正君臣上下名分的主张,则是不可更改的。名家使人受约束而容易失去真实性,但它辩证名与实的关系,则是不能不认真察考的。道家使人精神专一,行动合乎无形之"道",使万物丰足。道家之术是依据阴阳家关于四时运行顺序之说的,其吸收了儒墨两家之长,撮取了名、法两家之精要,随着时势的发展而发展,顺应事物的变化,依据风俗行事,无不适宜,意旨简约扼要而容易掌握,用力少而功效多。(原文:《易大传》:天下一致而百虑,同归而殊涂。夫阴阳、儒、墨、名、法、道德,此务为治者也,直所从言之异路,有省不省耳。尝窃观阴阳之术,大祥而众忌讳,使人拘而多所畏,然其序四时之大顺,不可失也。儒者博而寡要,劳而少功,是以其事难尽从,然其序君臣父子之礼,列夫妇长幼之别,不可易也。墨者俭而难遵,是以其事不可遍循,然其强本节用,不可废也。法家严而少恩,然其正君臣上下之分,不可改矣。名家使人俭而善失真,然其正名实,不可不察也。道家使人精神专一,动合无形,赡足万物。其为术也,因阴阳之大顺,采儒墨之善,撮名法之要,与时迁移,应物变化,立俗施事,无所不宜,指约而易操,事少而功多。)

从公元前11世纪至公元前1世纪,中华文明的黄金时代经历了从王官学一家走向诸子百家,再从诸子百家走向黄老(齐法家)的过程。

西汉末年,儒家作为百家中的一家逐步取得了独尊的地位,其结果是灾难性的,中华原文明体系全面解体,诸子被斥为异端,儒家取代黄老思想——中华原文明陷入停滞状态。

西汉末年刘向、刘歆父子在整理国家图书时,基本上还能保持中华原文明的全貌。刘歆时依据各种书籍的不同内容,按学术性质划分为《七略》,分别是辑略、六艺略、诸子略、诗赋略、兵书略、数术略、方技略。辑略,实际上是全书的绪论,阐述了全部目录的大略及各类书籍的学术思想源流,置于全书之首。

东汉班固保持了刘氏父子的风格，写《汉书·艺文志》时，还是将儒与诸子百家并列，只是从形式上推崇儒家《六经》，并认为诸子是"《六经》之支与流裔"。

管仲（？～前645），黄老（齐法家）代表人物之一，集中体现其政治经济思想的《管子》一书对后世影响甚大。

到了魏晋时，中华原文明基础文献已经大量散失，儒家之外的子书日趋减少，某些学派的书籍已经难以独立分类，西晋目录学家荀勖（？～289）将诸子略、兵书略、数术略、方技略四个很不相同的部分合而叙之，名曰"子部"，诸子不再与儒家平起平坐，宋以后理学家将中华原文明政治经济学基础文献几乎全部斥为异端，任其泯灭。

刘仲华先生在《清代诸子学研究》一书中这样写道："自从儒家定于一尊后，其他学派日趋消歇，研究子书的人也很少，比如墨学，几为淹没，除了晋人鲁胜，唐人乐台外，几无专门研究。对于子书的整理也非常少，以至于很多书籍断简脱讹，甚至《墨子》一类的书寄身于《道藏》才得以幸存下来。而且自唐代柳宗元辨子书真伪以后，宋代高似孙撰《子略》，明人宋濂撰《诸子辨》。子书越辨，伪书越多。宋明理学时期，先秦诸子思想无一例外地被扣上了'异端'的帽子,其研究者更是寥寥无几。"①

到清代,理学家熊赐履(1635~1709)还天真地坚信宇宙间惟儒,道家为洪水猛兽,称中国自然主义世界观代表人物老子为"异端鼻祖"。他在《学统》中写道:"自开辟来,历羲、农以迄姬孔,宇宙间惟儒尔,老氏出而异学始作俑焉。杨朱、庄周、列御寇之徒首先和之,不数传而汗漫洪水矣,不可以止塞矣……其于吾儒也,或窜入其中,或驾出其上,或峙为三教,或混为一家,而老氏遂为万世异端之鼻祖矣。"(《学统》卷五十)

清儒和西学对中华文明复兴的开山之功

以宋明理学为代表的心性儒学失败后,看到儒家清谈之害的清儒为了找回"真正"的儒学,要求回归六经。出于"以子证经"的客观需要,开始大规模校勘整理子书。歪打正着,清儒复兴儒家的使命没有完成,却为我们整理了大量中华原文明的基础文献。历史有时就是这样富有戏剧性,要知道,今天我们读到的诸子书多是清儒二百年艰辛劳作的结晶。

历史不会忘记,是清儒打下了中华文明复兴的第一根桩!

清末,西学涌入,学者们才逐步看清了儒家的本来面目。

刘师培(1884~1919)指出,儒家只不过是九流之一。在1905年的《周末学术史序》中,他将儒家放在与诸子平等的地位,利用西方学术标准,将儒学"仁学"归为伦理学、《管子》轻重思想归为计学、法家思想主要归为政法等等。刘师培对管子、商鞅、韩非子等齐晋法家人物评价都较高,认为:"管子以法家而兼儒家。以德为本,而不以法为末;以法为重,而不以德为轻。合管子之意观之,则正德利用者,政治之本源也;以法治国者,政治之作用也。举君臣上下,同受制于法律之中。虽以主权归君,然亦不偏于专制。特法制森严,以法律为一国所共守耳。商鞅著书亦知以法治国之意。重国家而轻民庶,以君位为主,以群为客,然立法不泥古,此其所长。韩非亦然,复以峻法严刑,助其令行禁止。"刘师培看到中国古典经济理论与西学经济学有诸多相通之处,注意到了中国古典经济

---

① 刘仲华,《清代诸子学研究》,中国人民大学出版社,2004年8月,第19页。

理论的储备原则,在《周末学术史序·计学史序》中他写道:"管子持国家主义,亦以利民为先,以正德为本,在于利用厚生。故富贵之法约有三端:一曰改圜法,二曰兴盐铁,三曰谋蓄积。而理财之法亦与列国迥殊,有所谓贷国债者矣,有所谓税矿山者矣,又有所谓选举富商者矣。与皙种所行之政大约相符。"①

刘师培开创了用西学学术标准系统肢解华夏文明的先河。与之同时代的严复(1854~1921),曾声称在黄老思想中"找到了"西方自由民主,他说:"夫黄老之道,民主之国所有也,故长而不宰,无为而无不为;君主之国,未有能用黄、老道也。汉之黄老,貌袭而取之耳。君主之利器,其惟儒术乎!"②

严复不可能真正了解黄老思想(《黄帝书》早已散失,严复死后50多年才被考古发掘出来),但像严复这样用断章取义、生搬硬套等方法比附西方学术的做法却成为后来中华文明研究的标准范式,遗害至今。

历史的发展常常具有两面性,一些事件同时具有积极的一面和消极的一面。正是那些早期西化学者最先拼接了中华原文明的蓝图——尽管这个蓝图本身就是以中华文明有机体的完整性为代价的!

在对中华文明演化史一无所知的情况下,今天诸多中国学者振振有词地主张儒(礼)法并用、外儒内法或儒表法里等。这是因为,要复兴中华原文明的基本形态,首先要认清儒家合理道德因素的黄老思想体系。

2. "非法婚配"造就思想怪胎

中医与西医结合的科学怪胎

不同的理论(或文明)系统是不能随意结合的,那样的"非法婚配"只会产生思想怪胎。

如果说中西医结合的结果是中医几乎被彻底西化,那么所谓的外儒内法和儒法并用只不过是改头换面地全盘儒化!中西医结合的历史真是一个惨痛的教训。

---

① 《刘师培史学论著选集》,上海古籍出版社,2006年12月,第78页。
② 《严复集》,第4册,1079页。

早在北洋政府时期，就出了著名的"教育系统漏列中医案"。1912年，以中西医"致难兼采"为由，北洋政府在新颁布的学制及各类学校条例中，把中医药排斥在医学教育系统之外，只提倡医学专门学校，即西医。1913年，当时的教育总长汪大燮公开表示："余决意今后废去中医，不用中药。"

然后是1929年，国民政府召开的第一届中央卫生委员会议上通过了余云岫等提出的"废止旧医以扫除医药卫生之障碍案"。将中医称为"杀人祸首"的余云岫提出"废止中医案"的四点理由是：（1）中医理论皆属荒唐怪诞；（2）中医脉法出于纬候之学，自欺欺人；（3）中医无能预防疫疠；（4）中医病原学说阻遏科学化。

中华人民共和国成立后，1952年，卫生部曾发文规定：凡是中医大夫不准进入医院，这种做法遭到了毛泽东的反对，他还因此撤了一位卫生部副部长的职。毛泽东指出中国医药学是个伟大的宝库，要西医学习中医。

这就有了后来的中西医结合。作为政治家的毛泽东不会想到，这种结合是致命的，因为二者属于不同的文明体系，中医根本不可能统一到西医中去。

西医的一些标准，如GAP（中药材生产质量管理规范）、GMP（药品生产管理规范）、GSP（药品经营质量管理规范），还有GLP（药品非临床研究质量管理规范）、GCP（药品临床试验管理规范），是西医标准，对中医来说有时是毫无意义的。比如，按西医标准，中药"清艾条"包装盒上必须标上三年有效期；问题是在中医针灸中，清艾条历来是越陈越好。原国家药监局助理巡视员骆诗文指出："我们现在把美国FDA（食品药品管理局）的管理方法当作圣经，在中国推行，按照西药的标准和管理模式研究和管理中药，是不符合中药发展要求的。"

中西医结合的严重后果是多方面的，除了我国在国际药材市场上遭受巨大损失外，还有今天的中医本身已经陷入绝境，甚至有人公开主张废除中医。

笔者对中医的认识是深刻的。十几年前，将我们7个子女养大成人，操劳了一生的父亲得了肝炎，当时以为是感冒，也就没有太在意，后来父亲病情急剧恶化，去医院诊治时已经无力上楼。医院说治好病要花几万块钱，当时我的姐姐说她知道河北滦县一位农民有祖传的秘方，我们应先去那儿看看，因为在那儿治疗要便宜得多。

当大家准备出院时，医院几乎所有的医生都认为这是迷信，好心劝我们不要去。最后我们去了，我发现这位农民不懂医学，他也承认自己只会治肝炎一种病，方子是他的岳父传给他的。"医生"给开了一大堆草药（大约花了两百元），当我们按照那位农民的方法给父亲用药后，奇迹出现了，虚弱得不能走路的父亲竟很快痊愈了，十多年来，一直很健康。为了使家人都放心，后来我们又去那家医院给父亲检查身体，化验结果出来时，包括医生在内的所有人都大吃一惊，父亲的肝功能已经恢复正常！直到今天，还有许多人向笔者打听滦县那位"医生"的电话、地址，据我所知，他们的肝炎都通过服用中药治好了，这些人中有大学生，也有企业老总……

前些年，平日忙里忙外的母亲犯腿痛，吃西药老是反复发作。后来朋友介绍了一位中医，母亲天天喝药酒，现在已经基本康复了，不用再挂拐杖。

中医的系统思维方式，黑箱研究方法（通过观测外部输入黑箱的信息和黑箱输出的信息的变化关系，来探索黑箱的内部构造和机理的科学方法），以及数千年临床经验的积累，使之成为中华原文明的"活化石"，其先进性远非西医所能比，尤其在治疗非典和艾滋病这样的疾病方面。2003年初非典期间，广州中医药大学第一附属医院共收治非典患者45例，无一例死亡，医护人员也无一人受到感染。患者平均退热时间只有3天，平均住院天数9天，另外，这些病人治愈后都没有出现西医治疗常见的股骨头坏死后遗症。关于近年来中医治疗艾滋病的情况，我们从科技部的一份报告中能读到下面的文字："从我们实地调研的情况来看，接受中医药治疗的患者普遍得到有效救治，反映良好。一些患者很快恢复正常生活状态，甚至开始从事繁重的田间劳动。大部分接受调查的患者，已很难从外表看出任何患病症状"。[①]

真正的科学精神是"可参验"。既然中医曾经为中华民族（将来也会为全世界）的福祉做出了如此伟大的贡献，有无数可参验的实例，却为什么得不到世界的承认呢？这显然是今天西化的思维定势和用西方标准进行

---

① 选自科技部《关于河南省利用中医药治疗艾滋病情况的调研报告》。

"中西医结合"造成的。

儒家与法家结合的悲剧

反观儒家与齐法家的核心黄老之学,二者的关系与用西方标准来进行"中西医结合"很相似。大黄金时代几乎所有政治家都反对用儒家思想代替中国古典政治学的核心法家。司马谈在《论六家要旨》中说,儒家要君主作天下人的表率,君主倡导,臣下应和,君主先行,臣下随从。这样一来,君主劳累而臣下却得安逸。至于他们关于大道的要旨,是舍弃刚强与贪欲,去掉聪明智慧,将这些放置一边而用智术治理天下。但精神过度使用就会衰竭,身体过度劳累就会疲惫,身体和精神受到扰乱,就会不得安宁,却想要与天地共长久,则是从未听说过的事。(原文:儒者则不然。以为人主天下之仪表也,主倡而臣和,主先而臣随。如此则主劳而臣逸。至于大道之要,去健羡,绌聪明,释此而任术。夫神大用则竭,形大劳则敝,形神骚动,欲与天地长久,非所闻也。)

三国时桓范(?~249年)在《世要论》中正式提出德刑"相须而行,相待而成"后,"道生法","以法治国"以观念被国人逐步抛弃,用儒家标准衡量法家,所谓的外儒内法、儒法结合成了中国政治精英的主导治国理念——儒家有如病毒在理论和实践上牢牢控制了中华文明有机体。

经历一次又一次的大屠杀,黑暗时代的中国亦出现了李世民、康熙这样流着外族人鲜血、以法治国的人物,他们曾给中国带来了短暂的辉煌。这些法家人物为什么不能恢复中国大黄金时代的光荣呢?热爱中国、深深了解中国历史又对中国文明彻底失望、极力主张西化的柏杨(他说过:"你就是掐着我的脖子,我还是要叫嚷:'绝对崇洋'")清楚地看到了其中的原因,《中国人史纲》中他将之总结为以下两点:

一、佛教的传入,使人认为痛苦是命中注定、无法避免的,但它却是来世欢乐的种子。反抗暴政、反抗侵略和追求幸福真理的意志普遍消沉。

二、儒家学派的主流理学兴起,士大夫阶层的结构更为坚固,他们运用政府的和礼教的力量,阻止任何改革,使公孙鞅于纪元前4世纪时造成的因改革而突飞猛进的奇迹不能再现。中华文化已进入老境。①

---

① 柏杨,《中国人史纲》,同心出版社,2005年11月,第26页。

商鞅（前390～前338年），上承李悝，深化改革了西周诸多政治经济制度，是人类历史上最为人所诟病的伟大改革家之一。

中华文明的停滞不前

亲亲相隐代替了人人平等的法律，"学而优则仕"的士大夫阶层的出现将社会功勋制（按一个人对社会贡献的大小获取社会资源的制度安排）打得粉碎，法家不断强调的实用性技术、数目字管理被儒家视为小人所关心的东西——大黄金时代中华文明所有最宝贵的东西都被淹没于儒化大"酱缸"中，慢慢变腐朽，被人遗忘……

中华文明陷入长期停滞之中。

历史学家黄仁宇认为，缺乏数字管理是中国不能实现工业化、现代化，没有像英、美等国那样在近代发展起来的主要原因。这显然有失偏颇，中国早就实现了精密的数字管理，1993年连云港市尹湾汉墓出土的西汉政府档案充分证明了这一点。

中国数学经典《九章算术》是一种应用数学体系，其中的每一章都反映着中国大黄金时代数字化管理的政治经济体系。有研究者甚至将《九章算术》与西汉的政府部门联系了起来，比如《方田》主要应用于生产领域，与治粟内史等相对应；《商功》主要应用于工程建设，与将作大匠（官名，秦代称将作少府，西汉景帝时改称将作大匠，职掌宫室、宗庙、陵寝等的土木营建方面）等相对应等等。在某种意义上，我们可把《九章算术》看作中国古典政治经济理论的数理化形式，其中包含着丰富的中国古典政治经济知识，举例如下：

在《九章算术卷三·衰分》中有一问题：设有大夫、不更、簪袅、上造、公士总共五人，同猎鹿五只。要按爵数高低分配，问各得鹿多少？答：大夫得鹿一又三分之二只；不更得鹿一又三分之一只；簪袅得鹿一只；上造得鹿三分之二只；公士得鹿三分之一只。算法，依次列出爵数，各自作为分配比数，以"副并"（众比率的和，5＋4＋3＋2＋1＝15）作为除数，以鹿数五乘"未并者"（分配比率，由大夫至公士分别为：5、4、3、2、1）各自为被除数。以除数去除被除数便得鹿数。（原文：今有大夫、不更、簪袅、上造、公士，凡五人，共猎得五鹿。欲以爵次分之，问各得几何？答曰：大夫得一鹿三分鹿之二；不更得一鹿三分鹿之一；簪袅得一鹿；上造得三分鹿之二；公士得三分鹿之一。术曰：列置爵数，各自为衰。副并为法。以五鹿乘未并者各自为实。实如法得一鹿。）该题是社会功勋制的数理化。在中国古典政治经济理论中，有限的资源是根据一个人为社会贡献的大小按爵位分配的。

《九章算术》的应用问题涉及法律、关税、金融、土地等各个方面，与中国古典政治经济实践是密不可分的。在《九章算术》定型的过程中，中国古典政治经济理论家也直接参与其中。刘徽在《九章算术注》原序中论述该书历史时说，《九章算术》源于《周礼》中的"九数"，后经西汉初期的张苍、中晚期的耿寿昌收集破损的《九章》残简，进行删改和增补，并改用汉代通行的语言编辑加工而成。

其中耿寿昌是西汉宣帝时杰出理财家，任大司农中丞。他不断推广常平仓制度，取得了很好的经济社会效果。据《汉书·食货志》记载："寿昌遂令边郡皆筑仓，以谷贱时增其贾而籴，以利农，谷贵时减贾而粜，名曰常平仓，便民之。"然而，仅在10年后（公元前44年），"柔仁好儒"的汉元帝在儒臣怂恿下，以常平仓与民争利为名，将之废除。

不是数字管理，而是中华文明的儒化才是中国传统社会停滞不前的真正原因。儒家治国理念占统治地位后，中国的重视实用技艺和数字管理的传统逐步消失。在长达两千年的中国中世纪，我们有大量军队，却常被少数游牧民族击败；我们有大量的财富，却被来自草原或海上的民族大肆掠夺；我们有太多勤奋的知识分子，却没有太多实用技术上的创造力。悲夫！

令人遗憾的是，至今我们许多人还不懂得儒法为什么不能并用。

3. 法家反对儒家人治

法家崇尚儒家提倡的道德

历史上法家从来没有反对过人与人之间以爱为基础的道德，她反对的只是将家庭伦理政治化的人治社会。这里我们必须再度重复那句老话：真理向前一步就是谬误！孔子将家庭伦理政治化导致国人陷入千年的社会公德误区。

以法家治国的秦朝为例，从秦始皇到下层官员都崇尚儒家所提倡的道德。《睡虎地秦墓竹简·为吏之道》有些地方同儒家经典《礼记》、《大戴礼记》相似，有地方同《老子》和道家思想相似，充分体现了华夏原文明以道家为哲学、以儒家为伦理、以法家为政治经济体系核心的特点。如《为吏之道》中有"临难见死，不取句（苟）免"句，而《礼记·曲礼上》作："临财毋苟得，临难毋苟免"；又如"安乐必戒，毋行可悔"一句，《大戴礼记·武王践阼》中有："席前左端之铭曰：安乐必敬；前右端之铭曰：无行可悔。"《为吏之道》中有"强良不得"一句，《老子》作："强梁者不得其死"等等。

如前所述，《论六家要旨》中司马谈一方面肯定了法家确立社会基本秩序的意义，另一方面又批评法家"不别亲疏，不殊贵贱，一断于法，则亲亲尊尊之恩绝矣"，所以只可以行一时，不可以行一世。法家真的反对"亲亲尊尊"吗？不是的。世人很少注意到，韩非是儒家"三纲"理论的最早提出者，后来董仲舒曾正式概括为"王道之三纲"。《韩非子·忠孝》中有，"臣之所闻曰：'臣事君，子事父，妻事夫。三者顺则天下治，三者逆则天下乱，此天下之常道也。'"

法家反对家庭伦理侵害公共利益

法家不能容忍家庭伦理侵害公共利益，这是其与儒家的分野所在。在秦国，丈夫有罪，妻子有监督告发的义务。《睡虎地秦简·法律答问》上有："夫有罪，妻先告，不收。妻媵（朕）臣妾、衣器当收不当？不当收。"按照秦律,妻子如果告发丈夫的罪行,不仅不会承担连带责任,而且还可保住属于自己的陪嫁、奴婢、衣服、器具等财产。反之,如果妻子隐瞒丈夫的罪行,则将被连坐问罪。

儒家不是这样,孔子主张"亲亲相隐",子告父就犯了"不孝"罪——即使被揭发的对象严重损害了公共利益。楚国有个很坦率的人叫直躬,他的父亲偷了别人的羊,他便亲自到官府告发。官府抓其父并要处以死刑,他请求代父受刑,这就是著名的"直躬父窃羊案"。奇怪的是,孔子并没有大赞直躬的孝心,反而认为直躬原本就不应去向官府告发父亲的罪行。《论语·子路》载:叶公告诉孔子说:"我的家乡有个正直的人,他的父亲偷了人家的羊,他告发了父亲。"孔子说:"我家乡的正直的人和你讲的正直人不一样:父亲为儿子隐瞒,儿子为父亲隐瞒。正直就在其中了。"(原文:叶公语孔子曰:"吾党有直躬者,其父攘羊,而子证之。"孔子曰:"吾党之直者异于是:父为子隐,子为父隐,直在其中矣。")

法家理论的集大成者韩非极力反对儒家这种道德至上的观点,认为那将导致社会秩序的混乱和国力的衰弱。他论证说:楚国有个叫直躬的人,他的父亲偷了人家的羊,他便到令尹那儿告发,令尹说:"杀掉他!"认为他对君主虽算正直而对父亲却属不孝。结果判了他死罪。由此看来,君主的忠臣倒成了父亲的逆子。鲁国有个人跟随君主去打仗,屡战屡逃。孔子向他询问原因,他说:"我家中有年老的父亲,我死后就没人养活他了。"孔子认为这是孝子,便推举他做了官。由此看来。父亲的孝子恰恰是君主的叛臣。但令尹杀了直躬,楚国人作坏事就没有人再向上告发了;孔子奖赏逃兵,鲁国人作战就要轻易地投降逃跑。君臣之间的利害得失是如此不同,而君主却既赞成谋求私利的行为,又想求得国家的繁荣富强,这是肯定没指望的。(《韩非子·五蠹》原文:楚之有直躬,其父窃羊,而谒之吏。令尹曰:"杀之!"以为直于君而曲于父,报而罪之。以是观之,夫君之直臣,父之暴子也。鲁人从君战,三战三北。仲尼问其故,对曰:"吾有老父,身死莫之养也。"仲尼以为孝,举而上之。以是观之,夫父之孝子,君之背臣也。故令尹诛而楚奸不上闻,仲尼赏而鲁民易降北。上下之利,若是其异也,而人主兼举匹夫之行,而求致社稷之福,必不几矣。)

公元前81年的盐铁会议是中华文明裂变演化过程中的标志性事件。会上儒生再度主张亲亲相隐,反对全民监督和亲属间的连带责任,他们说：只听说过儿子为父亲隐瞒罪恶，父亲为儿子隐瞒罪恶的事，从来没听说过父子互相连坐的事情。只听说过兄弟之间不要逼迫太紧，以免互相伤害的事，从来没听说过兄弟互相连坐的道理。只听说憎恨坏人，只恨坏人本人，痛恨带头作恶的人而惩办那些首恶，从没有听说十家连保，五家相坐。(《盐铁论·周秦第五十七》原文：闻子为父隐，父为子隐，未闻父子之相坐也。闻兄弟缓追以免贼，未闻兄弟之相坐也。闻恶恶止其人，疾始而诛首恶，未闻什伍而相坐也。)

代表汉法家治世理念的御史们则持相反的看法，他们认为一家之中，父子、兄弟之间，就像身体各个部位相连一样，动一个关节都连着心。所以如今从关内侯以下，实行五家连坐，各家互相窥察，出入互相监督，做父亲的不教育自己的儿子，做兄长的不规劝自己的弟弟，还会是谁的责任呢……背着千钧重物，去登极高的山峰，站在悬崖峭壁上，面对看不到底的深渊，虽然有庆忌那样的敏捷，孟贲、夏育那样的勇敢，也没有不胆战心惊的，因为他们知道如果掉下去，必然粉身碎骨，肝脑涂地。所以没有被火烧伤过的人，不敢用手去抓火，因为看到过有被烧伤的。没有被刀子伤过的人，不敢用手抓刀刃，因为看到过有被割伤的。那些人已经知道做了坏事，一定要受到惩罚，而且要连累父兄，必然感到害怕因而学好。所以，制订法律，就好似面临百仞深谷，以手去抓火，用脚去踩刀刃一样，老百姓就会害怕而不敢去犯罪了。慈善的母亲之所以有不成器的儿子，是因为小的差错总不忍心管教。严厉的家庭中没有蛮横的奴仆，是因为管教得紧。现在如果不提倡像严厉的家庭那样管制下面人的办法，而去学慈母那样迁就不成器的儿子，那就糊涂了。(《盐铁论·周秦第五十七》原文：一室之中，父兄之际，若身体相属，一节动而知于心。故今自关内侯以下，比地于伍，居家相察，出入相司，父不教子，兄不正弟，舍是谁责乎……夫负千钧之重，以登无极之高，垂峻崖之峭谷，下临不测之渊，虽有庆忌之捷，贲、育之勇，莫不震慑悼栗者，知坠则身首肝脑涂山石也。故未尝灼而不敢握火者，见其有灼也。未尝伤而不敢握刃者，见其有伤也。彼以知为非，罪之必加，而戮及父兄，必惧而为善。故立法制辟，若临百仞之壑，握火蹈刃，则民畏忌，而无敢犯禁矣。慈母有败子，小不忍也，严家无悍虏，笃责急也。今不立严家之所以制下，而修慈母之所以败子，则惑矣。)

最早将"亲亲相隐"原则纳入法律体系的是反对"纯任德教",主张"霸王道杂之"的汉宣帝,但似乎还保留着长辈有举报晚辈的监督责任。地节四年(公元前66年,盐铁会议召开15年后),汉宣帝颁布了著名的"亲亲得相首匿"诏令:父子之亲,夫妇之道乃是天性,即使遭遇到灾难祸害,还要冒死来设法保全亲人性命,实实在在是有颗相爱的心彼此联系着,仁爱厚道到极点了,怎能违背它呢!从今日起,儿子隐瞒父母的罪行,妻子隐瞒丈夫的罪行,孙子隐瞒祖父母的罪行,皆不论罪。如果父母隐瞒了儿子的罪行,丈夫隐瞒了妻子的罪行,祖父母隐瞒了孙子的罪行,处以斩首之罪,皆上报廷尉得知。(《汉书·宣帝纪》原文:父子之亲,夫妇之道,天性也。虽有患祸,犹蒙死而存之。诚爱结于心,仁厚之至也,岂能违之哉!自今,子首匿父母、妻匿夫、孙匿大父母,皆勿坐。其父母匿子、夫匿妻、大父母匿孙,罪殊死,皆上请廷尉以闻)。

此后代表家庭伦理"孝"的"亲亲相隐"原则开始了其长达两千多年的司法实践应用。《大清律例》甚至规定,子告父,若所告不实,即父无子所告之罪行,子当处绞刑;若所告属实,即父确有子所告之罪行,子亦须受杖一百、徒三年之罚。

后来国人将"亲亲相隐"通过血缘关系扩展到了整个社会。人们可以不顾社会公平互相提携,可以不顾国家利益隐瞒事实……

今天,每当提及法家,总会有一些人站出来为儒家辩护:"法家不错,但后面要站个大儒,不讲德教不行";"教化为治,刑法助治,偏废其一,国必衰亡。中国历史上关于德刑辩证为治的经验教训例子非常多";"要讲以德治国,不能光以法治国,有阳也要有阴,此乃天下至道"等等。这些话表面上会打动很多人,其原因大致有以下两个方面:一是如上面所论述的,一些人错误地认为法家在个人修养和家庭伦理上反对儒家;二是有些人不了解中国历史,看不到儒家是中国越来越衰弱的体制性原因。

不能用人治来促进法治

我们细致考察战国时代思想史就会知道,当时法家反对的主要是儒家人治(有兴趣的朋友可以读一下《韩非子》,韩非在许多方面是肯定孔子的)。就像我们不能用水来使火烧得更旺一样,我们同样不能用人治来促进法治!

长期以来，许多西方观察家为中国古代社会用那么少的官员统治了那么多的小农感到吃惊，这是为什么呢？这是因为中国除了有农村的传统血缘社会结构，还有连坐和保甲这样的监督体系。因为邻里间的相互了解远远超过政府对国民的了解，他们之间的互保和连坐极大地降低了政府收集信息的成本，通过将国家督察责任转移到每个人，监督效率得到了极大的提高。

为什么中国古代其他实行保甲连坐的诸多时代不能做到社会安定、吏治廉洁呢？其根本原因是儒化——"亲亲相隐"这些儒家原则引入法律使连坐和保甲制度失效。假定国民 A 知道国民 B 违反了法律，按照法家的全民监督原则，A 就应去举报，通过奖励举报和惩罚知情不报，人与人之间的全民监督在整个社会形成一个走向法治化的正反馈机制，违法犯罪现象也会大量减少；假如这时我们在政治领域引入以德治国，那么当国民 A 和国民 B 关系很好，或 A 得到了 B 的好处，当 A 不举报不仅不会受到惩罚甚至得到"道德奖励"的时候，全社会就形成一个走向人治的正反馈，由于邻里之间传递信息的速度极快，全民监督便迅速失效。

商鞅"徙木立信"之所以名垂青史，并不是这件小事本身，而是商鞅此举树立了一个平民"ROLE MODEL"（典范），在秦国全境实现了以法治国的正反馈激励机制，奠定了一个秦帝国的制度基础。

近代历史上蒋介石是一个深知儒法并用的人。他一方面明确提倡"礼义廉耻"，常常对国民党人士毫不留情地作一些道德训诫式痛责，有时也厉行法家治国。

1925 年 1 月东征前，蒋介石颁布《革命军连坐法》（此举得到周恩来的首肯），规定无撤退命令而班长同全班退，则杀班长，班长不退，而全班皆退，以致班长阵亡，则杀全班兵卒。该军法从制度上增强了军队的战斗力，对东征的胜利起了重要作用。

1938 年 1 月，国民党第三集团军总司令韩复榘因"违抗命令，擅自撤退"被处决后，据说中国军队上上下下受到极大震动，《革命军人连坐法》因此得以在一定程度上重新执行。从那以后，中国军队在长江方面的所有作战，都坚持开战后检讨会，大战大检讨，小战小检讨。陈诚、白崇禧、何应钦等也在后来数年的战争中作过检讨，根据会战实际情况，有的受奖，有的受处分。这里我们不得不承认，抗战中国民党正面战场主力经八年而未被日军歼灭,法家治军是一个重要原因!

蒋介石的全民监督制度在农村却不成功。从1935年7月,军委会委员长行营颁发《修正剿区内各县编查保甲户口条例》训令,一直到国民党溃败台湾,农村地区一直没有形成全民监督的正反馈机制。那些保甲长常常与乡镇区长联通一气,横行乡里。冯玉祥将军在其自传中曾这样写道:"有些青年被迫上山去反对蒋介石,也有些青年不愿当兵,就拿钱送保甲长买别人来顶替。有时候买一个兵得花三五百万,有时要一两千万。"(《冯玉祥自传》第三卷《我所认识的蒋介石》)从上个世纪30年代末开始,蒋介石一度以为,用党员担任保甲长这样的人治手段会解决乡村问题——他最后还是失败了!

历史雄辩证明:儒家和法家不能在国家或者公共利益问题上并用。儒家人治如同疯狂繁殖的病毒,只要存在于政治有机体之中,就会吞噬所有健康细胞,毁灭国家的法治基础!

4. 儒家执政理念何时了

法家经典论述"法生德"

法家除了严格界定了家庭伦理与社会公德,还主张"法生德",这与儒家树立虚假的圣人道德模范,主张"德生德"完全不同。晋法家经典《商君书》在论述为法生德方面很全面,我们引述如下。

《商君书》指出,空谈仁义没有意义,只有法治才可能实现真正意义上的仁义。《商君书·画策第十八》上说:圣人能发现社会发展的规律,所以他统治民众,就像利用高低地势控制水流一样,又像用易燃物品的干湿来控制火一样。所以说,仁者能对别人施加仁慈,却不能使别人变成仁人,有道义的人能够爱人,却不能使人们互相爱,因此,光凭仁义道德是不能治理好社会的。圣人一定有让天下人信任的品德,又具有让天下人不能不信任的法律。所谓的道义,是说作为臣子定要有忠心,作为儿子一定有孝心,长幼之间有礼节,男女之间要有别,不同于道义,就是饿死也不能苟且吃饭,就是死也不能苟且偷生。这才是有法可循。圣明的帝王不重视道义而重视法律,而且法律严明,君主的命令一定能贯彻执行,才可以。(原文:圣人见本然之政,知必然之理,故其制民也,如以高下制水,如以燥湿制火。故曰：仁者能仁于人，而不能使人仁；义者能爱于人，而不能使人爱。是以知仁义之不足以治天下也。圣人有必信之性，又有使天下不得不信之法。所谓义者，为人臣忠，为人子孝，少长有礼，男女有别；非其义也，饿不苟食，死不苟生。此乃有法之常也。圣王者，不贵义而贵法。法必明，令必行，则已矣。）

《商君书》还认为，只有以刑去刑、实现人与人之间互相监督才能维护社会道德，空谈"仁义"的唯一结果就是"残暴"。《开塞第七》中有：成就王业的国君，把刑罚用在人民将要犯罪的时候，所以大的奸邪才不产生；把赏赐用在告发犯罪方面，所以小的罪过也不致漏网。治理人民能够使大的奸邪不产生，小的罪过不漏网，国家就治理好了。国家治，就必定强。一国这样做，他的国家就可以安宁。两国这样做，战争就可以稍稍停止。天下都这样做，最高的道德就会重新建立起来。所以我认为杀戮、刑罚能够归于道德，而"义"反倒合于残暴。（原文：故王者刑用于将过，则大邪不生；赏施于告奸，则细过不失。治民能使大邪不生、细过不失，则国治。国治必强。一国行之，境内独治。二国行之，兵则少寝。天下行之，至德复立。此吾以杀刑之反于德而义合于暴也。）

齐法家在论述"法生德"方面走得更远，他们一方面反对以"爱民"用民，另一方面明确指出"仁义礼乐者皆出于法"（《管子·任法第四十五》）。《管子·法法第十六》中有：考察君主之所以爱民，乃是为了使用他们而爱的。为了爱民的原故，不怕毁坏法度，削减命令，那就失去爱民的意义了。单用爱民的办法使用人民，则人民不服使用，这是很明显的。善于使用人民的，他可以用杀戮、危害、劳累、饥饿、口渴等方法，用民者可以用这些手段，而人民没有考虑以为害己，是因为明王在上，道和法通行全国，人民都能舍弃爱干的私事而做不爱干的公务。（原文：计上之所以爱民者，为用之爱之也。为爱民之故，不难毁法亏令，则是失所谓爱民矣。夫以爱民用民，则民之不用明矣。夫至用民者，杀之危之，劳之苦之，饥之渴之；用民者将致之此极也，而民毋可与虑害己者，明王在上，道法行于国，民皆舍所好而行所恶。）

法家强调教训成俗而刑罚省

和儒家一样，齐法家和晋法家都强调教化的作用，主张教化应服务于国家整体战略,使教化成俗,真正深入人心。《商君书·赏刑第十七》中谈到了这一点:只有那些能打仗的人,才能踏进富贵的大门。那些骄横跋扈的人,就会受到刑法的惩处而不能得到赦免。这样,那些父亲伯叔、兄弟、相知相识的朋友、男女亲家、志同道合的人都说:"我们务必要加倍努力的地方不过在战场上罢了。"因此,那些年富力强的人都一定努力作战,年老体弱的人努力从事防守,那些死在战场的人不后悔,活着的人互相鼓励,这就是我说的统一教化。民众中想要得到富贵的,都是到死后盖上棺材才停止,可富贵的门一定都是面向当兵的,所以民众听说要打仗便互相庆贺。民众起居饮食时所唱的歌谣,全是打仗的事。这就是臣所说的严明教育到一定程度等于没有教化。(原文:彼能战者践富贵之门。强梗焉,有常刑而不赦。是父兄、昆弟、知识、婚姻、合同者,皆曰:"务之所加,存战而已矣。"夫故当壮者务于战,老弱者务于守,死者不悔,生者务劝,此臣之所谓壹教也。民之欲富贵也,共阖棺而后止,而富贵之门必出于兵,是故民闻战而相贺也,起居饮食所歌谣者,战也。此臣之所谓明教之犹至于无教也。)

《管子·权修第三》认为"教训成俗而刑罚省",强调"以德固法",防微杜渐。上面说:"凡是治理人民的,应该使男人没有邪僻行为,使女人没有淫乱的事情。使男人不行邪僻,要靠教育;使女人没有淫乱,要靠训诲。教训形成风气,刑罚就会减少,这是自然的道理。凡是治理人民的,都要求人民走正道。要求人民走正道,就不能不禁止小的邪恶。因为,小的邪恶是大的邪恶产生的根源。不禁止小的邪恶而想要大邪恶不危害国家,是办不到的。"(原文:凡牧民者,使士无邪行,女无淫事。士无邪行,教也;女无淫事,训也。教训成俗,而刑罚省,数也。凡牧民者,欲民之正也;欲民之正,则微邪不可不禁也;微邪者,大邪之所生。微邪不禁,而求大邪之无伤国,不可得也。)

尽管"以法生德"、"以德固法"早在两千多年前就造就了一个路不拾遗、山无盗贼的盛世,但直到今天,儒家那种以德治国,"德生德"的观念依然像魔咒一样困扰着国人。要知道,一旦儒家思想深入到中国精英的治国理念中,将是十分可怕的——中国离法治社会将越来越远……

北京一所著名学府的经济学家为拯救国有企业,要在中国找出"13万个尧舜",认为"谁如果能使雷锋式的人成为社会的主流,谁就能够建立起强大高效低成本的国有企业"。按理说，13亿人才找13万个雷峰可谓万里挑一，关键是如何挑出呢？写保证书还是申请书？是"民主"还是"指派"？真让人觉得一头雾水。只要圣人出，天下事就好办了，这就是那位经济学家的儒学逻辑！

还有人听孔子说过"善人为邦百年，亦可以胜残去杀矣"，于是乎通过一波又一波的教育运动培养"善人"（有时也用"新人"一词）。不是听报告就是写学习材料，每次都是热泪盈眶，成绩很大，结果却是官僚主义、腐败形势依旧严峻。

两千年来，特别是过去150年来，中国社会风云变幻，令人目不暇接；唯一长在的就是儒家执政理念。

儒家执政理念何时了！

参考阅读：

汉代公正的法治社会

《侯粟君所责寇恩事》简册，1974年出土于居延甲渠侯官遗址编号第22号房屋内，共36枚简。甘肃居延考古队简册整理小组在《文物》1978年第1期上予以编号并发表了释文。

简文所述案件发生在东汉光武帝建武三年（公元27年）。经历西汉末年和王莽篡权，当时中华道/法原文明已经慢慢消褪，不过东汉光武帝仍遵循黄老学说，以"柔道治国"，重用董宣那样依法治政的大臣。

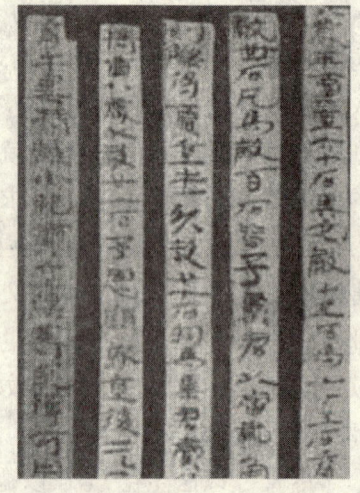

《侯粟君所责寇恩事》简册局部

档案详述了约两千年前一个高层官吏侯粟君和一个平民百姓寇恩的诉讼案。公元27年12月3日，由啬夫宫依据县廷所下的"甲渠侯书"所指控，召寇恩回乡接受验问。验问前由宫晓以法律规定，然后才开始"爰书验问"，记录证词。证词一开始记录被验问者的姓名、籍贯、年龄等，然后再讲事情的经过及原因，最后写明"皆证也，如爰书"，记录在案，备报县廷。12月16日，又进行第二次验问，法律程序与第一次一样，记录口供与第一次相对无差，最后写上"皆证也，如爰书"。经过3天后由乡啬夫将两次验问查对的爰书呈报县廷，再由县廷转呈甲渠侯，说明验问寇恩的结果。甲渠侯审阅验问证词后，又上奏都尉府，根据都尉府"更详验问，治决言"的批示，县廷再次验问，作好更详细的供词，并提出判决意见。县廷的判决于12月27日上报都尉府，再由居延县令和守丞胜签名，移交甲渠侯，宣布审判结果。最后都尉府审查后按法律规定迅速报张掖太守府，最后审理结案——审判的结果是秩级600石的候粟君败诉。

在整个诉讼过程中，候粟君和平民寇恩以平等的法律地位出现，600石的秩级没有给候粟君带来任何明显的法律特权。从接案之日即12月3日，至结案之日即12月27日，仅用了24日，足见当时官府决案之公正，办公效率之高。

第五章　儒效？儒效？

儒效，儒学的治国效果如何？自孔子时代这个问题就突显了出来。春秋战国几乎所有国家都不将儒家作为指导思想是因为时人认为儒学无用，比如齐国名臣晏婴就曾形象描述了当时儒家的基本特点，晏婴（还包括与孔子时代较近的墨子）的记录对于今天那些想恢复先秦儒学的人来说显然是一大打击。

齐景公想重用孔子，晏婴进谏说："儒者这种人，能说会道，是不能用法来约束他们的；他们高傲任性自以为是，不能任为下臣使用；他们重视丧事，竭尽哀情，为了葬礼隆重而不惜倾家荡产，不能让这种做法形成风气；他们四处游说乞求官禄，不能用他们来治理国家。自从那些圣贤相继下世以后，周王室也随之衰微下去，礼崩乐坏已有好长时间了。现在孔子讲究仪容服饰，详定繁琐的上朝下朝礼节，刻意于快步行走的规矩，这些繁文缛节，就是几代人也学习不完，毕生也搞不清楚。您如果想用这套东西来改变齐国的风俗，恐怕不是引导老百姓的好办法。"（《史记·孔子世家》原文：晏婴进曰，"夫儒者滑稽而不可轨法；倨傲自顺，不可以为下；崇丧遂哀，破产厚葬，不可以为俗；游说乞贷，不可以为国。自大贤之息，周室既衰，乐缺有间。今孔子盛容饰，繁登降之礼，趋详之节，累世不能学，当年不能究其礼。君欲用之以移齐俗非所以先细民也。"）

几百年后，面对秦昭王"儒无益于人之国"的质询，荀子给出了儒效的标准答案，在《荀子·儒效》篇中他用周公相成王的例子证明，儒家至少可以巩固政权，保持社会秩序安定。汉初儒者劝刘邦以儒术治国时就用这个标准答案。

历史不断述说的一个真理是：儒家不仅难以进取，也不能守成。儒家异化带给这个民族的是政治结构、民族精神和国家实力的弱化，紧接着是一波又一波的入侵——侵略者先是彪悍的游牧民族，后来是野蛮的海洋民族!

1. 两千年来中国人是如何被洗脑的

西方外交官笔下没有太多西化的儒家中国

假定我们一时获得了穿越时空的能力,自由往来于大黄金时代以及公元前1世纪末开始的漫长文明黑暗时代,你就会发现二者完全不同:前者是一个法治化、外向型的文明,注重实用技艺,而后者是一个道德化、内向型的文明,注重说教,鄙视实务。

我们引用清末两位西方观察家对中国社会的考察,从中不难看出没有被太多西化前的中国人生活生态——它不同于西方文明,但已经没有了大黄金时代中华文明的特质。

第一位是美国驻华外交官切斯特·何康比(Chester Holcombe,中文名何天爵,1844~1912)。何天爵于1869年来华,1871年之前负责北京的公理会教会学校,1871至1885年,他先后担任美国驻中国使馆翻译、代办等职,1885年回美国,10年后出版《真正的中国佬》一书。

何天爵首先注意到中国在处理与其他民族的外交关系上与西方文明逻辑完全不同,根本就不是西方所认定的"宗主和藩属的关系":中国的东亚各藩属国不必像西方那样定期向宗主国交纳贡物和贡金,必须根据规定和要求向宗主国提供军事力量——连结中国与其邻国的是"一种道德权威和对正义的支配"的"兄弟关系"。

西方人很难理解东方文明世界一体化的逻辑——平等劳动和自由通婚。柏杨也曾指出,它和欧洲那种政治实体间的勒索和剥削完全不同,藩属得到的回报往往是贡物的数倍,唐时外国使节团得到的礼遇过高,以至很多人不愿意离开中国。柏杨在《中国人史纲》中写道:"外国人不会了解这种恢宏的心胸。下世纪(19世纪),中国为朝鲜、为越南而跟新兴的帝国主义者作战,以致受到严重的挫折,割地赔偿。外国人便嘲笑中国人莫名其妙,竟为了一个宗主国的虚名,而接受实质的灾难。但这正是中国文化中反抗强权、扶危济困的主要精神。"①

---

① 柏杨,《中国人史纲》,同心出版社,2005年11月,第445~446页。

何天爵对中国的政治制度观察也比较细致。他说，表面上中国皇帝有无限的权力，事实上并不是这样，中国政府行政职能的运作非常松散。老百姓对政府的抱怨和不满，"往往不是由于官府对他们的专制和干预过多，而是由于政府对他们漠不关心，过问得过少。拥有专制权力的那位先生很少实行专制。所谓的专制皇帝只不过是徒有虚名而已。"也就是说，中国的"专制"完全不是西方的个人专制，这种体制实际上是一种"简单纯粹的家长制统治"。

法制方面，何天爵将中国监狱比喻成"地狱"。他指出，中国法官最终判定往往不是根据法律条文，而是比照以前的案例。官员可以不受法律约束地采取各种手段以获取当事人或者证人的口供。这些决定了在法庭的实际操作层面，贪污受贿、敲诈勒索、徇私舞弊、残害忠良等现象不仅难以避免，而且司空见惯。

另一位西方观察者是美国传教士阿瑟·史密斯（Arthur Henderson Smith 1845～1932）。他是1872年来中国的，这位在中国山东生活了25的美国人于上个世纪20年代出版了《中国人德行》一书。书中史密斯专辟一章描述中国社会的法制结构，其中涉及全民监督部分很值得关注：19世纪清朝的基层组织制度显然已经不是秦汉帝国的监督体系，它完全形式化了，变成了一种历史记忆，作者写道：

"每个城市或乡村中，每十户划为一甲，每甲设保甲长。每户门前挂有一个小牌子，上面注明户主姓名和该户人口数目。这种户籍制度，有点像古代撒克逊人十户区或百户区制，它有利于确立责任区，某个保甲区内一旦出现可疑的陌生人物，第一个发现的就迅速报告保甲长，保甲长立刻报告地保，地保再报告给县官，县官马上采取措施，'严密搜捕，严厉惩处'，这种简易的保安措施，使所有的地方犯罪，还未发生就被发觉了。这不是靠陌生人长相可疑，而是靠住户固定……显然，这一措施只有在住户固定的地区方能奏效。然而，即使在中国这样人口最为固定的国家，保甲制度在很大程度上也只是个法律上的假定。有时，在一个城市，以前从未见过门前挂牌子，可突然有一天，每户门上都挂上了。这就说明县官来了，他想加强这方面的管理。有些地方，只有冬天才挂上，因为冬天最危险，坏人最多。不过,据我们所知,该措施只是昔日的经验,现在徒具形式而已。实际上,也几乎已经完全消失了,连续走几个月,几千里路,沿途挂牌子的住居,不足百分之一。"

全民监督,全民自治是中华原文明的重要特征。唐代杜佑在编辑《通典》时将全民监督体制上推到黄帝时代,认为其持续了近三千年,直到东汉中华原文明被儒化才逐步解体。后世曾多次试图恢复这一基层组织制度,似乎没有多少成绩,按史密斯的记录,到晚清大抵徒具形式了。

伪造的历史及道统

那么儒家是靠什么来主导中国两千年黑暗时代的治国理念和人文精神的呢?说起来有些好笑,竟然是一个伪造的道统!

代别	1代	2代	3代	4代	5代	6代	7代	8代	9代	10代	11代
世纪	前23	前23	前22	前18	前12	前12	前12	前6	前4	后11	后12
圣人姓名	伊祁放勋	姚重华	姒文命	子天乙	姬昌	姬发	姬旦	孔丘	孟轲	程颐	朱熹
简称	尧	舜	禹	汤	文	武	周公	孔子	孟子	伊川	朱子

注:伊祁放勋、姚重华和姒文命分阶别是尧、舜、禹的名;尧姓伊祁氏。

简单说,最终形成于宋的道统是一个圣人系统,这些人是榜样中的榜样,圣贤中的圣贤,为了努力"实现"圣人的完美性,儒家采用的唯一手段就是编造史实,第一章我们已经论述到蒙在尧、舜、禹身上的"神话",如禅让制度。由于篡改历史是从孔子编辑鲁国史书《春秋》开始的,所以儒者给这种方法取了个好听的名子,叫"《春秋》笔法",就是将事实进行义理褒贬处理,所谓正名分。

德国社会学家马克斯·韦伯也注意到孔子作《春秋》对史实作了"系统的、实用主义的修正"。在《儒教与道教》一书中他特别作注说:"个别的隐瞒的确是有的,例如隐瞒了吴国对它的母国鲁的攻击。但是,除此之外,鉴于材料不足,我们可以很严肃地提出这样的问题:他的著作是否可以被看作是对史书的一种伟大且带有强烈道德色彩的注释。"①

韦伯不会理解,对秉笔直书的中国史学传统来说,让一个伟大的文明失去基本记忆(如黄帝事迹)是一种文化上的"种族灭绝"行为!

表面上看来,改动一些表达方式不关什么大障,因为读者还能发现基本的事实。比如《竹书纪年》上说:"鲁隐公及邾庄公盟于姑蔑";同一个诸侯会见,《春秋·鲁隐公元年》上却说:"三月,公及邾仪父盟于蔑。"为什么将邾庄公改为"邾仪父"呢?因为周王室并没有封邾子克为公,所以不能用公这样的爵位来称呼他。不过这种改动有时会引起不小的麻烦,比如《竹书纪年》上有:"周襄王会诸侯于河阳。"而《春秋·僖公二十八年》上写做:"天王狩于河阳",别以为周天子狩猎去了,原因是按周礼,周天子去晋国的领地见诸侯有失体统,所以孔子编了个"故事"。

柏杨比马克斯·韦伯更清楚地意识到了孔子编辑《春秋》所导致的文化破坏作用,在《中国人史纲》中他这样写道:"孔丘对鲁国史重予编纂,目的不在提供一部真实的史实,而在用来发挥他的恢复传统秩序的政治理想,努力暴露对新兴事物的排拒,更努力隐瞒或抹杀,甚至曲解贵族的罪行。举一个例子可以说明孔丘的苦心,楚部落建立王国已三百年,但孔丘仍拒绝称它的君主为国王,而只称他为子爵,这个可怜的老人企图用精神胜利的法宝来否定现实。于是,《春秋》遂脱离历史的范围,变为'褒善贬恶'评论性的经典。孔丘的门徒坚持说,经过他们开山老祖删订过的《春秋》,每一个字都有神圣的和深奥的意义。这些门徒中后来曾有三部著作《左传》、《公羊传》、《穀梁传》,专门诠解《春秋》。其中最叫人惊奇的是,《公羊传》和《穀梁传》,是用一种自问自答的方式来诠释的,幼稚的程度,能引人失笑。然而,儒家学派的门徒却不承认有什么可失笑的,严肃的当作一本圣书。"②

历史证明,孔子这种灭纪废典的行为才是真正的"焚书坑儒",国人渐渐失去了对大黄金时代灿烂文明的记忆,很难再了解中华文明的原生形态。在中国失去文明记忆的过程中,有两个人值得一提,一个是孟子,开创了儒家"睁着眼说瞎话"的先河,为了宣传自己的理念,他竟然肆无忌

---

① 马克斯·韦伯,《儒教与道教》,江苏人民出版社,2003年8月,第97页。
② 柏杨,《中国人史纲》,同心出版社,2005年11月,第91页。

惮地剪接历史，比孔子大胆得多。举列来说吧，孟子对《尚书·武成》所记周武王伐纣时"血流漂杵"产生怀疑，认为以至仁伐至不仁，不应如此。并说"尽信书不如无书，吾于《武成》取二三册而已。"（语出《孟子·尽心下》）

国家"夏商周断代工程"中，科学家运用碳14测年技术和国际天文学界先进的计算软件推演得出的结论却是：《尚书·武成》详细记载的武王灭商时的天象是真实的，将《武成》的日期转换为现代历法就是：

  公元前1047年11月27日，庚午日。凌晨时，月亮位置在东南方称为房四星座的正中。此时武王大军在周的镐京集结，备战。
  12月20日，癸巳日。反商大军出征，日夜兼程，向东方进发。
  公元前1046年1月14日，戊午日。周人的大军到盟津与其他的反商同盟军汇合。准备战斗。
  1月20日，甲子日。子夜岁星当顶。天明后反商大军在商都之郊的牧野与商军决战，一日之内，商军土崩瓦解。

《尚书·武成》并不像孟子所认为的那样不值得信赖。违背了自己先验的理念就说历史不真实，看来"尽信书不如无书"这句话似乎最适合《孟子》一书。道统中的武王伐纣过程也并不象儒家两千年来鼓吹的那样天下归心，"剪商"是周的长期战略，"剪商"过程充满血雨腥风，武王也有凶残的一面。《逸周书·克殷解第三十六》上说：武王答拜毕，先行入城。去往纣王所在的地方，就亲手射了尸身三箭。然后下车，用轻吕剑刺纣王尸身，用黄钺大斧砍下首级，悬挂在太白旗上示众。又去往两个王妃所在的地方，她们已经自缢。武王又射了她们三箭，用轻吕剑刺向尸身，用铁质大斧砍下首级，悬挂在小白旗上示众。（原文：武王答拜，先入适王所，乃克射之，三发而后，下车，而击之以轻吕，斩之以黄钺。折，县诸太白。乃适二女之所，既缢，王又射之三发，乃右击之以轻吕，斩之以玄钺，县诸小白。）

但道统的影响比一般人想象的要大得多。清儒崔述（1740~1816）见《逸周书》上述一段，就认为已死而残其尸，圣人不会这样残忍，所以定

《逸周书》为伪书。①

儒学在二十世纪退出历史舞台后,中国学者才开始清算儒家的这种愚昧的见解。梁启超在1921年就指出:"……孟子因《武成》'血流漂杵'之文,乃叹'尽信书不如无书',谓'以至仁伐至不仁',不应如此。推孟子之意,则《逸周书》中《克殷》、《世俘》诸篇,益为伪作无疑。其实孟子理想中的'仁义之师',本为历史上不能发生之事实,而《逸周书》叙周武王残暴之状,或反为真相。吾侪所以信《逸周书》之不伪,乃正以此也。"②

今人赵光贤对《逸周书·克殷》也解释说:"我们剥去武王的圣人外衣,他杀如纣这样的暴君乃是情理之常,丝毫不值得大惊小怪。"③

另一个改造历史的高手是《汉书》作者班固。班固一方面批评司马迁写"谤书"《史记》时将黄老放到了儒家前面,说他的是非观和圣人不同,论说大道则以黄老学说为主,而以六经为辅;叙述游侠,贬退隐士而推举奸雄;记述经济活动,则崇尚权势财利,而羞辱贫贱。(《汉书·司马迁传》原文:又其是非颇缪于圣人,论大道则先黄老而后六经,序游侠则退处士而进奸雄,述货殖则崇势利而羞贱贫,此其所蔽也。)

另一方面,班固将中国大黄金时代的政治经济史模糊化或丑化,《汉书》不仅在体例上影响了后世史书,更为关键的是,他将儒家思想确立为史家正统思想,为历代所继承。

在班固笔下,道/法不再是中华原文明的根本,他将前朝重要的法家著作《黄帝四经》、《伊尹》、《太公》、《鹖冠子》等列入道家。黄老之学是齐法家的核心,《汉书·艺文志》中却成了清虚自守的老庄,和《庄子》、《列子》并列,以至后人怎么也搞不清楚为什么司马迁说韩非本于黄老。《汉书》还将另一些法家列入了名家,如《邓析》二篇和《尹文子》。

班固写法家制度时,不能再象荀子一样实事求是,秦国简直成了惨无人道的大监狱,就如同圣经中的地狱一样。

---

① 《崔东壁遗书》,上海古籍出版社,1983,第193页。
② 梁启超,《中国历史研究法》,河北教育出版社,2000年,第112页。
③ 赵光贤,《〈逸周书·克殷〉篇释惑》,《传统文化与现代化》,1994年第4期。

在秦兵马俑坑中发现的三棱箭头有4万多支,它们都制作得极其规整,箭头底边宽度的平均误差只有正负0.83毫米。1973年湖北睡虎地出土的秦律告诉我们:秦国在工业中建立了完整的标准化管理体系,并以法律的形式来保证这一体系的严格执行。

公元前266年前后,战国最杰出儒生之一荀子应秦昭王之邀来到秦国,此时距商鞅变法已近百年。这位阅历丰富的学者与秦法家治国理念存在分歧,以至于秦昭王一见面就劈头盖脸地对他说:"儒无益于人之国",而荀子则批评秦国缺少儒生。治国理念的不同并没有影响荀子对秦国政治、经济、社会状况的客观评价,他将自己在秦国的所见所闻如实记录在了《荀子·强国篇》中,由此我们看到了一个东方伟大文明最绚丽的一角:

踏上这片国土,观察它的习俗,那里的百姓质朴淳厚,那里的音乐不淫荡卑污,那里的服装不轻薄妖艳,人们敬畏官吏而十分顺从,真像是古代圣王统治下的人民啊。到了大小城镇的官府,那里的各种官吏都是严肃认真的样子,无不谦恭节俭、敦厚谨慎、忠诚守信而不粗疏草率,真像是古代圣王统治下的官吏啊。进入它的国都,观察那里的士大夫,走出自己的家门,就走进公家的衙门,走出公家的衙门,就回到自己家里,没有私下的事务;不互相勾结,不拉党结派,卓然超群地没有谁不明智通达而廉洁奉公,真像是古代圣王统治下的士大夫啊。观察它的朝廷,政府处理决定各种政事从无遗留,安闲得好像没有什么需要治理似的,真像是上古圣王治理的朝廷啊。所以秦国四代都有胜利的战果,并不是因为侥幸,而是有其必然性的。这就是我所见到的。所以说：自身安逸却治得好，政令简要却详尽，政事不繁杂却有成效，这是政治的最高境界，秦国差不多就是这样了。（原文：入境，观其风俗，其百姓朴，其声乐不流污，其服不佻，甚畏有司而顺，古之民也。及都邑官府，其百吏肃然，莫不恭俭、敦敬、忠信而不楛，古之吏也。入其国，观其士大夫，出于其门，入于公门；出于公门，归于其家，无有私事也；不比周，不朋党，倜然莫不明通而公也，古之士大夫也。观其朝廷，其朝闲，听决百事不留，恬然如无治者，古之朝也。故四世有胜，非幸也，数也。是所见也。故曰：佚而治，约而详，不烦而功，治之至也，秦类之矣。）

这是一个怎样的社会呢？朴俭无华的民风，恭俭敬业的普通官员，尚公杜私的士大夫，社会安定和谐，很少贪污腐败、政治清廉高效，国家强大。难怪荀子将他称为政治治理的理想状态——"治之至也"。

那么班固笔下的秦国如何呢？在《汉书·刑法志》中他写道：

> 王道衰落一直到了战国，韩任用申不害，秦国任用商鞅，实行一人犯法，株连他人同时治罪的法律，制造了诛杀三族的法令；增加了肉刑、大辟的科目，有凿颠、抽胁、镬亨的刑法。到了秦始皇的时候，他兼并了战争中的各国，于是废毁了先王的法则，消灭了礼义的官职，专门使用刑罚，亲自操作文书写作，白天审判诉讼，晚上处理文书，自己按定额处理事情，一天以一百二十斤竹简为量。但是邪恶不正的人都出现了，犯罪的人塞满道路，牢狱多如市场，天下的人都忧愁怨恨，纷纷反叛秦国。（原文：陵夷至于战国，韩任申子，秦用商鞅，连相坐之法，造参夷之诛；增加肉刑、大辟，有凿颠、抽胁、镬亨之刑。至于秦始皇，兼吞战国，遂毁先王之法，灭礼谊之官，专任刑罚，躬操文墨，昼断狱，夜理书，自程决事日县石之一。而奸邪并生，赭衣塞路，囹圄成市，天下愁怨，溃而叛之。）

《秦律》和《汉律》在上个世纪七八十年代出土后，再参照《战国策》、《史记》这些没有经过儒家篡改的历史文献，我们已经基本能恢复大黄金时代中华原文明的全貌。中国长达两千年的中世纪就是以《汉书》那样的儒化历史作为精神元素的，它将这个民族引入了智力和命运上的黑暗时代,并影响到今天每一个中国人。

长篇历史小说《大秦帝国》的作者孙皓晖教授以秦国为例详细阐述了中华原文明是如何被妖魔化的,他写道:"作为统一帝国的短促与后来以儒家观念为核心的官方意识形态的刻意贬损,秦帝国在'暴虐苛政'的恶名下几乎湮没在历史的沉沉烟雾之中。有限史料所显示的错讹断裂且不必论,明清通俗小说《东周列国志》、《二十四史演义》等通俗史话作品,对秦帝国的描述更是卤莽灭裂,放肆亵渎,竟然将这段历史涂抹得狰狞可怖面目全非。这种荒诞的史观,非但是官方正统意识形态的形象化,而且流布民间,形成了中国民众源远流长的'暴秦'口碑。事实上,对于酷爱说古道今的中国老百姓而言,话本小说、评书戏剧、民间传说等对民众意识所起到的浸润奠基作用,远远大于晦涩难懂的史书。两千年来,在对秦帝国的描绘评判中,旧的正统形态与旧的民间艺术异曲同工,或刻意贬损,或无意涂抹,悠悠岁月中竟是众口铄金,中国文明正源的万丈光焰竟然离奇地变形了。"①

回过头来再让我们看看这个伪造的道统。道统中最后两位圣人程颐和朱熹离我们时代较近,他们肯定不是圣人。柏杨先生在《中国人史纲》中讲了这样一个故事:朱熹担任浙东地区高等法院院长(提举浙东刑狱)时,跟浙江临海地方的州长(知台州)唐仲友争夺一位妓女严蕊,最后朱熹失败,他遂攻击唐仲友奸邪,向皇帝上奏章弹劾,这跟程颐对付政治对手的手段如出一辙。程颐是宋明理学的开创者,是骂"梦魂惯得无拘束,又踏杨花谢娘桥"为"鬼语"的人,也是主张"饿死是小,失节是大"的那位先生。

儒家的神经症特征

今天又有人大谈道统了,仿佛新圣人又要诞生了。事实是这个世界上每个人都有优点和缺点,儒家理想中的圣人是不存在的——理想与现实的持续紧张会造成精神的病态。孔子受打压的少年时代,孔子及其后学修身成圣、对完美人格的孜孜以求的确体现出新弗洛伊德主义代表人物霍妮

---

① 孙皓晖,《大秦帝国》第一部《黑色裂变》,河南文艺出版社,2001年9月,第1页。

（Horney Karen 1885～1952）所定义的神经症特征。

哈佛大学的童俊博士总结自己十多年的临床研究，完成了《自恋型人格障碍的儒家文化背景》一文，这是一件有开创性意义的工作。他写道："历代儒家认为内圣之学——如何通过自我努力而成为圣人——是儒家全部理论的核心和出发点。但儒家的人文理想常常在现实中落空。对历史上儒家文化的这一凄惨命运应该如何解释？作者结合临床观察认为，这与儒家文化中的内在本质有必然的联系：儒家思想中过份强调理性、贬低情感的'君子''圣人'的理想人格的社会期待；将'己'作为人际关系中的一点，'己所不欲，勿施予人''己欲立而立人''己欲达而达人'的以'己'为出发点的认知方式，以及儒家'修齐治平'的奋斗目标、过份的耻感和权威崇拜均蕴含有明显的自恋趋向，这些文化特质往往成为自恋型人格障碍的温床。"

笔者知道，现代儒家还会用在书斋里写"治黄策"的方法大骂童俊。可喜的是，儒家与精神病关系的临床研究工作已经开启。

作为主导国人两千年的意识形态，作为大众媒体追捧的文化潮流，作为一些人眼中不可取代的国际形象，我们已经知道儒家是中华原文明的异化形态。那么，儒家理念也是一种精神病态的反映吗？就算我们不相信临床医学研究，但一想到这个问题，所有有理性的中国人是不是都会不寒而栗！

2. 儒家给中华文明究竟带来了什么

儒学无效，儒者无用

自战国时代起，在儒学失效的残酷现实面前，历代儒生都做了大量恢复儒家信誉的工作，这个过程持续了两千多年，直到鸦片战争后，面对接踵而来的内忧外患以及处理这些内忧外患问题的一次次失败，国人才极不情愿地抛弃了它。

最早的对儒效产生重大冲击的事件发生在公元前316年，燕王哙禅让相国子之，这是中国第一次禅让政治改革实践，结果是燕王哙身死国乱。

然后是西汉末年大儒王莽主政，结果是王莽篡位，国势大衰。

再后是公元732年编订《大唐开元礼》，这是独尊儒术之后一部最系统最完整的礼仪大典，本来是致太平的标志，却随之来了个安史之乱。儒家开始从礼义儒学转向心性儒学，从此儒生不再像孔子那样迷恋于礼仪形式，转向内心的修炼。

心性儒学的高潮是宋明礼学，结果是外族入侵和随之而来的种族屠杀。

最后一次重要的儒效证明是义和团运动，当时的儒学领袖徐桐对祭孔的义和团抱有厚望，断言"中国当自此强矣"，并亲自迎接义和团入京。结果是八国联军进京，慈禧太后和皇帝逃亡，徐桐受儿子欺骗自杀——可谓"死得其所"。

曾任中国社会科学院儒教研究室主任的李申先生，在他的《简明儒学史》一书中这样描述鸦片战争后儒学退出思想统治地位时的处境：

"儒者们曾经用尽了办法，企图使儒学能够支持那尊崇它的政权，并保持儒学的统治地位，但是失败了。儒者们无法像雄才大略的汉武帝那样，使儒学与另一种指导思想杂处并行；也无法像魏晋儒者把老庄仅仅当做一种谈资、一种补充那样，在保持儒学指导的前提下，把所谓西学仅仅当做一种技艺，当做一种'用'；也无法像隋唐儒者那样，在治国平天下的时候想念着儒术，在自己的心里头相信着佛教的轮回报应；更无法像宋明儒者那样，把自己的对手嚼碎、吞下、彻底消化，把儒学来一番彻底的更新。每一种办法他们都尝试过，但是每一种办法都不能奏效。儒学再也不能治理自己曾经治理了近两千年的这块土地上的国家，更无法使自己的国家所处在的天下达到太平。它不再能支撑这个国家，而这个国家也就不再尊崇它。"①

至于今天生活在西学阴影里的新儒学，正如李申先生指出的那样，最多不过是历史的游魂——儒家可以作为一种思想体系存在，但几乎没有人相信它能作为制度体系复活了。

两千年的中国中世纪告诉我们，儒化是灾难性的，清谈儒效更是荒唐。海外一些学者（比如 Michael Billington）根据近千年中国人口变化曲

---

① 李申，《简明儒学史》，中国人民大学出版社，2006 年 6 月，第 351 页。

线断言:因为人口增加的年代也是儒家大行其道的年代,所以只有儒家才会给中国带来经济、科学和文化的繁荣。这种观念出自对历史的极度无知,比照附录一《中华原文明谱系》我们就会发现,中国中世纪,一个王朝开始时儒化程度一般都不深,常常是法家主政,所以人口会增加,随着儒化程度的加深,国家的衰弱,外族入侵就会导致人口迅速减少,这才是"世界人口历史图集"所反映的本质内容(见下图)。

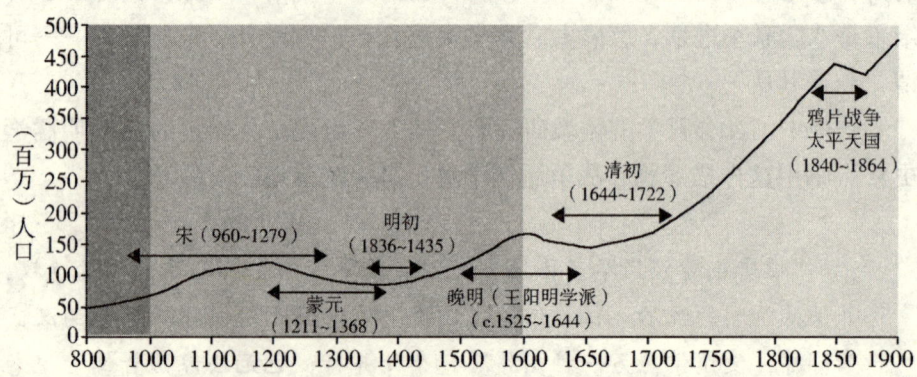

来源:世界人口历史图集,Colin McEvedy,Richard Jones

最近儒效问题的兴奋点是亚洲四小龙的崛起,但连"四小龙"的精神领袖之一、新加坡内阁咨政李光耀也明确宣布,四小龙的兴起与儒学无关,"儒学在知识经济时代过时了"。

从大历史的角度看,从黄帝时代至西汉末年儒化以前的中国,种族核心和领土都在不断扩大,之后便是停滞和灾难——先是五胡乱华,再是部族间的大屠杀,最后是上个世纪日本人的侵略。中国历史有一个不易被人察觉到的规律:儒兴则国衰。

儒兴则国衰

我们不妨看看历史上谁在花费大量国力尊孔、祭孔,并把这种现象当作文明异化的指针。这里应把刘邦除外,因为他鄙视儒家,以向儒冠撒尿闻名,他经过鲁国时以太牢祭祀孔子似乎只是做做样子,没有什么下文了;光武帝刘秀也和刘邦相似,只是派大司空宋宏到曲阜,不过以"柔道治国"的刘秀是尊敬儒生的,也没有向儒冠里撒过尿。

孔子卒于周敦王四十年(鲁哀公十六年,公元前479年),享年73

岁。孔子死后第二年（公元前478），鲁哀公下令在曲阜阙里孔子的旧宅立庙，将孔子生前使用的衣、冠、车、琴、书册等保存起来，按岁时祭祀。

汉元帝（公元前48~33）征召孔子第十三代孙孔霸为帝师，封阙内侯，号褒成君，赐食邑800户。

汉明帝永平二年（公元59年），于太学及郡县学祭祀周公、孔子。从此，中央政府所在地及各地方政府也都在学校中祭孔，祭孔成为全国性活动。

汉明帝永平十五年（公元72年），明帝赴曲阜，祭祀孔子及72弟子。这是祭孔有配享的开始。

随着祭孔越来越普遍，加在孔子头上的帽子也越来越高。汉平帝元始元年（公元1年）孔子被封为褒成宣尼公，唐玄宗开元二十七年（公元739年）就成了文宣王。宋真宗尊他为"至圣文宣王"，元中晚期元成宗大德十一年（1307年）又有了"大成至圣文宣王"的封号。明世宗嘉靖九年（1530年）封孔子"至圣先师"。

近代，1914年袁世凯颁发《祭孔令》，进行中华民国首次"官祭孔子"活动；1968年，台湾教育部奉蒋介石的指示，邀集台湾内政部等相关人员，并且聘请学者、专家组成"祭孔礼乐工作委员会"，后再经过两年的研讨改进，1970年由台湾内政部公布实施。

一般来说，在一个朝代转弱或衰弱的时代儒家就大行其道，大体直到这个朝代灭亡为止。推动这一进程的人是主张儒家治国的士大夫阶层。大黄金时代肃清血缘贵族制后，士大夫阶层通过裙带官僚体系试图取代血缘贵族，形成新的特权阶层。

中国古典政治理论的社会功勋制使除皇族之外所有人在法律上都是平等的，都可以通过为社会做贡献（无论军功还是事功）参政。司马迁在写《史记》时列出"农、虞（虞主要指资源生产类的行业）、工、商"四种相辅相成的行业，认为：农、工、商、虞这四个方面，是人民衣食的来源，来源大则富裕，来源小则贫困。来源大了，上可以富国，下可以富家。（《史记·货殖列传》原文：此四者，民所衣食之原也。原大则饶，原小则鲜。上则富国，下则富家。）

到150年后班固写《汉书》时，却将社会分为"士、农、工、商"四民，什么是"士"呢？班固所说的士"相与言仁谊于闲宴"，不从事实际生产,只是在闲宴上空谈仁义道德就行了,所有与实际生活相关的事都是"俗事"、"鄙事"。军官要少谈军事,官员也要少谈律令(清朝时判案全部交给刑名师爷),工业技术更是谁也不能提。

盐铁会议上儒生回应桑弘羊对儒家议论不切实际("道古而不合于世务")的指责时,就理直气壮地回应说:士人都能尽到自己的职责,大夫都能很好地管理自己的事情,公卿只是统管主要的事情,掌握大略就可以了。所以任用有才能的人只要交待一下任务就行了,并不感到劳累,那些自己去干的人会耽误公事且没有成绩。齐桓公对管仲,既亲自听管仲的话又亲自看着他。所以君子只要在选用人才上多下功夫,到使用人才时就可以一劳永逸,难道可以说君子懒惰吗?(《盐铁论·刺复第十》原文:士守其职,大夫理其位,公卿总要执凡而已。故任能者责成而不劳,任己者事废而无功。桓公之于管仲,耳而目之。故君子劳于求贤,逸于用之,岂云殆哉?)

历史上士大夫阶层与儒学共进退。汉武帝独尊儒术只是一个开端,它使儒家掌握了更多的教育权力,但远远没有主导国家政权,董仲舒的政治作为甚至还不如孔子。因为人们发现儒生常常是空谈家,而不是力行者。盐铁会议上桑弘羊就指出,儒家并不能治理好国家,只是无功受禄罢了。

问题是,儒家一旦控制了教育和考试权,就很容易扩大自己的影响力,建立起变相的贵族世袭政治。西汉经营百年确立了在东亚大陆无可辩驳的主导地位后,乱汉家者、"纯任德教"的汉元帝刘奭开始用儒家原则选官。他先将太学博士弟子增到千人,然后这些博士弟子每年按甲、乙、丙三科考试,考试合格者,即可授以相应的官职。这种做法影响了整个社会的风尚,当时流传的一句话是:"遗子黄金满籯(yíng,竹笼),不如一经。"只要读书、表忠心就能当官进爵,大黄金时代的社会功勋制被全面破坏。当时的大儒夏侯胜这样教导他的弟子:"儒者最怕不懂经术,经术如果能通晓了,要取得高官就像捡起地上的小草一样简单。学经不精,还不如回家种地。"(《汉书·夏侯胜传》原文:士病不明经术,经术苟明,其取青紫如俯拾地芥耳。学经不明,不如归耕。)正是元帝将大批儒生引向政治中心,通过考试制度儒家逐渐成了中国中世纪的新贵族。

从魏晋时期的九品中正制到唐以后的科举制,儒家对政权的控制越来越紧,中国向黑暗滑入得也越深。到明朝形成了大黑暗时代,柏杨痛苦地写道:"中国悠久而光辉的文化发展,像一条壮观伟大的河流。纪元前二世纪西汉政府罢黜百家,独尊儒家时,开始由灿烂而平静。十二、十三世纪宋王朝理学道学兴起时,开始沉淀。本世纪(十四)末期,这河流终于淤塞成为一个酱缸,构成一个最庞大最可哀的时代。明王朝使中国文化淤塞成为一个酱缸的工具有二:一是文字狱,一是八股文。"

为了说明儒家异化后"准贵族阶层"的特点,我们不防详细考察一下九品中正制。由于魏晋各级专任官员(就是所谓的"中正")在选官时是按儒家道德标准将知识分子分为九个等级——九品,而道德又没有办法客观"度量",所以干脆以看得见的"门第"为标准。又因为血缘关系是相当明晰的,于是就形成一个松散的"儒家血缘世袭制",这些特殊利益集团既不关心国家,也不关心民众,它们只关心自己的门第世家,是纯粹的寄生集团。

柏杨的《中国人史纲》总结说:"知识分子如果他既不是大地主而老爹又没有做过大小之官,纵有很高的学识能力和很高的道德声誉,也不会被评为上品。大地主和大小之官(二者事实上往往合而为一)的子弟,即令不识几个字而品德又很恶劣,仍然是上品。有门第的士大夫分别担任大小中正,他们不允许利益外溢。于是,同一士大夫阶层,又分为二:一是世家,一是寒门。就在本世纪(三世纪)末,已出现'上品无寒门,下品无世家'的丑陋现象。"① 这种儒家复古政治存在了300多年,后来才被同样窒息人性的科举制所取代。

儒家思想和政治力量的结合几乎将中华文明毁于一旦——支撑社会结构的法制体系变成了官僚们的道德说教。这些官僚是有史以来最贪婪的物种,从酒食相亲到挪用军费无所不为,国家资源很快被这个中间层吸干,即使像宋朝那样强大的国力也会迅速衰弱。

1259年,南宋宰相贾似道面对蒙古兵团对鄂州(湖北武汉)的进攻,唯一的策略就是派遣密使和解,承诺以下三点:一是宋向蒙古国称臣,降为藩属;二是以长江为两国疆界,宋全部割让江北土地;三是宋每年向蒙古帝国进贡银币20万两,绸缎20万匹。当时正赶上蒙古大汗蒙哥在合州城下逝世,主帅忽必烈为争汗位北归,接受了贾似道的条件。

---

① 柏杨,《中国人史纲》,同心出版社,2005年11月,第190页。

道学家的同盟贾似道开始耍起了小聪明,他下令截杀蒙古殿后的散兵游卒,用他们的人头作战利品。就如同所有善于作假的官僚一样,贾似道成了民族英雄,皇帝亲率文武官员到郊外欢迎,作家廖莹中专门写了《福华篇》为贾似道歌功颂德。但是道学家就是道学家,士大夫的朝代就是士大夫的朝代,20年后,经济虚假繁荣、儒家大行其道的宋朝就灭亡了。

让我们用中国兵平均作战能力的大跨度比较来说明,儒化会导致一个民族丧失最基本的保家卫国能力:

西汉时,据熟知西域事务的陈汤统计,一个汉兵可当5个胡兵,匈奴据汉法改良兵器后,还能当3个,主要原因是胡人兵器质量不行。(《汉书·傅常郑甘陈段传》载陈汤言:"夫胡兵五而当汉兵一,何者?兵刃朴钝,弓弩不利。今闻颇得汉巧,然犹三而当一。")

两千年后,抗日时期,据日方统计一个日本兵的作战能力相当于5~7个中国兵,台湾方面有人说相当于6个;主要原因也是中国军队装备太差。1937年时,中国陆军一个师有11000人,才配有3800条步枪,机枪328挺,火炮46门,战车0辆;而日方一个师团22000人,配9500条步枪,机枪600挺,火炮108门,战车24辆。数量上只是一方面,我方机枪老是卡壳。

儒者不重视经济和军事(宋人所谓:"儒者不言兵,仁义之兵无术而自胜"),所以儒化的中华民族只能为鱼肉,任人宰割。除了"儒学虽然表面兴盛,但实际上处于一种衰落状态"(李申先生语)的唐朝,两千年的中国中世纪,对所有心存良知并熟悉中国历史的人来说,都是一个不堪回首的黑暗时代。

参考阅读:

中国曾是一个性方面相当开放的社会

在中华原文明被儒化以前,中国曾是一个性观念十分开放的社会,人们对裸体艺术和性并不像后来那样讳莫如深,甚至是日常生活很正常的一部分。

在西周,日常器物上都绘有赤身裸体的人形。1993年山西省曲沃晋侯墓地63号墓（晋穆侯夫人墓）出土的立鸟人足筒形器四面各有一个人形足。人形发髻高竖，赤身裸体，屈膝下蹲，作奋力抬举状。

西汉景帝时的鲁恭王在曲阜所建的灵光殿，其壁画中画有太古时代的裸体怪形。

西汉中山靖王刘胜的墓中就发现了一个呈弓形、带有双龟头的铜祖和两个象征睾丸的鹅卵石。据《汉书·刘胜传》记载："胜为人好内，有子百二十余人"。

汉代人们十分注重房中术，《汉书·艺文志》记载有房中术八家、一百八十六卷，它们是：《容成阴道》二十六卷；《务成子阴道》三十六卷；《尧舜阴道》二十三卷；《汤盘庚阴道》二十卷；《天老杂子阴道》二十五卷；《天一阴道》二十四卷；《黄帝三王养阳方》二十卷；《三家内房有子方》十七卷。

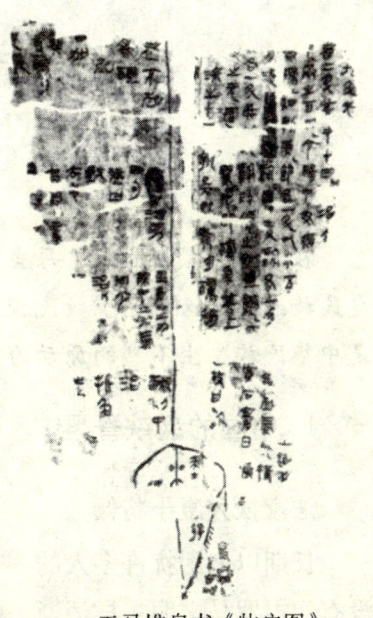

王马堆帛书《牝户图》

西汉马王堆3号汉墓也曾出土相当数量有关性科学的书，包括《养生方》、《十问》、《合阴阳》与《天下至道谈》等。其中《养生方》卷末附有《牝户图》，它是女性生殖器平面图，说明西汉时我们的先人就已将男女生殖器官的构造作了相当精细的解剖学研究，并将之应用于房中术实践。

北京大学中文系教授李零先生在研究了马王堆房中书后指出："马王堆房中书是世界上年代最早的房中书。早在两千多年前，它已具备相当完备的体系，几乎和现代西方的性学手册并没有太大差异。"①

---

① 李零，《中国方术考》，东方出版社，2001年8月，第430页。

第六章　微微龙脉

在漫长的黑暗时代，每当这个民族陷入混乱和危机的时候，总会有华夏民族或高度汉化的少数民族法家人物站出来，成为民族的脊梁——他们是中华民族生生不息的原动力，是中华民族的微微龙脉，不绝如缕！

1. 中国的钢铁脊梁

法家扶大厦于将倾

长期以来困扰许多人的一个问题是：中国在外族不断入侵面前，为何没有像古罗马文明一样消逝，而总能历尽血泪沧桑傲然挺立？

从公元4世纪初期开始，一个至今史学界还不太明了的力量掀起了中亚的民族大迁移，整个过程持续了一个半世纪。这一民族大迁移的世界性影响一直持续到今天，在欧亚大陆西部，它导致腐败的西罗马帝国于公元476年土崩瓦解，之后西方文明再也没有能够重新统一起来，民族分立，民族间残酷的流血战争成为家常便饭。

在欧亚大陆东部，我们却看到了完全不同的图景。这些中亚民族同样征服了已经儒化腐朽的华夏民族，但由于种族的自由通婚和语言的互相学习，这些外来民族被同化了，直到公元589年隋文帝杨坚再度统一中国。

隋文帝杨坚（541～604），隋朝建立者，信佛。《剑桥中国隋唐史》这样描述其治国理念："杨坚在探讨问题、采纳解决问题的办法以及他的所厌所恨等方面都接近于儒家中主张君治的荀子一派，实际上接近于法家本身。据说他不重视《诗经》或《书经》；在他执政的后期，他关闭了全国的学校，原因是学生太多，太懒散，质量太差。他对标准的儒家道德说教很不耐烦，当他的一个主要儒家大臣劝他不要再处决剩下的北周诸王时，他大声怒斥道：'君书生，不足与议此！'"

整个中国中世纪，面对民族危亡，像杨坚这样的法家人物扶大厦于将倾成为历史的常态。从这个角度看历史，你就会发现中华道/法原文明是钢铁脊梁！

附录1中我们列出了"中华原文明谱系"，从中读者可以很轻易了解在中国黑暗时代原文明的传承脉络。

从曹操到康熙

其中有以下几个法家政治人物值得我们更深一步了解。一是魏武帝曹操，陈寿在《三国志·魏书·武帝纪》中评曹操治国"揽申、商之法术，该韩、白之奇策"。他不官不功之臣，不赏不战之士。强调"夫刑，百姓之命也"，"夫治定之化，以礼为首；拨乱之政，以刑为先"。曹操早年任洛阳北部都尉时，造"五色棒"悬于门上，"有犯禁者，不避豪强，皆棒杀之"。在其统治地区内"皆以明罚敕法、齐一大化也"。

另一位是蜀相诸葛亮。有人称其思想"法道合抱"是有道理的。公元214年，刘备夺取益州后，为了打击巴蜀豪强势力，诸葛亮厉行法治，刑罚竣严，引起朝野人士的不满。刘备重臣、蜀郡太守法正用刘邦入咸阳"约法三章"为例劝诸葛亮缓刑驰禁，他说："昔高祖入关，约法三章，秦民知德。今君假借威力，跨据一州，初有其国，未垂惠抚；且客主之义，宜相降下，愿缓刑弛禁以慰其望。"在这种情况下，公元216年，诸葛亮写了有名的《答法正书》一文。他说："因为当今益州已历刘焉、刘璋两朝统治，他们只靠一些表面的文书、法令来维持天下，养成了相互吹捧的恶习，导致德政不施，威严不肃。因此益州豪强胡作非为，君臣之道日渐废替。这样用当官封爵的宽容办法来笼络他们，结果是官位给高了，他们反而不觉得可贵；恩惠给多了，他们反而不知好歹。如今，我严明赏罚，法令一行，他们就会知道好歹；不滥封官加爵，官位升了，他们就会感到来之不易而珍惜它。这样，赏罚并用，相辅相成，上下就有了秩序。"（《资治通鉴·卷第六十七·汉纪五十九》原文：自焉已来，有累世之累，文法羁縻，互相承奉，德政不举，威刑不肃。蜀土人士，专权自恣，君臣之道，渐以陵替。宠之以位，位极则贱；顺之以恩，恩竭则慢。所以致敝，实由于此。吾今威之以法，法行则知恩；限之以爵，爵加则知荣。荣恩并济，上下有节。）

我们从诸葛亮为后主刘禅推荐的书目也能看出他的道家法家思想。《三国志·蜀书·刘备传》注引《诸葛亮集》载刘备遗诏曰:"闻丞相为写《申》、《韩》、《管子》、《六韬》一通已毕,未送,道亡,可自更求闻达。"这些书分别是《申子》、《韩非子》、《管子》、《六韬》,其中两本属晋法家,两本属齐法家,无一儒家经典,足见三国时代中华原文明的记忆还留存在当时一些政治精英的脑海里。

唐太宗李世民(598~649),李渊次子。他推崇老子思想,上承《汉律》制定唐律,开创了"贞观之治"。

中国历史上还有两位有少数民族血统的法家人物,分别是唐朝的李世民和清朝的康熙大帝,他们没有深受儒家文化熏陶,创造了中国第二个和第三个黄金时代,柏杨先生称之为"小黄金时代"。

李世民的宗室几代都有少数民族血统,祖母独孤氏就是鲜卑人。627年,唐太宗在论功行赏时,坚持不论亲贵,"赏有功",将谋士房玄龄、杜如晦的功劳列为第一,并任为宰相。这引起了他的叔父淮安王李神通和骁将尉迟敬德的不满,李世民劝告李神通说,叔父虽在义旗初起之时,有首倡之功,但后来却在同窦建德和刘黑闼的两次作战中,一次全军覆没,一次望风逃窜。玄龄、如晦运筹帷幄,安定社稷,论功行赏,理当第一。你虽是我的叔父,是国家贵戚,但却决不能以私恩滥与功勋之臣同赏!李世民对少数民族采取一体化政策,对愿意归附的各级酋长,都拜为将军、中郎将,布列朝廷,五品以上的少数民族官员就有一百多人,几乎占到了朝臣的一半左右,相继迁入长安居住的少数民族就有近万家,极大地促进了中华民族的大融合。唐太宗曾说:"自古皆贵中华,贱夷狄,朕独爱之如一,故其种族皆依朕如父母。"

康熙(1654~1722),名玄烨,庙号清圣祖,8岁继承帝位,在位61年。由于他不懈的努力,清朝前期出现了"盛世"景象。康熙治国行安静之道,依法赏罚。康熙五十六年,他谕大学士等曰:"为君之道,要在安静,不必矜奇之异。亦不可徒为夸大之言。"他认为:"国家赏罚治理之柄,自上操之,是故转移人心,维持风仕。善者知劝,恶者知惩。所以代天宣教,时亮天工也。故爵曰天职,刑曰天罚。明乎赏罚之事,皆奉天而行,非操柄者所得私也。《韩非子》曰:赏有功罚有罪,而不失其当,乃能生功止过也。"(自《康熙政要·论君道》)

最后需要提及下面这些法家人物,他们是中华民族绵延不绝的力量:

王猛(325~375),字景略,十六国时期前秦丞相,以法家治世,史称其:"放黜尸素,显拔幽滞,劝课农桑,练习军旅,官必当才,刑必当罪。由是国富兵强,战无不克,秦国大治。"

苏绰(497~546),任西魏大行台度支尚书等职。史载他向宇文泰"指陈帝王之道,兼述申、韩之要",提出著名的"六条诏书"改革大纲。

王安石(1021~1086),北宋政治改革家,近人邓广铭指出:"王安石的富国强兵主张,乃是直接从先秦法家的治国安邦之术中学来的。"

李善长(1314~1390),明朝开国丞相,主持制定明一切法规和制度、礼节和仪制。史称其"少读书,有智计,习法家言,策事多中"。

张居正(1525~1582),在明神宗万历年间连续10年担任内阁首辅(宰相),挽救了明朝的统治危机。他整顿吏治,不用"清流",提出"尊主权,课吏职,信赏罚,一号令"和"强公室,杜私门"的为政方针。

……

2. "欧洲孔子"魁奈与"新加坡法家"李光耀

中华原文明的欧洲的影响

在漫长的中国中世纪，启蒙时代的西方人比中国人更清楚地看到了华夏文明的真面目。16世纪末，随着耶稣会士来华传教，从1685年到1789年，欧洲迅速形成了一股中国文化潮。

最初来华的西方人不仅读四书五经，显然也会读法家经典。比如李贽就曾说耶稣会士利玛窦（1582年来华）"凡我国书籍无不读"。从主流上讲，他们认识的只能是被儒家异化的中国文化，但残存的中华原文明基础形态仍令传教士们激动不已，比如消灭血缘贵族这方面。1696年耶稣会士勒孔特告诉欧洲人，中国贵族从来不是世袭的，就品质而言，人们之间没有任何差别，他们只要尽职尽责就能保全其官位。1735年，法国一部流传甚广的出版物描述说，在中国，"一位学者，尽管是农夫之子，也很有希望达到总督的高位，并且甚至还会成为国家的宰相。因为，作为孩子都是平等的。"

显然，十八世纪以前的的欧洲人是将反对世袭贵族专制的中国政治制度作为反对本土封建主义的武器；尽管当时西欧也有伏尔泰等人主张"全盘华化"，但许多有识之士都看到了儒家政治的腐朽性。彼时西方人对待中国文明的态度比今天许多中国知识分子对待西方文明的态度要理性得多。

比如德国思想家赫尔德（Johann Gottfried Herder，1744～1803）就清楚地看到政治、道德结合在一起的儒家礼教实际上是一副亮丽的枷锁。他说："它不仅套在了孔子头上，而且他怀着最美好的愿望，通过他的政治道德说教把这副枷锁永远地强加给了那些愚昧迷信的下层民众和中国的整个国家机构。在这副枷锁的束缚之下，中国人以及世界上受孔子思想教育的其他民族仿佛一直处在幼儿期，因为这种道德学说呆板机械，永远禁锢着人们的思想，使其不能自动地发展，使这个专制帝国中产生不出第二个孔子。"

魁奈与李光耀

我们要着重指出的是有"欧洲孔子"之称的重农主义创始人魁奈，这位使政治经济学成为一门科学的伟大人物与孔子相反,他发现了中华原文明,而不是埋没了它——魁奈是幸运的,他的时代是在清朝的康乾盛世之际,他的原始资料来源于欧洲和中国的天主教徒,而不是儒生。

魁奈(Francois Quesnay,1694~1774),法国古典政治经济学家,重农主义学派的创始人和领袖,长期行医。1744年获法学博士学位,1749年任路易十五的宫廷医师,著有《租地农场主论》、《经济表》、《中华帝国的专制制度》等。

魁奈重农主义学说的理论本体源于中国,确切地说导源于中华原文明的道家自然主义世界观。在《中华帝国的专制制度》一书中他明确指出,社会的基本规律是对人类最有利的自然规律:"作为整个国家管理工作的基础的基本物质法则,其含义被理解为显然是对人类最有利的自然秩序中一切物质现象的正常趋向。作为整个国家管理工作的基础的基本道德法则,其含义被理解为显然是对人类最有利的自然秩序中的一切道德行为的正常趋向。这些法则加在一起,形成所谓的自然法则……这些基本法则绝对不是人类创造的,但又是任何人类政权都必须服从的。"①

　　魁奈还注意到中国古典政治理论中人与人之间的全民监督的意义,他认为自由检举是政治稳定的重要条件,他写道:"在这个疆域辽阔的帝国内,长官的一切错误和一切营私舞弊的现象,经常在政府的通报中发布出来,以便使这个巨大国家的所有省份都能遵守法律,反对滥用政权,并且确保通过自由的检举来明察秋毫,而自由检举是建立一个可靠而稳固的统治的基本条件之一。"②

　　如果说推崇中国的魁奈敏锐地观察到了中华道/法原文明的一角,那么新加坡内阁资政李光耀则是被人误读为了"法家"。

　　2005年6月中国航油(新加坡)股份有限公司首席执行官陈久霖在新加坡被捕后,就有人为当地法制的严明喝彩,认为自李光耀时代起,新加坡就是典型的法家治国。这些人显然没有理解法家的真正意义,法家不是严刑峻法,不能因为新加坡有鞭刑就认为是法家治国。

　　新加坡在某些方面(如以刑去刑)的确和法家思想相似,但却并没有建立起一个道/法文明体系来,这一点我们从李光耀的成长史中很容易看出来。

　　李光耀1923年生于一个仰慕西方文明的家庭,本人并没有受过中国古典知识教育,直到32岁时他还不会说汉语,只会讲英语或者夹杂着福建话的马来语,他学汉语是在当上总理以后。上个世纪80年代李光耀曾积极推行所谓的"儒学运动",但在2001年瑞士达沃斯世界经济论坛上他又宣布放弃"亚洲价值",主张"英国殖民地价值,特别是经济透明和法制严明"。他说某些儒家价值已经差不多过时,如果遵循儒家传统的社会要紧随全球化的步伐前进,这种价值必须予以改进。那么这位当过国际儒学联合会名誉理事长的先生怎么会在有些人眼里摇身一变成为中国法家人物的呢?这应与李氏本人敏锐的洞察力有关。

　　李光耀早就发现西方法系并不适用于东方。1962年1月18日,在新加坡大学法律学会所做的演讲中,李光耀清楚地表达了不可照抄西方法律的思想,他说:"从19世纪一片祥和的英国背景凝炼出来的法律原则,与

---

① 魁奈,《中华帝国的专制制度》,商务印书馆,1992年8月,第111~112页。
② 魁奈,《中华帝国的专制制度》,商务印书馆,1992年8月,第137页。

实际应用在今天英国的,已经有段差距。同样的原则移植到社会、经济条件都远不如英国的马来亚,鸿沟更加扩大。我们必须设法在既有的社会与经济条件上,跨过理想与现实的鸿沟。如果不顺应我们自己的环境,修订条款,调整原则,只是一昧蛮干,盲目施行,不啻自取灭亡……法律原则谈的是人身保护权、自由、集会结社、表达意见、和平示威的权利。这些观念都始于法国大革命,后来在维多利亚时代的英国修订改进,但如今全世界都对这些权力设有限制,因为若不分青红皂白地实践理想,将会毁灭原有的社会。"

三年后,新加坡脱离马来西亚独立,历史为李光耀搭建了实践自己法治理念的大舞台!

李光耀"以刑去刑"观念直接来自二战时的日本统治,而不是来自中国法家。他回忆说,自己在日本统治下生活3年6个月,日本人使用残酷无情的高压统治,在物资匮乏、人民半饿不饱的情况下,仍然可夜不闭户,犯罪率奇低。这不是因为人们文明,而是因为大家都不敢犯罪。李光耀回忆说:"所以有人主张对待和惩罚罪犯应该从宽,认为刑罚减少不了犯罪,我从不相信这一套,这不符合我在战前、日治时期和战后的经验。"

除了法律方面,在政治上李光耀认识到,自由民主不适用于东方文明,中央权威、政令畅通才是国家成功治理的体现。历史证明,上个世纪几乎所有经历快速经济成长的国家都是由权威政治的政府实现的——李光耀领导的人民行动党长期执政并没有造成"绝对腐败",今天新加坡政府广泛而廉洁的公共权力已经成为建设国家的利器!

参考阅读

遂公盨与大禹治水

2002年春,保利艺术博物馆专家在海外文物市场上偶然发现了遂公盨(音:xǔ),当时盖已失。这件2900年前铸的青铜器将有关大禹治水的文献记载一下子提早了六七百年。

铭文在盨的内底。全文如下:

天命禹敷土,随山濬川,迺差地设征,降民监德,迺自作配乡(享)

民,成父母。生我王作臣,厥沫贵)唯德,民好明德,寡顾在天下。用厥邵绍好,益求懿德,康亡不懋。孝友,訏明经齐,好祀无(废)。心好德,婚媾亦唯协。天厘用考,神复用襖禄,永御于宁。遂公曰:民唯克用兹德,亡诲(侮)。

据夏商周断代工程专家组组长兼首席科学家、中国社会科学院历史研究所原所长李学勤教授考证,这件是西周中期"遂国"国君所做的青铜礼器。遂国在今山东宁阳西北,传为虞舜之后,春秋鲁庄公十三年(公元前681年)被齐所灭。

铭文"天命禹敷土,随山浚川,迺差地设征",可以对照《尚书·禹贡》中:"禹敷土,随山刊木,奠高山大川。"这些文字还可参看《尚书·益稷》:"禹曰:洪水滔天,浩浩怀山襄陵,下民昏垫。予乘四载,随山刊木。……予决九川,距四海。浚畎浍,距川。""还有《诗·长发》"洪水芒芒,禹敷下土方"所用词语,都互相类似;"差地设征","征"即贡赋,同于《尚书序》中的"任土作贡"。显然铭文关于禹的记述与《诗》、《书》是一致的。

中国社科院考古研究所研究员邵望平根据大量考古资料证实,《尚书·禹贡》有关九州的记载是"周汉寒冷期"到来之前,即公元前2000

年间中华人文地理的实录。其中的贡赋体系远非凭空杜撰（邵望平，《禹贡"九州"的考古学研究》，见苏秉琦主编《考古学文化论集》（二），文物出版社1989年版）——中华文明流源远矣！

第六章　微微龙脉

第三部分
中华文明的复兴

  如果中华文明复兴仅仅是为了证明西方文明的一切中国"古已有之",那么就不如全盘西化,因为大量西方文明成果毕竟经过了历史的检验。

  中华文明复兴的历史意义在于:中国古典哲学、政治经济理论解决了西方文明政治经济学框架无法克服的现实困难。

第三部分

中华文明的曙光

第七章 中国古典哲学基础

今天中国哲学已经成了中国"哲学家学",人们会将某个哲学家的观点熟记于心,却再也看不到中国哲学的森林,更别说用哲学解决现实问题了。

笔者研究中国古典政治经济理论时,发现里面蕴含着一种最为核心的东西——中国哲学,就是中国人的世界观以及观察思考这个世界的方式;《易经》中说"天下一致而百虑,同归而殊途",那么中国哲学最终归于何处呢?

知道中国原生哲学只有在中医中还被应用,笔者于是就硬着头皮去啃中医,医道是肯定学不成的,不过参照《黄帝四经》首篇《道法》,终于总结出了中国本土哲学的三个基本范畴:道法、名实、阴阳。论述如下。

1. 还我中国哲学

神州何处觅哲学

这里我们不得不首先讨论的问题是:中国到底有没有哲学?

2001年9月,法国著名哲学家雅克·德里达(J. Derrida)来中国讲学时就告诉中国人:"中国没有哲学,只有思想。"因为按照西方学术标准,中国的确没有哲学。

伯特兰·罗素在《西方哲学史·绪论》中解释西方广义上的哲学要概念时说:"哲学,就我对这个词的理解来说,乃是某种介乎神学与科学之间的东西。它和神学一样,包含着人类对于那些迄今仍为确切的知识所不能肯定的事物的思考;但是它又象科学一样是诉之于人类的理性而不是诉之于权威的,不管是传统的权威还是启示的权威。一切确切的知识——我是这样主张的——都属于科学;一切涉及超乎确切知识之外的教条都属于神学。但是介乎神学与科学之间还有一片受到双方攻击的无人之域;这片无人之域就是哲学……哪怕宇宙是坚定不移地趋向于死亡,它也还是值得加以追求的吗?究竟有没有智慧这样一种东西,还是看来仿佛是智慧的东西,仅仅是极精炼的愚蠢呢?对于这些问题,在实验室里是找不到答案的。各派神学都曾宣称能够做出极其确切的答案,但正是他们的这种确切性才使近代人满腹狐疑地去观察他们。对于这些问题的研究——如果不是对于它们的解答的话——就是哲学的业务了。"

中国原文明中既缺乏虔诚宗教因素又缺乏实验科学因素,更谈不上界定哲学了。

东方最早用"哲学"概念的是日本人。1874年,日本学者西周首次使用"哲学"一语翻译英文的"Philosophy"。但直到三十多年后,中国人才用哲学一词指称自己的传统思想,始作俑者是两位留美的先生。1919年,胡适将自己在哥伦比亚大学用英文写成的《先秦名学史》(A Study of the Development of Logical Method in Ancient China)扩充,以《中国哲学史大纲》为题出版。这本书表面上看来不过是以西方人易理解的方式向英语世界介绍中国某些思想家的通俗读本,没想到,该书会开一代风气,1934年同样留美的冯友兰的《中国哲学史》出版——涂着西方脸谱的中国哲学如幽灵一样从中华文明的沉沉雾霭中走了出来。

东西方文明血缘不同,比如西方哲学知识论在强调区别主观和客观时才有完整的意义,而中国认识世界的方式是主客互系的。中国没有"西式哲学",怎么办?胡适和冯友兰用了同样的方法,一是将哲学这个概念的外延大幅度扩展,二是拿着大剪刀将诸子思想裁剪,凡是能放进西方哲学筐子的,一并放入。

胡适说:"凡研究人生切要的问题,从根本上着想,要寻一个根本的解决,这种学问叫哲学。"① 冯友兰在《中国哲学简史》中则提出:"我所说的哲学,就是对于人生的有系统的反思的思想。"②

对于裁剪中国诸子思想这方面,二人并没有隐晦。胡适在《中国哲学史大纲》上就公开说:"我做这部哲学史的最大奢望,在于把各家的哲学

---

① 胡适:《中国哲学大纲》,上海古籍出版社,1998年版,第1页。
② 冯友兰:《中国哲学简史》,北京大学出版社,1996年版,第1页。

融会贯通，要使他们各成有头绪条理的学说。我所用的比较参证材料，便是西洋的哲学。"冯友兰在《中国哲学史》也明确指出"哲学本一西洋名词。今欲讲中国哲学史，主要工作之一，即就中国历史上各种学问中，将其可以西洋所谓哲学名之者，选出而叙述之。"

从所谓的"中国哲学"这一概念诞生那天开始，她就遇到了生存危机，因为其内涵根本就是经不住理性地考察。1918年，傅斯年给蔡元培写信反对哲学算是文科，理由是中国哲学根本不算是哲学。十年以后，他直接称古代中国"本没有所谓哲学"，只有"方术"。

如果非要用西方哲学范式解读中国人思想，为什么不能用中国人的思维范式解读西方哲学，而非要西学指导中学，冯友兰《中国哲学史》中的回答显然难以服人，难到西方自然科学发达哲学也必定同样发达，他说："吾人本亦可以中国所谓义理之学为主体，而作中国义理之学史。并可就西洋历史上各种学问中，将其可以义理之学名之者，选出而叙述之。以成就一西洋义理之学史。就原则上言，此本无不可之处。不过就事实言，则近代学问，起于西洋，科学其尤著者。指中国或西洋历史上各种学问之某部分，而谓为义理之学，则其在近代学问中之地位，与其与各种近代学问之关系，未易知也。若指而谓哲学，则无此困难。此所以近来只有中国哲学史之作，而无西洋义理之学史之作也。"①

还是金岳霖在《冯友兰〈中国哲学史〉审查报告》中说得清楚："以欧洲的哲学问题为普遍的哲学问题当然有武断的地方，但是这种趋势不容易中止。"为什么不易中止，金先生没有明言。一言以蔽之，甲午战败后，中国知识分子的文明自信心被彻底摧毁，他们的目光只有一个方向：西方！

到今天，中华文明西化一百多年后，中国哲学危机已经达到"合法性"的层面。如果中国哲学史和中国哲学的研究不能返本开新，而是离中国的人灵魂越来越远，那么中国哲学发展的西化模式显然失败了——中国哲学就需要重整河山！

2000年12月，在广州中山大学主办的"现代性与传统学术"国际学术讨论会上，深圳大学文学院教授景海峰先生指出："'中国哲学'在现代

---

① 冯友兰：《中国哲学史》上册，北京中华书局，1981年，第8页。

学术形态中所对应和临摹的,显然是这样一种经过学科化、专业化之后的'哲学',它的目标就是要建构成有清晰界定的现代性的知识体系。但这样的'中国哲学'显然不是中国传统学术中所固有的,而是现代知识形态建构中的一种想象的推及,只能是戴着中国面具的西方式哲学。中国古代哲人对人生、宇宙的思考,有自己独特的方式,所提出的问题和西方哲学也不尽相同,有些是根本无法类比的。如果硬要设定有所谓'普遍哲学'的形式,那么中国哲人的许多思想就无法纳入其中。这种实际状态的含混性,就使得'中国哲学史'的边界极其模糊。假如推论到极端,要么说中国没有哲学(那是用了西方哲学形态中某些极为严苛的标准来衡量的),要么中国哲学就变成一只无所不装的筐(那是把所有可称之为思想的东西都视为哲学的缘故)。冯友兰三十年代所建构的'中国哲学史'范式,显然是较为接近西方哲学标准的,这固然便利了专业化的学科建制的需要,但同时也远离了中国哲学的精神。"

在"哲学"已经成为中国本土学术语言的今天,我们没有必要抛弃"哲学"这一概念,但必须重新界定中国哲学概念,并站从中国哲学内部重构其基础框架,而不再用西方哲学的学术规范和话语去诠释中国哲学。

从中国哲学内部重构其基础架构

在探索中国本土哲学的进程中,我们必须提及吕嘉戈先生。吕嘉戈先生出身于中医世家,是新中国中医事业的奠基人、前卫生部中医局局长吕炳奎的公子。在长期的中医实践中领悟到了中国哲学的精华,2003年3月中国文联出版社出版了他的《中国哲学方法——整体观方法论与形象整体思维》一书。

吕嘉戈也看到了胡适、冯友兰"西化"研究方法对中华哲学的破坏作用,他说:"自公元1919年胡适的《中国哲学史大纲》第一次以西方哲学方法来论述中国哲学方法时,将把握'道'的方法给抹煞了,代之以古代学者人人成了哲学家,80多年过去了,中国哲学界没有改变以胡适的这套以西方哲学方法研究中国哲学方法的西化思路。虽然哲学界中有一些学者在呼唤中国哲学,但不是哲学方法,可是至今非但无人能很清楚明白地讲清和应用这套方法,并提纲携领地将它们呼唤出来,反而却越发加大了'肢解'的范围,将本是在中国哲学方法指导下创立的各个学说,却分别冠以某某哲学。这样，对哲学均以不同学科不同人名命名，造成了相当严重的混乱局面，使后学者无以是从，它对国人的误导是致命的，对中国文化的肢解和破坏也是不可低估的。"(《中国哲学方法·绪论》)

为了浓缩中医还在实践的思维方式，吕嘉戈先生区分的"哲学"和"哲学方法"，认为胡适之后的中国哲学界只讲了"哲学"而没有讲"哲学方法"。他写道："哲学方法与哲学是两个不同的概念，哲学方法是研究人类文明以及认识是如何得来的或如何被创立的学问。在人类脱离动物有了抽象思维能力后，对自然以及人类社会均有了自身的认识，在人类文明及文化、科技的发生、发展过程中，以及人类抽象思维能力发展提高的过程中，始终都离不开哲学方法的指导，否则，任何学科的理论以及科技上的发明与发现都是无法获得成功的；哲学则是研究人类思维的学问。与哲学方法相比，哲学所研究的人类思维的内涵，是在哲学方法指导的前提下进行的，故哲学方法与哲学二者，应是哲学方法在先，哲学在后。"(《中国哲学方法·绪论》)

按吕先生的理解，中国哲学方法是以整体观方法论与形象整体思维为基础的。整体观方法论就是让人们从宏观的位置上去观察事物、认识事物，古人用"道"这个概念说明；形象整体思维就是实现整体观方法论的思维方式，此处的"形象"是指形象化方法。形象整体思维的思维过程主要有三个内涵：包括取象比类方法（对万物的认识要取其时空变化，察明其阴阳五行属性）、形象化方法（将具体事物形象化为形而上的形象，不仅不像单纯抽象那样生硬冰冷而无生气，反而使论述变得生动活泼，朝气勃勃，成为人们愿意接受的形式，如将廿八宿分为四象）、尚中合和原则（在把握了事物的宏观后，其次还要把握事物的中或核心及规律。只有这样才能不偏不倚地对宏观的表述上更进一步达到清晰完美，自然而然地避免走向极端化）。

可以肯定，如果吕嘉戈先生不是一位出色中医，他不可能对中国哲学探索得如此深入，因为公元前五世纪至公元前一世纪中国"大黄金时代"成熟的中国古典哲学形态只有在中医中完整保存。最近吕先生告诉笔者，他的《中国哲学方法——整体观方法论与形象整体思维》即将再版，甚慰！

笔者认为，吕嘉戈先生提炼出"哲学方法"是重要的一步，"哲学方法"这一层次才是中国古典哲学的核心，但他和胡适所说的"哲学"包括太多的政治、经济学，甚至是实用技艺内容，比如说《管子》中讲到了许多哲学理念，但这本书主要讲的不是哲学，而政治经济理论；《黄帝内经》中也有许多哲学内容，但它大体都是讲医学的；另外吕嘉戈先生认为阴阳五行是整体观方法论与形象整体思维所把握的地球上最大的宏观，认识阴阳五行是理解和掌握中国哲学方法的关键所在，这值得商榷。

大家知道，五行学说中医在人体这个复杂巨系统中的应用相当成功，但引入政治学上的努力就不太成功。战国时邹衍用"五德终始"论证新政权取代旧政权或改朝换代的合理性，实为荒诞。《管子·五行》用五行安排时节、应时治事，相比传统"月令"体系，根本谈不上什么创意。到西汉董仲舒，已经把五行理论神学化，儒家逐步以天人感应的巫术精神主导了国人的政治神经，遗害千载。

所以，我们应对中国本土知识结构中哲学及其他内容进行更精确划分，同时使之具有更为普遍的意义。与西方神学、哲学、科学这种三层知识结构不同，中国只有哲学和其他知识两个层次。笔者将中国古典哲学定义为中国人思想世界的方式和方法，她是中国本土知识结构中实用技艺、政治经济制度的上层建筑，是这些实用技艺和政治经济制度的理论指导。

2. 中国古典哲学三个核心范畴

中国古典哲学是一套一以贯之的完整思想体系，除了《黄帝四经·道法》对道法、名实、阴阳三个范畴进行了阐述外，老子《道德经》道经开篇也是论述这几个范畴的：

"道可道，非常道；名可名，非常名。无，名天地之始，有，名万物之母。故常'无'，欲以观其妙；常'有'，欲以观其徼。此两者，同出而异名，同谓之玄。玄之又玄，众妙之门。（《道德经·第一章》译文：可以用语言说出来的"道"，它就不是永恒的"道"；可以用言词说出来，不是永恒的"名"，"无"是天地的本始，"有"是万物的根。从"无"中去观察"道"的奥妙，从"有"中去认识"道"的端倪。"无"和"有"这两者，来源相同而具有不同的名称。它们都可以说是很幽深的；极远极深，是一切变化的总门。）

老子，生活于公元前六世纪，姓李，名耳，字聃，楚国苦县历乡人。著《老子》一书

《道德经》行文过于简约，不利于对其思想内涵的深入阐述。而《黄帝四经·道法》篇就没有这个问题，它的论证十分详尽，我们再用其他诸子思想和现实事例说明，就很容易理解中国古典哲学的实质。

A. 道法

由于过去两千年来儒家思想强烈的泛伦理化趋势，许多人误以为道德是中国哲学的核心思想。1973年中华文明成熟期的经典《黄帝四经》出土后，学者们才注意到道法思想的重要意义。在中国古典哲学中，道和法是一个硬币的两面，国家的法律政令为自然天道所派生，自然之道也通过法律政令的形式在现实生活中得到体现，人人都应履道守法。谷斌、张慧姝、郑开在注《黄帝四经·道法》"道生法"一语时说："这是道家黄老学派的重要命题之一。意谓治理国家的法律、政令均为道所派生。黄老学派的一个重要理论特征是以天道推演人事，以形而上学为治国之术确立理论依据。由于法律、政令均由道所派生，从而道的属性与运行规律决定了法律、政令的属性及其所应遵从的规律。所以，正如我们将在下文中所看到的，黄老学派非常强调法律、政令的公、正、明等属性，并且要求法律、政令合于天时。"①

在中国古典哲学体系中，道是王、道生法。《黄帝四经·道法》指出："作为宇宙本原的道产生了各项法度，法就像绳墨辨明曲直一样决定着事物的成败得失。因此既然制定了各项法度就不可违犯，法度一旦设立便不可废弛。所以说如果能够以绳墨法度自正，然后就可以识天下万物之理而不会迷惑。"（原文：道生法。法者，引得失以绳，而明曲直者也。囗执道者，生法而弗敢犯也。法立而弗敢废也。囗能自引以绳，然后见知天下，而不惑矣。）

《黄帝四经》重新问世以前，中国学者普遍认为黄老学派著作已经尽失，黄老的哲学等同于老庄，不入世事无为而治。《黄帝四经》出土后，另一本自唐代柳宗元就普遍认为是伪书、还没有散失的黄老经典引起世人的广泛关注，这就是《鹖冠子》。因为《黄帝四经》中有不少与《鹖冠子》相同或相似的语句，《鹖冠子汇校集注》的作者黄怀信通过对《鹖冠子》的作者、版本、卷数作了仔细考察后，认为"今本《鹖冠子》文字的最终撰作年代，当在公元前236至228年之间，可见其确是一部先秦文献"。

在《鹖冠子》中，鹖冠子在回答庞子"为何道与神明不相分离"这一问题时说："贤生圣，圣生道，道生法，法生神，神生明。神明者正之末也，末受之本，是故相保。"最早给《鹖冠子》作注的宋朝陆佃解释说：圣人明道、垂范而用之，故道生法，如法而治，以法治国，有神妙之功，故曰法生神；这里，本为道，末为神明，有本而有末，故曰末受之本。本末不相失，故曰不相分离（相保）。

《管子·心术上第三十六》总统了道、德、义、礼、法之间的关系。上面说："虚无无形叫作道，化育万物叫作德，摆正君臣父子这类人间的

---

① 谷斌、张慧姝、郑开，《黄帝四经注译　道德经注译》，中国社会科学出版社，2004年9月，第11页。

关系叫作义，尊卑揖让、贵贱有别以及亲疏之间的体统叫作礼，繁简、大小的事务都用道划一，并用杀戮禁诛加以保证叫作法。"（原文：虚无无形谓之道，化育万物谓之德，君臣父子人间之事谓之义，登降揖让、贵贱有等、亲疏之体谓之礼，简物、小大一道，杀僇禁诛谓之法。）

在同一章中，《管子》的作者进一步指出了道与法之间的关系："法，是用来划一不齐的社会行动而不得不实行的，所以要运用杀戮禁诛来划一。事事都要用法来督察，法要根据权衡得失来制定，而权衡得失则是以道为根据的。"（原文：法者所以同出，不得不然者也，故杀僇禁诛以一之也。故事督乎法，法出乎权，权出于道。）

与西方文明不同，中华文明没有儒化时期的法制社会，没有强大宗教力量的影响，中国先民的世界观来自对宇宙万物自然法则的认知。在中国古典哲学中，这种认知是通过对事物的深入了解领悟到的。《管子·心术上第三十六》中说："道，离人不远而难以探其穷尽，与人共处而难以掌握。使欲念空虚，神道就将来到心里；欲念扫除不净，神道就不肯留处。人人都想得到智慧，但不知道怎样才能获得智慧。智慧呵，智慧呵，应把它投之海外而不可空自强求。追求智慧不如保持心的空虚。圣人就是无所追求的，所以能够做到'虚'。"（原文：道，不远而难极也，与人并处而难得也。虚其欲，神将入舍；扫除不洁，神乃留处。人皆欲智而莫索其所以智。智乎，智乎，投之海外无自夺，求之者不得处之者。夫正人无求之也，故能虚。）

君主的虚静无为之道只有通过法才能实现，没有法，无为之道就成了无源之水，无本之木。政治学著作《韩非子·主道第五》对无为之道与有为之法的论述十分丰满。上面说：

"道是万物的本原，是非的准则。因此英明的君主把握本原来了解万物的起源，研究法则了解成败的起因。所以虚无冷静地对待一切，让名称自然命定，让事情自然确定。虚无了，才知道实在的真相；冷静了，才知道行动的准则。进言者自会形成主张，办事者自会形成效果，效果和主张验证相合，君主就无所事事，而使事物呈现出真相……君主的原则，以静退为贵。不亲自操持事务而知道臣下办事的拙和巧，不亲自考虑事情而知道臣下谋事的福和祸。因此君主不多说话而臣下就要很好地谋事，不作规定而臣下就要很好地办事。臣下已经提出主张，君主就拿来作为凭证；臣下已经作出事情，君主就拿来作为凭证。拿了凭证进行验核，才是赏罚产生的根据。所以群臣陈述他们的主张，君主根据他们的主张授予他们职事，依照职事责求他们的功效。功效符合职事，职事符合主张，就赏；功效不符合职事，职事不符合主张，就罚。明君的原则，要求臣下不能说话不算数。因此明君行赏，像及时雨那么温润，百姓都能受到他的恩惠；君主行罚，像雷霆那么可怕，就是神圣也不能解脱。所以明君不随便赏赐，不赦免惩罚。赏赐随便了，功臣就懈怠他的事业；惩罚赦免了，奸臣就容易干坏事。因此确实有功，即使疏远卑贱的人也一定赏赐；确实有罪，即使亲近喜爱的人也一定惩罚。疏贱必赏，近爱必罚，那么疏远卑贱的人就不会懈怠，而亲近喜爱的人就不会骄横了。"（原文：道者，万物之始，是非之纪也。是以明君守始以知万物之源，治纪以知善败之端。故虚静以待，令名自命也，令事自定也。虚则知实之情，静则知动者正。有言者自为名，有事者自为形，形名参同，君乃无事焉，归之其情……人主之道，静退以为宝。不自操事而知拙与巧，不自计虑而知福与咎。是以不言而善应，不约而善增。言已应，则执其契；事已增，则操其符。符契之所合，赏罚之所生也。故群臣陈其言，君以其主授其事，事以责其功。功当其事，事当其言，则赏；功不当其事，事不当其言，则诛。明君之道，臣不得陈言而不当。是故明君之行赏也，暖乎如时雨，百姓利其泽；其行罚也，畏乎如雷霆，神圣不能解也。故明君无偷赏，无赦罚。赏偷，则功臣堕其业；赦罚，则奸臣易为非。是故诚有功，则虽疏贱必赏；诚有过，则虽近爱必诛。疏贱必赏，近爱必诛，则疏贱者不怠，而近爱者不骄也。）

　　由道及法，以天道推演人事，以自然原则作为政治经济活动的的基础，一个显著的例子是中华文明独特的月令体系。东汉后期著名学者蔡邕曾撰《月令篇名》一文对月令加以考述。蔡邕首先考证了《月令》篇名的由来以及《月令》在执政者心目中的重要地位："因天时，制人事，天子发号施令，祀神受职，每月异礼，故谓之《月令》。所以顺阴阳，奉四时，效气物，行王政也。成法具备，各从时月，藏之明堂，所以示承祖考神明，明不敢泄渎之义。"

　　月令最早将将环境因素纳入人类经济活动，在环境问题已经威胁到人类生存的今天，这一体系值得我们关注。经济活动必须符合自然原则，必须实现法制化，这是绵延不绝的中华文明几千年积累的生存经验。

《大戴礼记》里有《夏小正》篇，内容是按一年十二个月，分别记载每月的物候、气象、星象和有关重大政事，特别是生产方面的大事，似乎月令这类文字在夏代已经有了。

从甲骨文卜辞中，我们了解到商人捕鱼多在九至十二月进行，特别是十到十二月多，说明当时人们可能已经按照自然生产的周期进行生产，顺时取物。①

上个世纪末大量秦汉律出土后，我们得以看到月令体系的法律文本。1990年10月至1992年12月，甘肃省文物考古研究所在对敦煌悬泉置遗址进行清理发掘时，发现了墨书写在泥墙上的《使者和中所督察诏书四时月令五十条》，该诏公元5年五月开始颁行，八月发至敦煌。共50条，其中对野生动植物禁伐或禁捕的时间很长，品种甚多，如规定1~9月禁止伐木，1~6月禁空巢，1~10月禁杀幼虫，1~9月禁取卵，2~12月禁取四寸以下鱼，2~4月禁焚山林等等，既遵循了动植物生长规律，又与农民的生产生活相配合。

西方经济学将自然与人放在对立的位置，征服与被征服的角度，相对于道法原则指导下的月令法制体系显然是落后的。我们在学习西方社会经济制度的时候，有必要注意到西方文明固有的弱点。

B. 名实

中国古典哲学中名实概念如此重要，以至先秦诸子几乎家家都将它作为探讨的主要题目。现代国人对这个概念遗忘得是如此彻底，当他们满怀希望的引进西方的诸多概念条文的时候，对于后面的"实"则不甚了了。那些西化概念在中国变了形，立刻有学者用儒家泛伦理的逻辑将之归结为道德问题，然后就是灵魂改造之类的玄虚了——其中不乏对国人素质的历史性抱怨。

中国古典哲学中名实的本质是一种责任体系，如果不了解这一点，就不能理解先秦学者为什么对它如此重视，不厌其烦地讨论这一主题。谷斌、张慧姝、郑开在注《黄帝四经·道法》"刑（形）名"时说："有关形名（名实）关系问题的讨论，在先秦哲学中占有十分重要的地位。在形

---

① 赵诚，《二十世纪甲骨文研究述要》，书海出版社，2006年2月，第1186页。

名（名实）关系的论题之下，各家不仅讨论了事物的名称与事物的对应关系，而且还进一步讨论了人的名分、地位与社会等级制度之间的关系。因此，形名（名实）之名，不仅指事物的名称，还包括有人所拥有的名分、地位之义；形也不仅指事物的形体，还包括等级制度以及由之规定的人应有的名分、地位之义。因此，名不正、名实不符，不仅指事物的名称与事物不相符合，还包含有人所拥有的名分、地位与既有的社会等级制度的规定不相符合之义"。①

秦国制作的标准化三棱形箭头；秦国通过"物勒工名"制度，建立了完善的工业信托责任管理体系。

上面的解释注意到了"名"包括社会横向的和纵向的分层，也注意到了"实"所包含的权利，但忽视了"实"后面的责任、义务，《黄帝四经·道法》强调依法监督信托责任的执行。上面说：

"凡人举事必有言说，有言说即有患害，具体表现在言无征而爽信或口出大言不知尊敬他人，或者明明做不到的事却称能做到，或言过其实浮夸，或力所不及却扬言力量大有余。宇宙万物万事都生于道，其死生成败都是由道决定的。祸福同出一门，人们却不知道它们产生的原因。要想明白死生、成败、祸福的道理，只有依靠道了。依靠道，就能把握所出现的细微事物的形和名，形和名的观念一旦确立，那么是非黑白的分界也是随之确定了。所以懂得大道的人示范天下的便是变通而不固执，功成而不依

---

① 谷斌、张慧姝、郑开，《黄帝四经注译 道德经注译》，中国社会科学出版社，2004年9月，第11页。

赖它,顺时而动不妄为,处事公正不以私意。因此天下之事便可以在形名确立、名实相符的情况下自然而然地得到治理。各项法令制度都已确立,官职都已建置,那么天下万物就无所逃匿隐迹了。心胸广阔,能包容一切的人是精明的,最为精明的人总能建立功业。遵循正道的人总能达到因时而静的最高境界(至静),至静的人就是圣人。大公无私的人总是睿智的,至智的人可以成为天下所取法的榜样。如果用法度来审定是非,并且参照自然、社会的必然规律,那么天下之事都可以得到有效的证验了。事物繁多,多得如同仓中的粟米,然而法律制度一一设置具备了,那么再隐秘微妙的东西也无法逃脱。所以说法度已经具备了,所有事都可以得到有效的监督和治理。"(原文:事必有言,言有害,曰不信,曰不知畏人,曰自诬,曰虚夸,以不足为有余。故同出冥冥,或以死,或以生;或以败,或以成。祸福同道,莫知其所从生。见知之道,唯虚无有。虚无有,秋稿[毫]成之,必有形名。形名立,则黑白之分已。故执道者之观於天下也,无执也,无处也,无为也,无私也。是故天下有事,无不自为刑[形]名声号矣。刑[形]名已立,声号已建,则无所逃迹匿正矣。公者明,至明者有功。至正者静,至静者圣。无私者知[智],至知[智]者为天下稽。称以权衡,参以天当。天下有事,必有巧验。事如直木,多如仓粟,斗石已具,尺寸已陈,则无所逃其神。度量已具,则治而制之矣。)

《黄帝四经·名理》中还有:"考察天下事物,必须审查其名称。如果名实相符,再依据名称究察事理,是者为福,非者为灾。是非之分,须依照法令来裁断。以虚静之心审查事物,使依法所作的裁断符合事理。"(原文:天下有事,必审其名。名□□循名厩[究]理之所之,是必为福,非必为[灾],是非有分,以法断之。虚静谨听,以法为符。)

名家代表人物公孙龙对名实探究深入,专门写了一篇《名实论》。他在谈到何为正名时说:"天地及由其所产生的一切皆是物。物以其物质存在本身为限而不超出物的本体,这便是实。实以其实质充满于物的实在而不显出空缺,这便是位。实一旦离开它本应处在的位,便不在其位。处在本应属于的位,就叫作正。应当用正来矫正不正的位,而不是以不正的位使之固定化。所谓正位便是矫正实;矫正了实,名也就正了。"(《公孙龙子·名实论》原文:天地与其所产焉,物也。物以物其所物而不过焉,实也。实以实其所实而不旷焉,位也。出其所位,非位,位其所位焉,正也。以其所正,正其所不正;以其所不正,疑其所正。其正者,正其所实也;正其所实者,正其名也。)

公孙龙还认为名实是治国的基础。他说:"古代英明的帝王无不关切名实治国的头等大事!必须详尽考察名实关系,慎重而准确地给事物命名。古代英明的帝王无不关切名实治国的头等大事!"(原文:至矣哉,古之明王。审其名实,慎其所谓。至矣哉,古之明王。)

事实上,中国古典政治经济思想家们总是将名实与法律责任紧紧联系一起,我们的先哲干脆用"刑名"指称法律,连主张礼治的孔子也没有忽略这一点。《论语·子路第十三》:

"子路(对孔子)说:'卫国国君要您去治理国家,您打算先从哪些事情做起呢?'孔子说:'首先必须正名分。'子路说:'要这样做是吗?您想得太不合时宜了。这名怎么正呢?'孔子说:'仲由,你真粗野啊。君子对于他所不知道的事情,总是采取存疑的态度。名分不正,说起话来就不顺当合理,说话不顺当合理,事情就办不成。事情办不成,礼乐也就不能兴盛。礼乐不能兴盛,刑罚的执行就不会得当。刑罚不得当,百姓就不知怎办好。所以,君子一定要定下一个名分,必须能够说得明白,说出来一定能够行得通。"(原文:子路曰:"卫君待子为政,子将奚先?"子曰:"必也正名乎!"子路曰:"有是哉,子之迂也!奚其正?"子曰:"野哉,由也!君子于其所不知,盖阙如也。名不正则言不顺,言不顺则事不成,事不成则礼乐不兴,礼乐不兴则刑罚不中,刑罚不中,则民无所措手足。故君子名之必可言也,言之必可行也。")

老子《道德经》也强调社会组织秩序(名)与社会和谐间关系(知止)。《道德经·第三十二章》:"道"永远是处于无名而质朴的状态。它虽然幽微不可见,天下却没有人能支配它。侯王如果能保有它,万物将会自动地服从。天地之间(阴阳之气)相合,就降下甘露,人民没有令它均匀,它却自然均匀。万物兴作,就产生了各种名称,各种名称已经产生,就要知道适可而止;知道适可而止,就可以避免危险。(原文:道常无名、朴。虽小,天下莫能臣。侯王若能守之,万物将自宾。天地相合,以降甘露,民莫之令而自均。始制有名,名亦既有,夫亦将知止,知止可以不殆。)

道家是法家的哲学基础,在儒学没有独尊以前,这种道/法结构是中华原文明的核心组分。法家经典《韩非子·二柄》中深入论述了以事责功、赏罚分明的政治学意义:"君主要想禁止奸邪,就要去审核形名。形名是指言论和职事。做臣下的发表一定的言论,君主根据他的言论授予相应的职事,专就他的职事责求他的功效。功效符合职事,职事符合言论,就赏;功效不符合职事,职事不符合言论,就罚。所以群臣言大功小的要罚;这不是要罚小功,而是要罚功效不符合言论。群臣言小功大的也要罚;这不是对大功不喜欢。而是认为功效不符合言论的危害超过了所建大功,所以要罚。"(原文:人主将欲禁奸,则审合刑名者,言异事也。为人臣者陈而言,君以其言授之事,专以其事责其功。功当其事,事当其言,则赏;功不当其事,事不当其言,则罚。故群臣其言大而功小者则罚,非罚小功也,罚功不当名也;群臣其言小而功大者亦罚,非不说于大功也,以为不当名也害甚于有大功,故罚。)

接下来韩非子讲了韩昭侯依法治国的一个小故事:从前韩昭侯喝醉酒睡着了,掌帽官见他冷,就给他身上盖了衣服。韩昭侯睡醒后很高兴,问近侍说:"盖衣服的是谁?"近侍回答说:"掌帽官。"昭侯便同时处罚了掌衣官和掌帽官。韩非子解释说,韩昭侯处罚掌衣官,是因为掌衣官失职;他处罚掌帽官,是因为掌帽官越权。

商鞅认为以法定名分是实现社会治理的前提条件。《商君书·定分第二十六》:"圣人一定给法令设置法官,设置法官做天下人的老师,就是为了定名分。名分确定了,奸诈之人可以变得正直诚实,人民都谨慎忠诚,而且都能自治。所以确定名分是势所必治的办法,不确定名分是势所必乱的办法。势所必治就不会乱;势所必乱就不会治。势所必乱再加治理,就会更乱;势所必治再加治理,才会更治。圣王在势所必治的情况下来治国,不是在势所必乱的情况下来治国。"(原文:故圣人必为法令置官也置吏也,为天下师,所以定名分也,名分定,则大诈贞信,巨盗愿悫,而各自治也。故夫名分定,势治之道也;名分不定,势乱之道也。故势治者不可乱,势乱者不可治。夫势乱而治之,愈乱;势治而治之,则治。故圣王治治,不治乱。)

商鞅的老师尸佼著有《尸子》一书,同样强调审核名实,权责分明的的重要性,如果权责不明,就会产生"大锅饭"现象。《尸子·发蒙》上说:"名分,是由贤明的君主来审定明确的,善于驾驭的造父之所以与马匹纠葛少,是因为他操纵了缰绳,所以马匹能百依百顺;贤明的君主所以与大臣们纠葛少,是因为他们确定了名分,所以群臣没有一人敢不竭尽全力去做事。天下所以能够得到治理,是因为职分有别造成的;是非所以能够辨别,是因为名称确定造成的。名称超过了实际情况,那是一种过错;名称达不到实际情况,那谅就是欺骗。因此,实情完全展示而不伪装虚饰,本质朴素自然而无虚伪不实。故此,有修养的明君不会轻易听信别人的话,一切都是名分所能确定的……指使众人按诏令一起劳作,大家都慢慢腾腾的,要是在分得的田地上劳作,就快得很,这是什么道理呢?是因为后者有过错是无可逃避的。职责也是'土地',不可不分呀。君王与臣子如共有一块'土地',那么为臣者有过错就能够有所逃避。因此说,用墨绳来测量,那么不直的木材就有缺陷;用水平仪来测量,那么不平的地面就有缺陷;确定了名分,那么群臣中名实不符合的人就难逃其责了。"(原文:若夫名分,圣之所审也。造父之所以与交者少,操辔,马之百节皆与;明王之所以与臣下交者少,审名分,群臣莫敢不尽力竭智矣。天下之可治,分成也;是非之可辨,名定也。无过其实,罪也;弗及,愚也。是故情尽而不伪,质素而无巧。故有道之君,其无易听,此名分之所审也……夫使众者,诏作则迟,分地则速,是何也?无所逃其罪也。言亦有地,不可不分也。君臣同地,则臣有所逃其罪矣。故陈绳则木之枉者有罪,措准则地之险者有罪,审名分则群臣之不审者有罪。)

上个世纪七十年代秦律出土,使我们清晰地了解到中国大黄金时代循名责实的哲学理念在法律中是如何具体体现的。下面是《睡虎地秦墓竹简·法律答问》中有关国家仓库管理的几条法律,其权责之分明、赏罚之有度,令人叹为观止:

仓房门闩不紧密的,可以容下手指或用以撬动的器具,成例应罚一甲。(原文:实官户关不致,容指若抉,廷行事赀一甲。)

仓房门扇不紧密,谷物能从里面漏出,成例应罚一甲。(原文:实官户扇不致,禾稼能出,廷行事赀一甲。)

空仓里有草垫,垫下有粮食一石以上,成例应罚一甲,并罚负责监管的令史一盾。(原文:空仓中有荐,荐下有稼一石以上,廷行事赀一甲,令史监者一盾。)

仓里有多少鼠洞就应论处及申斥?成例,有鼠洞三个以上应罚一盾,两个以下应申斥。鼹鼠洞三个算一个鼠洞。（原文：仓鼠穴几何而当论及诼？廷行事鼠穴三以上赀一盾，二以下诼。鼹穴三当一鼠穴。）

是什么支撑起了秦汉盛世辉煌的历史，是什么铸就了这个民族永恒的骄傲？是一种渗透着丰满法治精神的哲学理念——名实——循名责实！

C. 阴阳

在相当长的历史时期内，阴阳并没有特殊的意义。考察其字形，左边的"耳刀"为"阜"，为山为冈。阳字指山之阳，阳光普照之地；阴字指山之北，太阳很少照到的地方。西周时，阴阳还没有多少抽象的哲学意义。《诗经·大雅·公刘》中就有："笃公刘，既溥既长，既景乃冈，相其阴阳，观其流泉。"这里的阴阳仍指向阳的南麓和背阴的北麓。阴阳概念哲理化始于春秋战国。

如果不是中医和数术在民间广为流传，阴阳这个概念可能不会有如此重要的哲学地位，事实上兵法中的奇正和政治经济中的轻重一样重要。这里我们选择阴阳作为中国古典哲学的主要范畴之一只是为了更容易地说明其哲学内涵。

选择"阴阳"这个概念也是弱点，因为即使在哲学上，它也被那些信仰天人感应，天人合一的儒生们教条化和神秘化了。十九世纪末叶来华的美国地质学家彭北莱（Raphael Pumpelly, 1837~1923）记述了这样一则故事：中国外务部的官员们认为废弃的矿井里会再生长出煤，理由是"万物都由阴阳交合而生，都有力量与物质、正负、雄雌之分，那些曾一度生成了煤的有利条件，为什么不应总是如此？但在与此同时，他们又反对大规模开采，认为这将会使下代人无所依靠。问题的关键在于他们不清楚煤再生的速度如何？"①。中国官员按照自然生产速度有节制开发资源的逻辑没有错，他们对煤生成因素的形而上的理解则是愚蠢的。

阴阳只是中国古代先哲对复杂巨系统的宏观认识，并不是解决一切问题的灵丹妙药。我们发现，在今日之中国，有太多拿着阴阳鱼行骗的人。不光是那些在农村走街串巷的算卦先生，更多的是那些城市里所谓的"国

---

① 约·罗伯茨［英］，《十九世纪西方人眼中的中国》，中华书局，2006 年 7 月 1 日，第 94、95 页

学大师"们。一个可爱又可气传说是,阴阳推动了电子计算机时代的到来——这些人的学术水准肯定不会高过大清帝国的外务部官员。

与西方文明不同,中国哲学中的阴阳偶对体不是二元对立的,他们相生相克,不断相互转化。所以在中国哲学中,长期以来没有今世与后世、灵与肉的讨论。这使得中国人对现实世界和今世人生极为关切,在道德上强调伦理道德的内化及自我修养——中国诞生了发达的节制而非否定肉体欲望的实用技艺和社会制度,前者如房中术,后者如礼。

艺术最能表现一个时代的气质,这是西汉前期河南永城汉梁王墓壁画《四方神灵》,画面中间的龙刚劲飘扬,充分体现了中国原生文明的开放进取精神

早期来华的西方传教士对中国人建立在本土哲学基础上的生活方式大为不解,在利玛窦的《天主实义》中,我们看到了太多这类"文明的冲突"。比如利玛窦强烈否定"今世",直接称今世为禽兽之世。他说:"现世者,吾所侨寓,非长久居也。吾本家室,不在今世,在后世;不在人,在天;当于彼创本业焉!今世也,禽兽之世也。故鸟兽各类之像,俯向于地。人为天民,则昂首向顺于天。以今世为本处所者,禽兽之徒也。以天主为薄于人,固无怪耳!"

在科学昌明的今天,我们对中国人建立在本土古典哲学基础上的生活方式有了更为深刻的认识。

随着人类对心理学和复杂系统研究的进展,我们有足够的理由证实人对现实世界的认知是主客互动的结果，而不是主体对外在世界的"客观"认识。掌握这一点对于股票这类复杂系统的操作极为重要，投资家索罗斯称之为"reflexivity"（反身性）——市场不仅会影响投资者，投资者也在改变市场本身，当你拥有足够大量的金钱投到股票市场的时候，你的每一笔投资都会使改变市场的宏观走向——索罗斯发现反身性的最大原因可能是因为他的量子基金掌控着大量资金。

在量子物理学中，阴阳相生相克的观念变得十分重要。一个光量子不会改变一个汽车的轨道，但他会改变一个电子的轨道，你观察一个电子的时刻，电子本身就是观察者和宇宙时空相互作用的结果。当然阴阳概念没有促进量子论的诞生，不过波尔先生的确发现中国的阴阳概念很好地说明了他的物理思想。

进而言之，西方那种主客对立的概念只有在描述"日常"事物时才有意义，对于描述微观及复杂巨系统并不适用。中国古典哲学的优点不仅在于对主客这样的偶对体的认识方面，更重要的是在如何调节社会政治经济这样的复杂巨系统，调节的目标和手段方面？因为现代系统论告诉我们，社会不会自动实现均衡，无论在经济还是在政治领域，都会出现正反馈的现象，并最终导致社会系统严重失衡。在现代西方社会，正反馈主要体现为经济上世界范围内穷者愈穷、富者愈富的马太效应和政治上资产阶级垄断国家政权的事实。

《黄帝四经·道法》不仅谈到了偶对体的相互转化，还谈到了因应变化的原则和手段，即追求社会整体的动态平衡，如果出现失衡，就用非常手段调节。上面说："应付事物变化的方法在于掌握平衡和适度，轻重不当，便是失道。天地之间存在着永恒的规律，天下百姓各自从事着自己的本职，贵贱高低也都有它们确定的位置，使用下臣有确定的方法，统治百姓有既定的守则。四季更迭、昼夜交替，荣枯变换、柔刚转化便是天地间所存在的固有规律。男耕女织便是老百姓所从事的固定工作。有才德和无才德的人不能处于同等的地位，贵贱都有它们确立的位置。选任官吏时，职位的高低要与他们的能力相符，这便是使用臣下的确定方法。去私门而行公道，这是统治人民的既定守则。如果一旦出现了不正常或超越了常规的事情，就要相应地采取非常规的手段加以控制。而治理国家所使用的常规和特殊方法是因事而施的，明白了这一点，那么判定事物时也就不会发生偏颇了"（原文：应化之道，平衡而止。轻重不称，是［胃］谓失道。天地有恒常，万民有恒事，贵贱有恒位，畜臣有恒道，使民有恒度。天地之恒常，四时、晦明、生杀、［柔］刚。万民之恒事，男农，女工。贵贱之恒立［位］，贤不宵［肖］不相放［妨］。畜臣之恒道，任能毋过其所长。使民之恒度，去私而立公。变恒过度，以奇相御。正、奇有立［位］，而名口弗去。）

在《黄帝四经》的作者看来，矛盾、差别是内在的、客观的，实现社会和谐正义首先要求依法均平百姓。《黄帝四经·果童》上借用黄帝与大臣果童的对话："黄帝问他手下的辅佐大臣说：现在我一人广有天下，我要教化臣民而使之端正，斟酌衡量而使之均平，具体应该怎样做呢？果童回答说：不严明法度人民便不得治理，不端正名分则贵贱尊卑不得其正。应参照天地法则，再严正于人事。天地之间本就存在着永久不变的法则，比照于这个法则，可知晦明、阴阳、山泽、黑白、美恶等等矛盾对立体原就存在，人事也是如此。自然法则是地以静的方式来养育其德，天以运动的方式来正定名分，动静、生杀相互涵养、相辅相成。这两组矛盾体是各有名分的，它们相互依赖、相辅相成。而阴、阳二气包含于万物之中，二者相互作用，便使得万物生生不已。人的能力是不相同的，有的人委任一事还嫌太重，而有的人委任百事尚觉太轻。人的能力各有等差，就如同物的形制各有不同，顺应它们的这种特性，就能成就事功。"（原文：黄帝□□辅曰：唯余一人，兼有天下。今余欲畜而正之，均而平之，为之若何？果童对曰：不险则不可平，不谌则不可正。观天于上，视地于下，而稽之男女。夫天有干，地有恒常。合□□常，是以有晦有明，有阴有阳。夫地有山有泽，有黑有白，有美有亚［恶］。地俗德以静，而天正名以作。静作相养，德疟［虐］相成。两若有名，相与则成。阴阳备，化变乃生。有□□□重，任百则轻。人有其中，物又［有］其刑［形］，因之若成。）

不是一个阶级统治另一个阶级，而是不同社会群体利益均平，和谐共处的思想在中国由来已久。《尚书·尧典》将唐尧和谐天下作为他的主要美德功勋。上面说："查考往事，帝尧名叫放勋，他恭敬节俭，明察四方，善理天下，道德纯备，温和宽容。他忠实不懈，又能让贤，光辉普照四方，思虑至于天地。他能发扬大德，使家族亲密和睦。家族和睦以后，又辨明其他各族的政事。众族的政事辨明了，又协调万邦诸侯，天下众民因此也就相递变化友好和睦起来。"（原文：曰若稽古，帝尧曰放勋，钦明文思安安。允恭克让，光被四表，格于上下。克明俊德，以亲九族。九族既睦，平章百姓。百姓昭明，协和万邦，黎民于变时雍。）

中国古典政治经济最主要的经典著作之一《管子》的作者在指出社会内部人与人之间存在差异的同时，也注意到了实现"万物均、百姓平"、动态社会平衡的意义。《管子·白心第三十八》："天按照它的规律运行，万物就自然得到它的好处；圣人也按照他的法度行事，百姓就自然得到他的好处。因此，万物平衡，百姓也均平了。所以，圣人治世，总是安静地在那里等待。事物一到，就循名责实自然地去治理它。正确的名称自然治理得好，不正确的名称自然会被淘汰。只要是名称正确法度完备，圣人就安坐无事。名称与法度不可永远不变，也不可没有稳定。要适应变化来裁断事物，了解时宜来确定法度。因为偏大则过宽，偏小则局限；事物发展总是参差不齐，有的有余，有的不足。"（原文：天行其所行而万物被其利，圣人亦行其所行而百姓被其利。是故万物均、百姓平矣。是以圣人之治也，静身以待之，物至而名自治之。正名自治之，奇名自废。名正法备，则圣人无事。不可常居也，不可废舍也。随变断事也，知时以为度。大者宽，小者局，物有所余有所不足。）

老子《道德经》论及阴阳关系及调节阴阳关系准则时简明深邃。《道德经·第二章》论阴阳相生相克关系："天下的人都知道美之所以为美，这就有丑的观念同时存在了；都知道善之所以为善，恶的观念也就同时产生了。有和无相互对立而产生，难和易相互对立而完成，长和短相互对立而形成，高和低相互对立而包含，音和声相互对立而合谐，前和后相互对立而随顺，这是永远不变的。"（原文：天下皆知美之为美，斯恶已；皆知善之为善，斯不善已。有无相生，难易相成，长短相形，高下相倾，音声相和，前后相随，恒也。）

《道德经·第四十二章》论阴阳平衡和谐："道是独一无二的统一体，这个统一体产生出阴阳二气，阴阳二气相交便产生出万物。万物背阴而向阳，阴阳二气互相激荡而达成和谐。"（原文：道生一，一生二，二生三，三生万物。万物负阴而抱阳，冲气以为和。）

《道德经·第七十七章》论实现百姓均平的手段："天之道，大概就如拉弓一样。弦位高了，就压低它；弦位低了，就升高它。有余的，就减少它,不足的,就增补它。天之道就是这样,减少有余的,增补不足的。人道却不是这样,它是减少不足的,却用来供养有余的。谁能把有余的拿出来献给天下人呢?只有有道的人才能这样做。"(原文:天之道,其犹张弓欤?高者抑之,下者举之;有余者损之,不足者补之。天之道,损有余而补不足。人之道,则不然,损不足以奉有余。孰能有余以奉天下,唯有道者。)

损有余,补不足,使百姓均平是中国古典政治经济理论的一个根本原则,它使中国长时期内没有出现欧洲那种可怕的阶级鸿沟。《盐铁论·轻重第十四》形象地比喻说:池塘里有猵獭,鱼类就不得安宁,国家有了豪强恶霸,百姓就吃尽苦头。所以,茂密的树林下没有繁盛的青草,大土块里长不出好的禾苗。治理国家的方法,首先要肃清奸邪,铲除豪强,这样,百姓才能贫富均平,安居乐业。张廷尉修改法令,用严法来治理天下,制裁奸商恶霸,消灭兼并土地的歹徒,使力强的不敢欺负力弱的,人多的不敢欺凌人少的。大夫君(桑弘羊)想方设法,筹积国家费用,垄断天下盐铁等项利益,以排挤富商大贾的势力,用买官、赎罪的办法,来削减有钱的人,补贴贫乏的人,从而使百姓贫富平均。所以用兵东征西讨,没有增加税收而费用仍然充足。但是,损彼益此之道,聪明的人都看得清清楚楚,而不是你们这些儒生所能理解的。(原文:水有猵獭而池鱼劳,国有强御而齐民消。故茂林之下无丰草,大块之间无美苗。夫理国之道,除秽锄豪,然后百姓均平,各安其宇。张廷尉论定律令,明法以绳天下,诛奸猾,绝并兼之徒。而强不凌弱,众不暴寡。大夫君运筹策,建国用,笼天下盐铁诸利,以排富商大贾,买官赎罪,损有余,补不足,以齐黎民。是以兵革东西征伐,赋敛不增而用足。夫损益之事,贤者所睹,非众人之所知也。)

轻重是我国古代一种重要的政治、经济理论范畴,相当于中医里的阴阳,和中国古典军事理论的奇正、虚实(感兴趣的朋友可参阅《《孙子兵法·兵势第五》和《孙子兵法·虚实第六》)。

中华文明是个有机的整体,其医道与治道殊途而同归,二者都是通过损有余、补不足达到动态平衡。中医理论经典《黄帝内经·素问·玉版论要篇第十五》上有:"黄帝道:诊察的方法怎样?岐伯说:必先度量病人的身形肥瘦,了解它的正气虚实,实症用泻法,虚症用补法。但必先去除血脉中的凝滞，而后调补气血的不足，不论治疗什么病都是以达到气血平调为准则。"（原文：帝曰，以候奈何？岐伯曰，必先度其形之肥瘦，以调其气之虚实，实则泻之，虚则补之。必先去其血脉而后调之，无问其病，以平为期。）

在西方二元对立哲学指导下的西方医学对抗疗法已经遭到诸多批判的今天，我们看到了中医以及中医所蕴含哲理的伟大，而建立在同一哲学基座上的中国古典政治经济理论已经蒙尘太久。尽管科举制和常平仓制度已经融入美国现代政治经济制度，但国人自己只知道西方的公务员和期货制度——对于近代中国知识界来说，这是失去独立学术人格，全盘西化必然带来的耻辱！

八十多年前，胡适在《中国哲学史大纲·导言》中回顾了世界哲学发展之大势，并乐观预言一种东西合璧的新哲学可能诞生："世界上的哲学，大概可分为东西两支。东支又分印度、中国两支。西支也分希腊、犹太两系。起初的时候，这四系都可算作独立发生的。到了汉以后，犹太系加入希腊系，成了欧洲中古的哲学；印度系加入中国系，成了中国中古的哲学。到了近代印度系的势力渐衰，儒家复起，遂产生了中国近世的哲学，历宋元明清直到于今。欧洲的思想，渐渐脱离了犹太系的势力，遂产生欧洲的近世哲学。到了今日，这两大支的哲学互相接触，互相影响。五十年后，一百年后，或竟能发生一种世界的哲学，也未可知。"

八十多年后，我们知道，这种世界新哲学的建立首先要求我们对中国古典哲学有一个真正的理解，而不是近乎野蛮地将她全盘西化——但愿我们今天的努力能成为建立世界新哲学这一人类伟大心智征程的一部分！

参考阅读：

西周青铜法典

1975年2月2日，陕西省宝鸡市董家村农民董宏哲、董天有等10多名群众在村西的土沟里挖土时，偶然发现了铸造于西周末年的37件青铜器。在这一重大窖藏发现中，有我国目前发现最早、最完整的诉讼判决书训匜，它被冠以中国"青铜法典"的美誉。据考证，这批青铜器时代上限为穆王时期，下限可到宣王末幽王初，约公元前976——公元前711年。窖藏的时间可能是西周末年。

训匜是一件水器，为当时的贵族洗漱用具，这件青铜器高20.5厘米，重4.85公斤，器形整体像一只羊，盖前端为虎头，盖面呈琵琶形，四兽蹄足。器上总共有157字的铭文。译成现代白话文如下：

三月既死魄的甲申日，周王在豐京的上宫，于是伯扬父宣判牧牛的罪谳，说："牧牛，过去你任职的时候，竟敢和你的官长争讼，违背了自己立下的誓言。如今你只有再立信誓，现在尃、（此字为："走"加"各"）、啬、睦和训等五人均已到场，只有他们五人都相信你的誓言，你只有恪守誓言，才能再去任职。我本应打你一千鞭，施以墨刑，现在我宽赦你。应该打一千鞭，施墨刑，现在赦免你应打的五百鞭，改罚金三百锾。"伯扬父于是又命牧牛立誓说："从现在起，我如敢再扰乱您的任何事务"，"你的官长又控告你，那就执行应打的一千鞭和墨刑。"牧牛于是立誓。伯扬父把审判结果告诉了官吏邦和智。牧牛的书面誓词写成了，罚金也交上来了。训用这铜做成了宗旅的盉。（原文：惟三月既死霸，甲申，王才豐上宫。白扬父廼成概曰："牧牛！徂乃可湛。女敢以乃师讼。女上挺先誓。今女亦既又御誓，尃、[此字为："走"加"各"]、啬、睦、训造。亦兹五夫，亦既御乃誓，汝亦既从辞从誓。初可，我义鞭女千，幭剟女。今我赦女，义鞭汝千,黜剭女。今大赦女鞭女五百,罚女三百妤。"白扬父廼或吏牧牛誓曰:"自今余敢扰乃小大史。""乃师或以女告,则到,乃鞭千,幭剭。"牧牛则誓。乃以告吏邦吏曶于会。牧牛辞誓成,罚金。训用乍旅盉。

训匜铭文告诉我们,中国传统的审判诉讼制度到周代已经基本成型。从中央到地方的审判机关已经建立,并有了专职的司法官吏。

第八章　中国古典经济理论基础

从公元前 1123 年（殷帝辛三十五年）周文王建立起国家储备制度并发行商品储备货币（CRC，Commodity Reserve Currency），到公元 1937 年"现代证券之父"本杰明·格雷厄姆（Benjamin Graham，1894～1976）出版《储备与稳定》一书，中国古典经济理论比西方商品储备货币理论整整先进了 3160 年；无法走出甲午战败的阴影，100 多年来早已对中华文明失去自信心的人马上会断定这是"国粹主义+狭隘民族主义"的夜郎自大！是"把火地岛的政治经济学和现代英国的政治经济学置于同一规律之下"的最陈腐的老生常谈！是"一切古已有之"愚昧思想的牵强附会……幸好本杰明·格雷厄姆在写这本书的时侯谦逊地加了个副标题，以提示人们这一理论的中国起源：A modern ever-normal granary，正确的中文译法是：现代常平仓！

在西方环境经济学出现以前，中国古典经济理论就将生态纳入了经济管理和国民核算体系；在新古典主义经济学依旧迷信市场会"自动"带来均衡的时代，中国古典经济理论早已经将百姓均平理论数理化；当西方最杰出的经济学家希望以"商品本位货币计划的创始人"的身份流芳百世的时候，中国人已经实践这一理论数千年之久。

1. 西方古典经济学的衰落与中国古典经济理论的复兴

西方古典经济学的没落

西方古典经济学有两个相互联系的支柱，一是理性经济人假设，二是市场均衡理论。过去 200 多年来，经济学家们假定，一个掌握充分信息、理性地追求利益最大化的经济参与者最终会实现社会利益的最大化，市场会在收益递减规律作用下实现均衡。亚当·斯密表述如下：

"各个人都不断地努力为他自己所有支配的资本找到最有利的用途。固然,他所考虑的不是社会的利益,而是他自身的利益,但他对自身利益的研究自然会或者毋宁说必然会引导他选定最有利于社会的用途。"

像马克思这样出色的学者早就注意到,由于自由市场中生产的无序性,市场不会在"看不见的手"的指导下达到均衡,相反,会产生严重的失衡——经济危机。

在马克思时代,经济学家们似乎还能够将他所描述的经济危机当作一种"特例"来处理,经济周期会发生,不过最终市场会顽强地走向平衡,哪怕经济危机产生的代价是极其高昂的——比如上个世纪初叶的大萧条。

20世纪末,伴随着系统论的发展及新经济的兴起,人们发现不平衡是经济发展的本质特征。1996年,布莱恩·阿瑟在他那篇著名的论文《收益递增与两个商业世界》中写道:

"我们对于市场如何运转和商业如何运作的理解,是一个多世纪以前由一批欧洲经济学家,主要是英国的马歇尔和同时代为数不多的大陆经济学家传承下来的。这种理解完全建立在收益递减的假设基础之上:在市场中领先的产品或公司最终会遇到限制,达到价格和市场份额的均衡状态。对于马歇尔时代从事大批量加工的'烟囱经济',这种理论大致上是有效的。而且,至今仍主宰着经济学教科书。但就在本世纪,西方经济稳定地、连续地经历了一场从大批量原料加工向技术的设计与使用的转型——从资源的加工转变为信息的加工,从初级能量的应用转向思想的应用。当这场转变发生以后,决定经济行为的根本机制就从收益递减转变为收益递增了。

"收益递增是指这样一种趋势,即领先者更加领先,失去优势者进一步丧失优势。这是'正反馈'在市场、企业和行业内起作用的机制:强化获胜者的成功,或加重失败者的损失。递增收益带来的不是均衡,而是不稳定:如果一种产品或一家公司或一项技术(市场中诸多竞争者之一)靠运气或精明的战略赢得领先,递增收益能放大其优势,该产品或公司或技术就能乘胜前进直至'锁定'(lockin)在市场中。递增收益不仅能使某种产品成为标准,更重要的是它改变了商业运作的机制。对收益递增情形下商业运作机制的解释上,我们的大多数理论概念都无能为力。"

投资家乔治·索罗斯在金融市场上发现了布莱恩·阿瑟在高科技领域发现的同一现象：具有完备知识的理性的经济人根本就不存在，特别是如果认识的对象中包含有主体的参与的时候。在金融市场上，市场均衡的假设会导致"严重的失真"，总结自己数十年在金融市场上的实战经验，索罗斯完成了《金融炼金术》一书。这本书第一章第一节的标题就是"反均衡"，他这样写道：

> "该理论（充分竞争理论）坚信，在某些特定条件下，无节制地追求私利将自然地导致资源的最佳分配。每一个公司都在边际成本等于市场价格的水平上进行生产，并且每一个消费者都购买其边际'效用'等于市场价格的总商品量，这时就达到了均衡点。分析表明，在供给和需求任何一方的力量都无法左右市场价格的前提下，均衡点将令所有参与者的利益达到最大值。正是这条论证充任了19世纪自由放任主义政策的理论基础，它也是时下'市场魔术'崇拜的理论根据。

> "让我们考查一下充分竞争理论的主要假设。已经清晰表述的假设包括：完备的知识，同质而可分的产品，足够数量的参与者以使任何单独的参与者都无法左右市场价格。完备知识的假设是令人怀疑的，如果认识的对象中包含有主体的参与，这种认识就不可能称为知识。"

既然具有完备知识的理性经济人不存在，自动产生均衡的市场也不存在，那么我们就需要一种全新的哲学和建立在这种哲学基础上的全新经济体系——中国古典经济理论就是一种完整的非均衡经济学，它的基本假设包括：

A. 主客互系，人不可能具有完备的关于"客体"的知识。《老子·第一章》："道可道，非常道；名可名，非常名。"所以老子强调对事件进行深入观察和深刻体悟，这也是尊崇道家的布莱恩·阿瑟不断劝诫信息时代的商业领袖的：要常从"无"中去观察领悟"道"的奥妙；要常从

"有"中去观察体会"道"的端倪。(《老子·第一章》原文：常无，欲以观其妙，常有，欲以观其徼。)

B. 市场不会自动实现均衡，需要人为的调节才能实现市场的动态平衡。《老子·第七十七章》："天之道，损有余而补不足。人之道则不然，损不足以奉有余"。所以老子要当时错误的"人道"服从于自然法则"天道"，作到"有余者损之，不足者补之"，以期社会政治经济秩序的均衡。

中国古典经济理论的兴起

与西方古典经济学不同，中国古典经济理论主张不断抑制经济中正反馈的发生，达到经济系统中"轻重"平衡。在方法论上，它与中医一脉相承。《国语·晋语八》说："上医医国，其次疾人。"中国古典政治经济学的"轻重"相当于医学中的"阴阳"，二者都强调均平、动态平衡，去积滞，损有余补不足，整体施治。《盐铁论》中反对儒家小农自由市场经济理念的法家直接称桑弘羊管理经济是："灸刺稽滞，开利百脉，是以万物流通，而县官富实。"

我们说中国古典经济理论具有现代历史意义，主要的是它出色地解决了人与生态环境的均衡，以及通过储备实现生产与消费的平衡问题。《管子》开篇一语道破了直到今天仍困扰着西方文明的上述问题，书中强调经济生活必须符合自然本身的生产原则，并人为储备以碾平市场经济周期。(《管子·牧民第一》原文："凡有地牧民者，务在四时，守在仓廪。")

最集中论述中国古典经济理论的文献是《管子》一书，主要在后面的轻重十六篇（这是古人对中国古典经济理论的称呼）中，其间也大量提到中国古典经济理论的发展史。分散在《地数》、《国准》、《轻重甲》、《轻重戊》等篇中。书中认为轻重理论发轫于中华文明之初的伏羲时代。甘肃大地湾等处的考古发掘告诉我们，当时中国社会的生产力水平低下，社会结构简单，人们还处于胼足胝手、刀耕火种、开拓蛮荒的时代。

《国准》一章更为明确地记载从周人开始（确切地说是从殷末开始）中国人开始用储备调节经济。据说黄帝当政的时代，努力除掉各地的武装。虞舜当政的时代，断竭水泽，伐尽山林。夏后氏当政的时代，焚毁草薮和大泽，不准民间增加财利。殷人当政的时代，不许诸侯经营牛马畜牧事业，还限制他们制造武器和工具。周人当政的时代，统一管理有技能的人才,集中储备各种物资。(原文:黄帝之王,谨逃其爪牙。有虞之王,枯泽童山。夏后之王,烧增薮,焚沛泽,不益民之利。殷人之王,诸侯无牛马之牢,不利其器。周人之王,官能以备物。)

作为一个族群对自然环境的反应,自然灾害常常是中国古典经济理论兴起的催化剂。《管子·山权数》记载,在水旱之年,夏禹和商汤都曾用发行货币的方法缓解危机,似乎夏朝和商初还没有商品储备制度。作者写道:"商汤在位时有七年旱灾,夏禹在位时有五年水灾。人民没有饭吃以致有出卖儿女的。商汤用庄山的金属铸币,来赎救人民无食而出卖儿女的;夏禹用历山的金属铸币,来赎救人民无食而出卖儿女的。所以,君主对于天时水旱不能掌握防备,人力和土地财物也都无从掌握了。因此,成王业的君主总是每年贮蓄粮食十分之三,三年多就能有够吃一年的贮备。三十七年就能有够吃十一年多一点的贮备。每年贮蓄收成的三分之一不至于伤害民生,还可以促使农民重视农业并勤奋劳作。这样即使天灾毁坏土地,发生凶旱水涝,百姓也不会有死于沟壑或沿街乞讨的了。"(原文:汤七年旱,禹五年水,民之无粮卖子者。汤以庄山之金铸币,而赎民之无粮卖子者;禹以历山之金铸币,而赎民之无粮卖子者。故天权失,人地之权皆失也。故王者岁守十分之参,三年与少半成岁,三十一年而藏十一年与少半。藏三之一不足以伤民,而农夫敬事力作。故天毁埊,凶旱水泆,民无入于沟壑乞请者也。)

但在甲骨文中,我们发现了商王让自己的臣下巡查仓廪的记载:"己巳卜,贞:令吴省在南(上"宀"下"回")(古代"廪"字)。陈梦家《综述》536 页解释说:"(上"宀"下"回")是积谷所在之处,即后世仓廪之廪。"①

这句卜辞的意思是说,商王命名吴之人省视在南地的仓廪,说明当时已经有了国家级别的公共储备。

作为"孔子删尚书之余",《逸周书》对周人完善中国古典经济理论作了极其详细的阐述。其中两章最值得我们关注,一是《籴匡解第五》,二是《大匡解第十一》。表面上看来,两者都是讲殷末周人是如何救灾救荒的,但《籴匡解第五》采用的主要是救济节约和政府到市场买粮,措施

---

① (上"宀"下"回"),字库中所无。

包括：施舍用物以赈济穷困，国君亲自巡察各方灾情，卿大夫参与告籴，庶子协助运粮。开仓同吃，民不藏粮（原文：舍用振穷，君亲巡方，卿参告籴，余子倅运，开廪同食，民不藏粮）。按照《国语·鲁语》的说法："国有饥馑，卿出告籴，古之制也"。

公元前 1123 年的周文王时代的确发生了很严重的饥荒，因为除了《逸周书》，地下文献《竹书纪年》也作了记载，上面说："（帝辛）三十五年，周大饥，西伯自程迁于丰。"《大匡》首先讲了文王召集各级官员共同商讨救济之道，然后阐述了具体政策，其中储备和金融手段变得极为重要：

"对官员的任职进行了考察，了解了各地该办的利民之事。就得想法赈救灾荒。广泛救助灾民，官员不得违抗。查究清退骄顽凶残的人，收捕放逐对抗不满的人。谨慎地联系那些怠惰的，使什伍自相担保。感化劝勉游手好闲的，把事情办得合于节度，一年四季都顺顺当当。使农夫各自养家，家家男子都出门耕种。仓廪分设各地，各地命令农夫纳粮。按规定征收谷物，竞相比赛积藏。藏粮不要买卖，否则市场就不再均衡。布散公家的钱币，乡正作借贷的担保。丰年也不急于偿还，真正进行救助，便于辅助百姓生财。百姓财生食足，再征收赋税。按人口供给食物，人人有饭吃

周文王，姓姬名昌，生卒年不详，他的政策为中国古典经济理论打下了基石。

才可征取赋税。外地食物不足，就开关周济粮食。粮食少的就不转运，孤寡不得抛弃。粮食多的不必留存，要转运外乡。边城粮食不多，也不必多留，足够众人守城就行。派出众人，赶着车子运粮，不分早晚地运送。"（原文：官考其职，乡问其利，因谋其灾，旁匡于众，无敢有违。诘退骄顽，方收不服，慎惟怠堕，什伍相保，动劝游居，事节说茂，农夫任户，户尽夫出。农廪分乡，乡命受粮，程课物征，躬竞比藏，藏不粥籴，籴不加均，赋洒其币，乡正保贷。成年不偿，信诚匡助，以辅殖财。财殖足食，克赋为征，数口以食，食均有赋。外食不赡，开关通粮，粮穷不转，孤寡不废。滞不转留，戍城不留，众足以守，出旅分均，驰车送逝，旦夕运粮。）

为了上述政策的贯彻，周政府还发布文告，决心打击黑市和囤积居奇的投机行为，保证金融和市场的稳定，维护商人的利益。

中国古典经济理论在商末周文王时代已经完成其理论基础。如果将中国古典经济理论比作一个人的成长，就会发现它大致可分为发育期（伏羲氏至周文王，约公元前6000年至公元前1123年）、成熟期（华夏文明千年大黄金时代，约从公元前11世纪至公元前1世纪）、衰老期（公元前1世纪开始，至今也没有完全实现复兴）。

我们对中国古典经济理论发育期情况依旧缺乏全面的了解，有些记述甚至前后矛盾，这主要是因为缺乏详尽的历史记述和考古资料，幸运的是透过历史的迷雾我们还是能依稀看到一条通向早期历史的经济学古道。《管子·地数》中说国家垄断矿产资源在五千年前的黄帝时代已经开始（"官山"是储备的另一种形态），《地数》中描写了黄帝与伯高的一段对话，突出了这种"基本军工原料储备"的战略意义；《逸周书》还曾引用夏代箴戒之书《夏箴》原文说明储备的重要意义。

经过李悝、管子、桑弘羊，中国古典经济理论在华夏文明千年黄金时代进入成熟期，《管子》的轻重十六篇、《盐铁论》中记述的桑弘羊经济观点，以及《史记》中有关经济的篇目都出于这一时期。中国古典经济理论的具体内容我们将在下一小节中进行详细论述。这里要指出的是，管子的轻重理论、范蠡的平粜法、李悝的平籴政策、桑弘羊的平准均输、耿寿昌的常平仓，王安石变法……尽管这些政策的实施背景和范围有极大差别，但他们的理论基础是一致的，即通过基本商品的储备，支持价格，调节市场,实现百姓均平。

儒家自由主义小农经济思想

如同古罗马伟大的商业文明陷入中世纪的黑暗一样,中国古典经济理论怎么会被智慧的国人淡忘呢?终其原因是儒家对中国古典经济理论的疯狂抵制及西方经济学对中国古典经济理论的野蛮肢解。

儒家从根本上反对中国古典经济理论基础,主张放任主义的小农经济,对于一切政府调控市场的行为都激烈反对。今天放任主义小农经济思想已被西方自由主义市场经济理论所取代。历史是多么具有嘲弄性啊——西方经济学创立之初曾受到中国儒家思想的启发,当代英国哲学家约翰·詹姆斯·克拉克断言,亚当·斯密创立的现代自由市场经济原理深受魁奈的"自由放任"思想的影响,而魁奈这位"西方孔子"的思想源于中国。

儒家放任主义小农经济直接源于孔子。《论语·颜渊篇第十二》有这样一则故事。鲁国所征田税的税率是十分之二,国用仍十分紧张,于是鲁哀公建议增加税收。儒生则反驳说,只要老百姓富足,国家"自动"会富强。故事的内容是这样的:

鲁哀公问有若说:"遭了饥荒,国家用度困难,怎么办?"有若回答说:"为什么不实行彻法,只抽十分之一的田税呢?"哀公说:"现在抽十分之二,我还不够,怎么能实行彻法呢?"有若说:"如果百姓的用度够,您怎么会不够呢?如果百姓的用度不够,您怎么又会够呢?"(原文:公问于有若曰:"年饥,用不足,如之何?"有若对曰:"盍彻乎?"曰:"二,吾犹不足,如之何其彻也?"对曰:"百姓足,君孰与不足?百姓不足,君孰与足?")

《论语》是儒家放任主义小农思想的源头,到孟子,其具体主张已经相当成熟,且很有煽动性。如同1988年9月"新古典主义经济学之父"弗里德曼(Milton Friedman)访华时向中国领导人保证"中国可以用30年时间取得西方国家200年所取得的成就"一样,孟子也为当时的政治家描绘了一幅放任主义小农经济的人间天堂。

面对被四方欺凌、救亡图存的梁惠王,孟子提出"仁者无敌"的主张:"大王如能对民众施行仁政,减省刑罚,薄敛赋税,深耕土壤,清除杂草,青壮年在空闲时修习孝悌忠信的道理,在家用这些来侍奉父兄,出外用这些来侍奉尊长,他们拿着木棒就能打击秦、楚的坚甲利兵了。那些国家侵夺民众的农时,使他们不能耕种农田来养活自己的父母,父母就挨冻受饿,兄弟妻儿就离散。那些国家虐害自己的民众,大王去讨伐他们,谁能和大王对抗?所以说仁者是无敌的。"(《孟子·梁惠王上》原文:王如施仁政于民,省刑罚,薄税敛,深耕易耨,壮者以暇日修其孝悌忠信,入以事其父兄,出以事其长上,可使制梃以挞秦、楚之坚甲利兵矣。彼夺其民时,使不得耕耨以养其父母,父母冻饿,兄弟妻子离散。彼陷溺其民,王往而征之,夫谁与王敌?故曰仁者无敌。)

孟子为梁惠王描绘了自己理想中的自给自足的社会经济图景:五亩宅田种植桑树,年满五十的人就能穿上丝绸了;鸡鸭猪狗不失时节地畜养,年满七十的人就能吃上肉了;百亩农田不误了它的耕作时节,数口之家就能没有饥荒了。(《孟子·梁惠王上》原文:五亩之宅树之以桑,五十者可以衣帛矣;鸡豚狗彘之畜无失其时,七十者可以食肉矣;百亩之田勿夺其时,数口之家可以无饥矣。)

中国古典经济理论明确反对儒家这种金玉其外、败絮其中的主张。《管子·山至数第七十六》指出,轻赋税会直接导致国家储备不足、社会动员能力的丧失以及国家的衰弱。文中借桓公与管子的对话写道:

桓公问管仲说:"梁聚对我讲:'古时候实行轻税而薄征,这算是税收政策中最适宜而易行的了。'梁聚的意见如何?"管仲回答说:"梁聚的话不对。轻赋税则国家仓库空虚,薄征收则兵器工具不足。兵器工具不足则皮、帛不能出口,国家仓廪空虚则战士低贱无禄。对外,皮货和丝帛不能输出于天下各国;对内,国家的战士又处境低贱。梁聚的话显然是错误的。国君有山,山中产铜,可用铜铸造钱币。如能用钱币折算粮食发放全国俸禄,粮食就全都囤集在国家手里,粮价可上涨十倍。农民晚睡早起,不用驱使就可以成十倍地增加产量。这样一来,战士俸禄(再改用粮食发放)只要有相当从前的一半,他们就可以为国效命(因为粮价已上涨十倍);农民又晚睡早起努力耕作不止。所以,善于主持国家的人,不必直接用言语驱使百姓,而百姓不得不为所驱使;不必直接用言语利用百姓,而百姓不得不为所利用。这样,使百姓没有不为他所用、为他所使的。梁聚的意见是错误的。"桓公说:"好。"(原文:桓公问管子曰:"梁聚谓寡人曰:'古者轻赋税而肥籍敛,取下无顺于此者矣。'梁聚之言如何?"管子对曰:"梁聚之言非也。彼轻赋税则仓廪虚,肥籍敛则械器不奉。械器不奉,而诸侯之皮币不衣;仓廪虚则俸贱无禄。外,皮币不衣于天下;内,国俸贱。梁聚之言非也。君有山,山有金,以立币,以币准谷而授禄,故国谷斯在上,谷贾什倍。农夫夜寝蚤起,不待见使,五谷什倍。士半禄而死君,农夫夜寝蚤起,力作而无止;彼善为国者,不曰使之,使不得不使;不曰贫之,使不得不用。故使民无有不得不使者。夫梁聚之言非也。"桓公曰:"善。")

从公元前81年盐铁会议上的儒生激烈争论到公元226年生于江东儒学世族的陆逊(183~245)给孙权的上书,从明末的经济到清末的经济,儒家放任主义小农经济思想给中华民族带来了无数的政治经济危机。由于政府过小,根本无法调节市场,更别说保家卫国。两千年的儒化导致中国贫弱相加。

明朝灭亡的一个重要原因是税率过低,经济自由放任,政府根本就没有主动调节市场的能力,发生饥荒没有钱去赈济,发生战争没有钱支付军

孙权(182~252),字仲谋,公元229年在武昌称帝。226年孙权在"答陆逊书"中对陆逊施德缓刑、宽赋息调的建议进行了驳斥,他说:"夫法令之设,欲以遏恶防邪,儆戒未然也。焉得不有刑罚以威小人乎……至于发调者,徒以天下未定,事以众济。"

饷。财政危机导致军事危机，军事危机导致更大的财政危机，饥民、饥兵一起将明朝推向灭亡的深渊。曾用大量数据深入研究明末财政经济状况的杜车别先生这样写道："和许多人想象的明代是一个对社会实施严密控制的专制社会相反，明代恰恰是一个把国家和政府的职能压缩到最低限度的社会。从这个意义上说，明朝倒是很符合一些市场原教旨主义、自由主义信徒的理想。经济的发展运行基本上不受政府的干涉控制，对私人经济力量的发展，政府无心也无力管制约束。"

清朝如何呢？清鼎盛时期，1757年乾隆第四次下江南，惊呼大盐商江春一夜之间为自己营造扬州白塔之余，看到江春比自己还富，乾隆感叹："人道扬州盐商富甲天下，果然名不虚传。"

到1840年6月鸦片战争爆发时，道光皇帝却连感叹的份儿都没有了。1835年关天培调任广东水师提督，决心在虎门横档与武山之间激流中铺设铁链木排，防止西方舰队通过，怎奈没有经费。直到三年后，横档海防工程才开工——清政府"太小了"，钱是广州大行商伍绍荣等捐献的；第一次鸦片战争后签订了《南京条约》，中国要赔偿英国2100万银元，折合1470万两白银，而此时国库存银不到700万两，可以说政府够小的了吧，可钱是要赔的，那剩下的770万两怎么办，由于儒家倒霉的"藏富于民"，道光皇帝就让更倒霉的商人出。

中国古典经济理论：从被儒学鄙视到被西学肢解

自由放任的市场要求国家退出经济调节领域，当然，中国古典经济理论家在儒家眼里也就一并成了小人、盗臣。对宋以后文人影响甚巨的《大学》中强调，只要生产多，消费少，国家就会强大。并借用鲁国大夫孟献子的话说："养了四匹马拉车的士大夫之家，就不需再去养鸡养猪；祭祀用冰的卿大夫家，就不要再去养牛养羊；拥有一百辆兵车的诸侯之家，就不再蓄养搜刮民财的家臣。与其蓄养搜刮民财的家臣，还不如蓄养偷盗东西的家臣。"《大学》的作者这样解释这段话："一个国家不应该以财货为利益，而应该以仁义为利益。做了国君却还一心想着聚敛财货，这必然是有小人在诱导，而那个国君还以为这些小人是好人，让他们去处理国家大事，结果是天灾人祸一齐降临。这时虽有贤能的人，也没有办法挽救了。所以，一个国家不应该以财货为利益，而应该以仁义为利益。"（原文：孟献子曰:"畜马乘不察于鸡豚,伐冰之家不畜牛羊,百乘之家不畜聚敛之臣。与其有聚敛之臣,宁有盗臣。"此谓国不以利为利,以义为利也。长国家而务财用者,必自小人矣。彼为善之,小人之使为国家,灾害并至。有善者,亦无如之何矣!此谓国不以利为利,以义为利也。)

既然中国的经济学家都是小人,当然就没有人敢多谈"利"了。公元266年,晋武帝司马炎要朝臣们拿出经济国家的具体主张,当朝的士大夫们竟弄不清楚何为"轻重平籴之法"。大臣们雄心壮志,欲平江表(苏南、浙江及皖南部分地区)的司马炎抱怨道:"古人权量国用,取赢散滞,有轻重平籴之法。此事久废,希习其宜,而官蓄未广。言者异同,未能达通其制。"

既然中国古典经济理论家都是小人,当然就没有人敢谈经济和技术了,秦汉大黄金时代完善的工业管理体系全面解体——具体时间与中华原文明儒化时间相近,约在公元1世纪左右。东汉崔寔(约100~168)在他的《政论》一书中记述了当时的军工业管理体系崩溃的情况,他指出东汉初年国家对工业十分重视,所以才产生了"蔡大仆之弩"、"龙亭九年之剑"这样的利器。而崔寔时代却到处都是伪劣产品,以至于连边疆军民都要自己制作兵器,他认为国家失去军备上的优势,兵器质量下降的基本原因是对工匠没有激励机制,责任不明确,不能作到赏罚分明。《政论》原书已轶,引文来自清代严可均的辑本:

"旧时永平建初之际(指公元58年至84年——笔者注),去战攻未久,朝廷留意于武备,财用优饶,主者躬亲,故官兵常兵器精利,有蔡大仆之弩、及龙亭九年之剑,至今擅名天下。顷主者既不勑慎,而诏书又误,进入之宾,贪饕之吏竞约其财用,狡猾之工复盗窃之,至以麻枲被弓弩,米粥杂漆,烧铠铁焠酨中,令脆易冶。铠孔又褊小,不足容入。刀矛悉钝,故边民敢斗健士,皆自作私兵,不肯用官器。凡汉所以能制胡者,徒擅铠弩之利也。今铠则不坚,弩则不劲,永失所恃矣……《月令》曰:'物刻工名,以覆其诚,功有不当,必行其罪,以穷其情。'今虽刻名之,而赏罚不能,又数有赦赎,主者轻甄,无所惩罚。夫兵革,国之大事,宜特留意,重其治罚。敢有巧诈辄行之罪,罪勿以赦赎除,则吏敬其职,工慎其业矣。"

崔寔或许不会想到,后来"物刻功名"信托责任体系竟成了儒家士大夫在作品上题字的雅趣。

至清末，外国观察家发现，中国的技术水平在某些方面已经落后于两千年前。意大利传教士郎世宁是圆明园西洋花园的主要设计师。这座举世惊叹的艺术皇冠最壮观之处是它的水法，即人工喷泉。喷口是十二生肖。就在西方人让中国工匠浇铸这些动物喷口时，当时郎世宁猛然发现中国人的冶金技术已是今不如昔，他写道：

"水法需要大量的金属构件，但是，制造一根标准的铜管都很艰难。帝国在冶炼和浇铸等领域的落后远远超过了我的估计。圆明园中藏有很多两千多年前的中国青铜器，它们的铸造水平确实很高。两千多年的时间，这个庞大的帝国在很多方面都处于停滞状态。"

最后，中国古典经济理论如同孕育她的母体一样，只剩下任人宰割的命运了。19世纪末20世纪初，随着西方经济学的全面引入，中国学者开始用西方经济学的手术刀肢解中国古典经济理论。结果是灾难性的，中国古典经济理论被残酷而野蛮地割裂成：李福星《孟子经济思想》（1926）、李慎言《孟子的政治思想及经济思想》（1931）、何大受《孔子政治经济思想》（1933）、黄汉《管子经济思想》（1936）、王守直《孔子的经济理论》（1940）、马元材《桑弘羊及其战时经济政策》（1944）、俞寰澄《管子之统制经济》（1944）……

至于那些企图完整论述中国经济史的作者，不过是努力将这些被肢解的尸块用逻辑的胶带粘连在一起：甘乃光《先秦经济思想史》（1926）、李权时《中国经济思想小史》（1927）、唐庆增《中国经济思想史》上卷（1936）、胡寄窗《中国经济思想史》（一部三卷，分别于1962、1963、1981年出版），等等。

王亚南1946年就正式提出了"中国经济学"的概念，但他指的是"以中国人的资格来研究政治经济学"，用西方经济学范式解决中国实际问题，进一步说是用马克思主义经济学诠释中国。他自己也承认，经济学只有一个西方经济学！悲夫！

这里，我们要做的不是继续堆积中国古代经济思想的尸块，我们已经有力量克隆活生生的中国古典经济理论本身。

2. 中国古典经济理论三原则

克隆中国古典经济理论首先是找到基因。我们找不到商以前可信度很高的文献，甲骨文也已经发现100多年了，但其中几乎都是对卜辞的零星记载。所以我们看到的可靠历史文献来自西周，最早的当属《尚书》。宋明儒家奉为至宝的《古人尚书》被清人证明是伪书后，《今人尚书》的地位提高了。

由于《今人尚书》也遭到过儒家"义理化"删改，所以"删《尚书》之余"、被儒家扔进纸篓的《逸周书》显得特别宝贵。在夏商周断代工程中，按照《逸周书·世俘》的记载，用天文学软件定出武王克商年代后，《逸周书》的可信度明显增加。今天，人们在重新编《尚书》的时候，已经将《逸周书·世俘》作为真《武成》编入。进而言之，刘向所述《逸周书》"盖孔子所论百篇之馀"的说法是可信的，《逸周书》才是本来面目的《尚书》——它是中华文明的胚胎，从中我们能发现完整的中国古典经济理论基因。

公元前1117年春，周文王临终前曾向太子发（克商的周武王）讲述治国大道，内容包括了中国古典经济理论的基本原则。《逸周书·文传解第二十五》中阐述的中国古典经济理论原则包括：自然原则、均平原则和储备原则。详述如下：

一、自然原则

华夏文明与西方文明最主要的不同就是她早就脱离了宗教神话的影响，相信自然秩序而不是超自然的上帝才是真理之源。这使得华夏文明在处理经济问题时，将生态秩序放在第一位，而不会像西方文明一样用工业持续、大规模生产的办法征服自然。尽管今天的西方文明也把环境问题看得十分重要，学蒙昧的印第安人大讲"地球母亲"，但他们仍然用资本主义资本至上的原则而不是自然原则组织经济生活。

我们的先人是何时脱离神话的影响过渡到自然主义世界观的呢？

据甲骨文记录，这一转变发生在商朝末年，当时祖先不再是恐怖的需要用各种宗教仪式安抚的对象，他们变成了值得尊敬的会赐福子孙的灵魂。日本学者伊腾道治总结第三期后半期、第四期卜辞（大致相当于公元前12世纪中叶以后）内容特点时说："这一时期，祖先是在另一个与活人相同的世界里生活的；同时，与祖先时代相比，人们更明确地意识到祖先是赐福于子孙的，从而确立了祖先崇拜。"①

这一转变是重要的，它表明在神话中人性的因素正在加强，那种通过祭祀占卜将人类的命运委于神权的时代终将结束。《逸周书·文酌解第四》的作者在总结周文王的行事特点时，尽管仍然主张尊敬神灵，但已经将卜筮降到了无足轻重的地位，指出占筮不吉也要善其所为，龟卜虽吉也要想到凶危。

周穆王的史官在记述前朝诸国败亡的原因与教训时，单列出古国玄都氏的重视鬼神、不重人才、相信占卜、重用神巫治国灭亡方面。（《逸周书·史记解第六十一》原文：昔者玄都贤鬼道，废人事天，谋臣不用，龟策是从，神巫用国，哲士在外，玄都以亡。）这里迷信鬼神、卜筮已经遭公开谴责。

西周末年，当芮伯良夫向厉王进谏的时候，已经屡屡讲"道"。《逸周书·芮良夫解第六十三》上面说："我小臣良夫叩头谨告天子，作为百姓的父母，只要尽到他的职责道义，远方人没有不服从的。如果不讲道义，身边的臣妾也会背离。百姓归向恩德。有德百姓会拥戴，无德百姓就仇恨。这句话真实地应验在此前不远。商纣王不改夏王桀的残暴，因此才有我们周朝。"（原文：予小臣良夫，稽道谋告，天子惟民父母，致厥道，无远不服，无道，左右臣妾乃违。民归于德，德则民戴，否则民雠。兹言允效与前不远。商纣不道，夏桀之虐肆无有家。）

在西周以后中国人的心目中，不仅政治生活要讲道，经济生活也要讲道，并发展出了完备的按时节安排生产的法规体系（即月令）和经济管理体系（详见《周礼·地官司徒》部分）。**经济的自然之道包括：按照自然生产的周期进行生产，顺时取物；维护生态持续的生产能力，蓄足功用；节制消费和资本，用之有节。**

儒家放任主义小农经济思想反对中国古典经济理论的储备原则，却极力赞同生产的自然原则。班固在作《汉书》时，将中国古典经济理论的自然原则阐述得很清楚，《汉书·货殖传第六十一》开篇就指出：要辨别土

---

① 伊腾道治，《中国古代王朝的形成——以出土资料为主的殷周史研究》，中华书局，2002年10月，第27页。

地、河流、湖泊、丘陵、沃地、平原、洼地等不同地理条件，教导百姓种植和畜养技术；这样，人民用于生活和殡葬的用品，包括五谷、六畜、鱼、鳖、鸟兽、柴草、木材、器械等各种物资都生产出来了。生产按照一定的时令，消费也要有所节制。草木的叶子没有凋落时不能进入山林砍伐；在农历九月前，不能到田野捕兽；在农历七月前，不能到小路旁边捕射飞鸟。除了要顺应时令生产外，还不能在山里砍小树，在湖边割嫩草，不能捕捉幼小的虫、鱼、兽，不能采集鸟蛋。这是为了顺应时令气候，使各种生物得以繁殖兴旺。这样就可以充分发挥自然的功效，使各种财物贮备富足。(原文：于是辨其土地、川泽、丘陵、衍沃、原隰之宜，教民种树畜养；五谷六畜及至鱼鳖、鸟兽、藿蒲、材干、器械之资，所以养生送终之具，靡不皆育。育之以时，而用之有节。草木未落，斧斤不入于山林；豺獭未祭，罝网不布于野泽；鹰隼未击，矰弋不施于溪隧。既顺时而取物，然犹山不茬蘖，泽不伐夭，蟓鱼麛卵，咸有常禁。所以顺时宣气，蕃阜庶物，蓄足功用，如此之备也。)

《逸周书·文传解第二十五》将中国古典经济理论的顺时取物总结为：山林不到季节不举斧子，以成就草木的生长；河流湖泊不到季节不下渔网，以成就鱼鳖的生长；不吃鸟卵不吃幼兽，以成就鸟兽的生长。打猎有季节，不杀小羊，不杀怀胎的羊。牛犊不拉车，马驹不驱赶奔跑。土地不失其所宜，万物不失其本性，天下不失其时令。(原文：山林非时不升斤斧，以成草木之长。川泽非时不入网罟，以成鱼鳖之长。不麛不卵，以成鸟兽之长。畋猎唯时，不杀童羊，不夭胎牛，不服童马，不驰不骛，泽不行害，土不失其宜，万物不失其性，天下不失其时。)

由于现代人已经不知中国古典经济理论顺时取物的原则，所有的生产都按工业化的逻辑，持续不间断地进行，结果是生物资源的严重浪费。以我国为例，尽管从1995年我们就实行了海区伏季休渔制度，但那两个月的休渔时间能保证恢复生态的自然生产能力吗？由于长期捕捞过度，有的沿海的居民不得不转产。

在科学技术还不发达的时代，《逸周书·文传解第二十五》还没有类似"年积材量"的概念用以框算生态的持续生产能力，但其中明确规定：不杀怀胎母兽，不砍未成材的树木，不错过农事季节。像这样下去十年，有十年积蓄的为王，有五年积蓄的称霸，没有一年积蓄的灭亡。生十个杀一个的，用物会堆积十层；生十个杀十个的，用物会顿时空虚。堆积十层的为王，顿时空虚的灭亡。（原文：无杀夭胎，无伐不成材，无堕四时。如此者十年，有十年之积者王；有五年之积者霸，无一年之积者亡。生十杀一者，物十重，生一杀十者，物顿空。十重者王，顿空者亡。）

小兴安岭的原始森林，日本人乱砍了一次，建国后又大砍了两次，上个世纪九十年代基本砍没了。相对我们的祖先，当代的经济政策是不是太野蛮？现在大讲封山育林，林不是靠育的，那些原始森林生态的恢复可能要上百年，可现代工业砍光地球上的森林是很快的；我们必须要蓄足功用，为万世子孙、人类的持续发展计。

《逸周书·文传解第二十五》在谈到节制消费和资本"用之有节"时，只是泛泛提到：不做骄纵奢侈之事，不做过分浪费的事，不贪恋于华美，柱子刮皮不加雕饰，屋顶用茅草覆盖，为百姓珍惜费用。（原文：不为骄侈，不为泰靡，不淫于美，括柱茅茨，为民爱费。）

中国古典经济理论经典《管子》轻重十六篇明确反对消费主义及资本的无限扩张，特别是在政权分立、资源紧张的情况下："桓公说，'泰奢教我说，不修饰车帷车盖，不大量添置衣服，女工的事业就不能发展。祭祀之礼不用牲，比如诸侯不依礼用牛，大夫不依礼用羊，六畜就不能繁育。不能高建楼台亭榭，修华丽宫室，各种木材就没有出路。这种说法对不对？'管仲说：'这是错误办法。'桓公说：'为什么说是错误的办法？'管仲回答说：'这是定地管理的方法。假如天子的管辖，方圆千里土地，列国诸侯方圆百里，滨海的子国七十里，男国五十里，彼此像身体上的胸臂一样互相为用，所以调节缓急余缺，即使粮财散在民间，也不致成为统一国家君主的忧虑。但是，领土狭小而还要起来与大国争强的国家，必须使农夫努力耕耘，成果归于君主，使妇女勤于纺织，成果归于官府，这并不是想要伤害民心与民意，而是因为国无积蓄就不能用人，国无余财就不能鼓励臣下。过分奢侈的办法，不可用在领土狭小的国家。'"（《管子·事语第七十一》原文：桓公曰："泰奢教我曰：'帷盖不修，衣服不众，则女事不泰。俎豆之礼不致牲，诸侯太牢，大夫少牢，不若此，则六畜不育。非高其台榭，美其宫室，则群材不散。'此言何如？"管子曰："非数也。"桓公曰："何谓非数？"管子对曰："此定壤之数也。彼天子之制，壤方千里，齐诸侯方百里，负海子七十里，男五十里，若胸臂之相使也。故准徐疾、赢不足，虽在下也，不为君忧。彼壤狭而欲举与大国争者，农夫寒耕暑耘，力归于上，女勤于缉绩徽织，功归于府者，非怨民心伤民意也，非有积蓄不可以用人，非有积财无以劝下。泰奢之数，不可用于危隘之国。")

自凯恩斯以来，刺激消费和信贷扩张已经成为西方经济发展的主要动力，资本膨胀造成的恶果已经显示出来，甚至已经威胁到人类生存的安全。电动汽车早就发明了，上个世纪 90 年代，美国加利福尼亚通过了《零排放法案》（Zero Emissions Man date），以降低汽车尾气对环境和公众健康的危害，该法案规定加州 1998 年售出的新车中，零排放的汽车要达到 2%，2003 年达到 10%。在美国大石油公司的压力之下，与燃油车、混合型动力车和氢燃料电池车相比拥有环保节能、费用低廉等优越性的电动车却退出了市场，最后在亚利桑那的沙漠中被绞成了钢铁碎片。

在 2006 年美国前副总统戈尔（Al Gore）亲自参与制作和演出的纪录片《难以忽视的真相》（An Inconvenient Truth）中，戈尔以严谨的态度，极其丰富的资料向世人证实了全球变暖的灾难性影响，并指出人类（特别是一直忽视这一问题的美国）完全有技术能力解决这一问题，但由于某些工业利益集团的影响，连科学报告也被那些与石油公司有密切关系的政府官员随意修改。戈尔最后不得不承认，政治意愿（Political will）已经成为美国最宝贵的再生能源。

据已经出了中文版、在美国影响巨大的《一个经济杀手的自白》[①] 一书透露，美国大财团控制的经济杀手（Economic Hit Man）常常披着经济学家、银行家、国际金融顾问之类的外衣，通过蓄意作出夸大宏观经济分析和产业投资建议的方式来控制别国的经济命脉和自然资源。在经济全球化的时代，美国为谋求建立全球霸权，派遣经济杀手到世界各地发动隐蔽的经济战争，其规模空前巨大，令人恐怖，所到之处是当地人普遍的贫困和自然资源的严重破坏。以拥有丰富石油资源的厄瓜多尔为例，落入经济杀手设置的陷阱后，挣扎在贫困线上的人口从 50% 上升到 70%，就业不足和失业率从 15% 飙升到 70%，国债从 2.4 亿美元猛涨到 160 亿美元。作者约翰·帕金斯（John Perkins）写道："世界上并非仅厄瓜多尔一个国家是

[①] 广东经济出版社，2006 年 12 月 1 日。

如此。几乎每个被经济杀手网罗到美国'保护伞'下的国家，都遭受着同样的厄运。"

在人类资源已经越来越紧张的今天，西方文明依旧用消费主义支撑着他们的经济增长，自己的资源不够就用经济、战争手段去掠夺，人类何时能脱离西方海盗文明的野蛮呢？

中华文明，西周初年已经由山虞、森衡、川衡、泽虞、迹人、矿人等官员管理自然资源。比如矿人的职责是掌管出产金玉锡石等的地方，为之设置藩界和禁令而加以守护。按时采取，选择开采地，绘成地图交给开采者，巡视是否有人违犯禁令。（《周礼·地官司徒第二·矿人》原文：矿人掌金玉锡石之地，而为之厉禁以守之。若以时取之，则物其地图而授之，巡其禁令。）令人遗憾的是，直到2007年我国稀土生产才由指导性改为指令性生产，其他矿产资源的乱挖乱采已经到了触目惊心的程度。

由于汉白玉资源有限，中国一向有节制地开采汉白玉，主要用于国家标志性建筑，一般人不得随意开采使用。但全面引入资本主义自由市场经济后，汉白玉资源这些年很快就枯竭了。要建中华世纪坛，被称为汉白玉的中华世纪坛石碑不得不用糙白石顶替，结果碑体很快就有风化裂缝——这是一种历史的讽刺！是一种民族的羞耻！

节制消费和节制资本是中国古典经济理论自然原则的重要组成部分。这里节制资本不是消灭资本，《逸周书》屡次强调，国家要保证商人有足够的资本。（《文政解第三十九》："商工受资"；《大聚解第四十》："商不乏资"。）周初政治家吕尚直接将大农、大工、大商称为国之三宝（《六韬·文韬·六守》）。《史记·货殖列传》引《周书》也将商人称之为"三宝"之一，上面说："农不出则乏其食，工不出则乏其事，商不出则三宝绝，虞不出则财匮少。"中国古典经济理论节制资本的目的是让百姓均平，不像今天美国那样让一个利益集团通过对资本的控制绑架整个社会。

二、均平原则

何谓均平原则

中国古典经济理论的百姓均平原则与儒家放任主义小农经济条件下"不患寡而患不均"不同。前者是指不同社会阶层间利益的动态平衡。《黄帝四经》上说，应付事物变化的方法在于掌握平衡和适度，轻重不当，便是失道。(《黄帝四经·道法》原文：应化之道，平衡而止。轻重不称，是(胃)谓失道。)

百姓均平原则是通过一系列经济、政治手段实现的，目的是防止人与人互相剥削，"下相役"、"阴相隶"、"同列而相臣妾"。著名史学家蒙文通先生认为百姓均平原则是中国没有像西方社会一样陷入阶级斗争泥潭的基本原因，也是华夏文明先进性的标志之一。他在《汉代之经济政策》一文中写道："凡欧洲史中封建贵族与工商资本、资本与劳动之争，为患稽天者，于中国史悉无之。一若中国民族独不解阶级斗争之事，而孰知此即晁错、董子之消患于无形耶？欧美今日所不能解决者，中国于二千年前已处之有其方。是安得以我自然科学之后于人，而谓我历史亦后于人耶？"[1]

均平原则具体政策包括物价调节、平均赋税、每个人平等地享受自然资源等等。

《逸周书·文传解第二十五》认为，只有百姓均平，社会才会和谐发展。上面说："百业得以均其利益，商贾得以流通货物；百工不失掉职业，农夫不失掉农时，这叫做和德。土地多百姓少，就如同土地不是他的土地。土地少百姓多，就如同百姓不是他的百姓。因此，土地多，就发布政令以达四方，四方之人流入；土地少，就让百姓安好家室到外地劳作，向四邻输出。《夏箴》里说：'国内不能容纳利益，百姓就到外地居住。'《开望》里说：'土地宽广无人防守的，可以袭击讨伐；土地狭小没有粮食的，可以围困待其枯竭。两种祸患的发生，都是土地与百姓多少不相称的灾难。'"（原文：百物以平其利，商贾以通其货。工不失其务，农不失其时，是谓和德。土多民少，非其土也。土少人多，非其人也。是故土多发政，以漕四方，四方流之。土少安帑，而外其务方输。《夏箴》曰：中不容利，民乃外次。《开望》曰：土广无守，可袭伐；土狭无食，可围竭。二祸之来，不称之灾。)

在以农业为主导的古代中国社会，均地分力、公平折算、土地分户经营成为历代长期追求的目标，因为这样能够达到人力资源与物力资源的最大化利用。《管子·乘马第五》上论证说：把土地公平折算实行分户经营，可以使人民自身抓紧农时。他们会关注季节的早晚、光阴的紧迫和饥寒的

---

[1] 蒙文通，《儒学五论》，广西师范大学出版社，2007年5月，第129~130页。

威胁。这样,他们就能够晚睡早起,父子兄弟全家关心劳动,不知疲倦并且不辞辛苦地经营。而不把土地分配下去的害处,就是地利不能充分利用,人力不能充分发挥。(原文:均地分力,使民知时也。民乃知时日之蚤晏,日月之不足,饥寒之至于身也。是故,夜寝蚤起,父子兄弟不忘其功。为而不倦,民不惮劳苦。故不均之为恶也,地利不可竭,民力不可殚。)

让每个家庭平等享受土地资源的政策在中国大黄金时代相当成功,事实上早期的农民起义并没有将均分田地作为自己的政策目标。东汉之后,曾经发生过大规模土地兼并,但这种现象并没有在明清两朝出现,两个王朝灭亡的主要原因是放任主义的经济政策使他们没有资源动员足够的民力抵御外部入侵。以前有的学者教条化地将一个朝代的灭亡归因于土地兼并,近年来对中国经济史的深入研究已经使这种意识形态主导的理论逐步失去了根基。

均地分力不再适用于工业化时代的农业,但让每个人都有平等机会享受世界资源的思想却永远不会过时。

夏朝史书《夏书》中说:"赋税均平,王室的库藏才会充盈。"(《国语·单穆公谏景王铸大钱》原文:《夏书》有之曰:关石和钧,王府则有。)为了平均分配土地并公平地承担赋税,我们的先人发展了以《九章算术》为核心的完整的数学体系,它的主要架构就是按百姓均平的原则设计的。西周时政府专设均人一职,其职责就是:使地税合理,使山林川泽之税合理,使各种从业税合理,使对于人民、牛马、车辇的力役征调合理。凡力役的征调,依照年成的好坏,丰年公事平均每人征用三天,中等年成公事平均每人征用二天,歉收年成平均每人征用一天。发生饥馑疫病就免除力役,免除赋税,不征收山林川泽税和各种从业税,因而也无须做使地税合理的工作。三年大校比时,就对各种赋役做一次大的合理调整。(《周礼·地官司徒第二·均人》原文:均人掌均地政,均地守,均地职,均人民、牛马、车辇之力政。凡均力政,以岁上下。丰年,则公旬用三日焉;中年,则公旬用二日焉;无年,则公旬用一日焉。凶札,则无力政,无财赋,不收地守地职,不均地政。三年大比,则大均。)

百姓均平还包括生产者和消费者的利益平衡,特别是农民与工商业者利益的平衡,不让工商业阶层垄断国家权利。如果农产品价格过低,必然会损害农民的利益，也会使农民的工业品购买力受损，如果粮价过高，就会损害农业产品消费者的利益，因此中国古典经济理论主张国家调节粮食价格，使"农末俱利"，具体调节内容包括：出售粮食，每斗价格二十钱，农民会受损害；每斗价格九十钱，商人要受损失。商人受损失，钱财就不能流通到社会；农民受损害，田地就要荒芜。粮价每斗价格最高不超过八十钱，最低不少于三十钱，那么农民和商人都能得利。并指出如果粮食这样平价出售，并平抑调整其他物价，关卡税收和市场供应都不缺乏。（原文见《史记·货殖列传》春秋时越国大臣计然语：夫粜，二十病农，九十病末。末病则财不出，农病则草不辟矣。上不过八十，下不减三十，则农末俱利，平粜齐物，关市不乏，治国之道也。）

伟大的常平仓制度

为维护生产者和消费者利益，中国人建立了常平仓用以稳定价格。

从《周礼》中，我们能明显看出西周初年国家保持粮食这种基本商品价格稳定的努力。在具体操作上，《周礼·地官司徒第二》中的操作与李悝的"平籴法"十分相似，也遵循"有余补不足"的哲学原则。《周礼·地官司徒第二·仓人》条："仓人掌管所收入谷物的储藏，分辨九谷的名称种类，以备王国所用。如果谷物不足，就减省委积的支用；谷物有余，就把它储藏起来，以备灾荒年而颁用。凡国家有大事，供道路委积所需的谷物和饮食。"（原文：仓人掌粟入之藏，辨九谷之物，以待邦用。若谷不足，则止余法用。有馀，则藏之，以待凶而颁之。凡国之大事，共道路之谷积，食饮之具。）

常平仓发展成熟于东周至秦汉时期，最早可以追溯到春秋战国时范蠡的"平粜法"与李悝的"平籴法"。李悝平籴法是按年成丰歉和灾情大小的不同情况，把丰收年景分为上熟、中熟、下熟三等。上熟年份每百亩收余粮三百石、中熟年份每百亩收购余粮二百石、下熟年份每百亩收购余粮一百石；把灾荒年成分为大饥、中饥、小饥。大饥则把上熟收购余粮抛出，中饥则把中熟所购余粮抛出，小饥则把小熟所购余粮抛出。这样就能保证即使有灾荒也会因有储备而保持粮食市场稳定。

常平仓政策的理论架构在汉武帝时代已经基本成熟，当时主管经济的桑弘羊创立平准法，依仗政府掌握的大量钱帛物资，在京师贱收贵卖以平抑物价。到西汉宣帝年间，担任大司农中丞的耿寿昌正式建立起了常平仓制度。据《汉书·食货志》记载："寿昌遂令边郡皆筑仓，以谷贱时增其贾而籴，以利农，谷贵时减贾而粜，名曰常平仓。"这里耿寿昌运用价值规律，在市场粮价低的时候，适当提高粮价进行大量收购，不仅使朝廷储藏粮食的大谷仓（太仓和甘泉仓）都充满了粮食，而且边郡地方也仓廪充盈。在市场粮价高的时候，适当降低价格进行出售。这一措施有效平抑了粮食市场，既避免了"谷贱伤农"，又防止了"谷贵伤民"，中国市场上不再有西方社会中直到今天还存在的将"牛奶"倒入阴沟的野蛮行为。

历史上常平仓制度在中国置废不常。但至中华全境沦陷于满清时，其规制已经相当完整。清朝常平仓款项主要来自地方财政收入、截留漕粮以充实常平仓的资金和富民捐谷；常平仓的作用除了平抑物价，还包括出借给农民作为籽种口粮，以解决青黄不接时农村发生的困难，同时达到仓谷出陈易新之目的。在大灾之时，也用常平仓谷赈济灾民；为了保证国家粮食储备的质量，每年出陈易新的部分约为总储量的百分之三十。常平仓储量随着清朝国力的上升曾不断扩充，清朝由盛而衰，存谷也逐渐空虚以至枯竭。至清末，对于全国极大多数地区来说，经济的稳定器常平仓已经名存实亡。

美国从二十世纪三十年代起就将宋代王安石新政中的常平仓政策引入了罗斯福新政，即1933年通过的《农业调整法案》（the Agricultural Adjustment Act），它是以1909~1914年农业繁荣时期农产品对工业品相对价格为"平价"（parity price）；《农业调整法案》的主要推动者、美国前农业部长华莱士曾积极推动常平仓政策的国际化，以便让所有国家的农民都有相等的权力获得基本的农产品和工业品。1942年1月，这位王安石的崇拜者在《大西洋月刊》上鼓吹自己的"世界常平仓"思想，他写道：

"作为和平努力的一部分，我希望所谓的'常平仓原则'会在世界范围内一系列商品中实现，请注意，罗斯福总统和丘吉尔首相达成的《大西洋宪章》八条中第四款提到，所有国家，不分大小，战胜者或战败者，都有机会在同等条件下获得世界的原料，我们接下来数月的主要目标是使这个崇高的理想变得更为具体。"

第二次世界大战结束后，1946年8月，联合国粮农组织（Food and Agriculture Organization of the United States）宣布将建立一个世界粮食委员会（World Food Board），要将"1930年代美国农业部长华莱士的'常平仓'计划国际化"，这个委员会将为欠收建立粮食储备，稳定世界农产品价格，其基本目标是使"当其他国家有大量卖不掉的粮食剩余时穷国免除饥饿之灾"。然而，在美国等国家的激烈反对下，这个中国古典经济理论的伟大计划被搁置了下来！

华莱士（Henry A. Wallace，1888～1965），作为罗斯福"新政"的重要组成成员，在美国积极推行中国古典经济理论的常平仓政策，奠定了现代美国农业政策的基础；1943年宋美龄代表蒋介石到美国筹集抗日战款时，罗斯福总统告诉她，"新政"的农业计划部分是来自中国哲学的。

今天，世界农产品贸易仍按照西方自由市场经济学的原则进行。星巴克大概可以从 1 公斤咖啡豆中收入 232 美元，而一个生产咖啡的埃塞俄比亚农民卖 1 公斤咖啡豆只能收入 0.3 美元，且这个价格还一直在下降。埃塞俄比亚的农民至今还无法解决温饱和孩子的教育问题，许多地方没钱建学校；另据联合国公布的统计数字显示，目前全球有 40 个国家面临不同程度的粮食短缺，全世界有 8.54 亿人营养不良，每年有 560 万儿童因饥饿和营养不良而夭折。在发展中国家，粮食短缺问题尤为严重，约有 1/5 的人无法获得足够的粮食。

当读者看到这些触目惊心的统计数字的时候，会懂得什么是赤裸裸的经济掠夺！什么是现代西方经济学华丽外衣下的野蛮！什么时候中国古典经济理论才能成为指导人类可持续发展的指南呢？

三、储备原则

历史上的商品储备

正如马克思在《资本论》中提到的那样，产品的储备是一切社会所共有的。古埃及就有了国家粮库，主管官员的地位相当高。从《旧约·创世纪》中我们能看到，约瑟建议法老在 7 年丰收之年储备了大量粮食，然后在接下来的 7 年大荒中发了横财，约瑟的政策只是以王权的名义囤积居奇；罗马人也有大量的粮食储备，目的和早期中国人一样单纯为了储丰防缺。据历史资料，在公元前 4 世纪的时候，罗马至少有 291 家公共粮库，储备的粮食足以支撑首都居民 7 年之需。

西方没有入侵前的印加和印度都有大量的储备。印加人的储备还相当丰富，除了粮食，还有羊毛、棉花和各种金属。近代，法王路易十四设立了皇家粮食管理局，负责军用粮食的公开采购。美国弗吉尼亚州 1632 年立法明确要求每一位超过 18 岁的农民都应当为公共粮仓贡献粮食。

由于西方世界的储备最多停留在"积谷防饥"阶段，所以西方学者们对储备的见解亦有天壤之别。莱勒认为储备将随着资本主义生产的发展而减少；马克思则持相反的见解，认为储备的三种形式（生产资本的形式，个人消费基金的形式，商品储备或商品资本的形式）就绝对量来说可以同时增加，但是一种形式的储备会在另一种形式的储备增加时相对地减少；西斯蒙第认为储备是资本主义生产的一个缺陷；亚当·斯密则认为储备是资本主义生产所特有的现象，农业经济社会历来都是吃上顿不管下顿——

显然亚当·斯密有点信口开河!

人类文明史上,只有中国人将储备作为经济、金融思想的核心,主要包括两个方面,一是基本商品的储备,二是商品储备货币的发行。至晚在春秋时代,基本商品的储备和商品储备货币的发行理论已经相当成熟。中华原文明被儒化后,儒家小农市场经济理论将国家储备"福利化",主张建立一种"不以官与其事"、政府不参与的民间自助社仓——在儒者"仁慈之心,无微不至"的侵蚀下,中国古典经济理论储备原则几尽消失!

就如同中国人在三千年前就接受了负数概念而西方人到19世纪还称负数十分荒谬一样,笔者认为西方人长期关注从生产到消费的过程而没有关注储备的原因是他们的思维方式与中国人不同。在系统论诞生以前,西方人缺乏从整体角度思考事物的能力,西方经济学总是力图从生产或消费方面解决经济问题,没有意识到从生产和消费平衡的整体角度解决问题。

直到上个世纪30年代,常平仓制度引入西方后,商品储备及商品储备货币才正式进入西方经济学家的视野。

《逸周书·文传解第二十五》在讲储备原则时没有像《逸周书·大匡第十一》中那样清楚,只是强调了储备的重要意义。

《史记·货殖列传》记载了计然的储备原则,以及如何用储备调节市场。计然明确指出,国家绝对不能如投机商一样囤居以求高价(不能学约瑟和埃及法老),要根据市场价格的波动随时平衡物价。司马迁引用计然的话说:"积贮货物,应当务求完好牢靠,没有滞留的货币资金。买卖货物,凡属容易腐败和腐蚀的物品不要久藏,切忌冒险囤居以求高价。研究商品过剩或短缺情况,就会懂得物价涨跌的道理。物价贵到极点,就会返归于贱;物价贱到极点,就要返归于贵。当货物贵到极点时,要即时卖出,视同粪土;当货物贱到极点时,要即时购进,视同珠宝。货物钱币的流通周转要如同流水那样。"司马迁还说,越王勾践按照计然策略治国十年,越国就富有了,终于报仇雪耻,灭掉吴国,称霸中原。(原文:[文计然曰]文"积著之理,务完物,无息币。以物相贸易,腐败而食之货勿留,无敢居贵。论其有余不足,则知贵贱。贵上极则反贱,贱下极则反贵。贵出如粪土,贱取如珠玉。财币欲其行如流水。"修之十年,国富,厚赂战士,士赴矢石,如渴得饮,遂报强吴,观兵中国,称号"五霸"。)

商品储备货币的发行

　　关于商品储备货币的发行理论，公元前 524 年单穆公谏景王铸大钱时阐述得简单明了，其核心思想是，统计财货的多少，权衡钱币的价值，如果钱贬值过多，就发行重币，使重钱和轻钱按照一定比价流通，所谓"量资币，权轻重"。《国语·单穆公谏景王铸大钱》中说：古时候，天灾降临，于是统计财货，权衡钱币的轻重，以便赈济百姓。若百姓嫌钱轻物重，就铸造大钱来行用，于是有大钱辅佐小钱流通，百姓都得益。若百姓嫌钱重物轻，就多铸小钱来行用，同时也不废止大钱，于是有小钱辅佐大钱流通。这样，无论是小钱、大钱，百姓都不感到吃亏。(《国语·单穆公谏景王铸大钱》原文：古者，天灾降戾，于是乎量资币，权轻重，以振救民，民患轻，则为作重币以行之，于是乎有母权子而行，民皆得焉。若不堪重，则多作轻而行之，亦不废重，于是乎有子权母而行，小大利之。)

　　在具体操作层面上，《管子》轻重十六篇论述的相当细致。作者指出，国家经济工作首先要统计出"资"和"币"，才能根据轻重原则调节市场，增强国力。统计内容包括：一个乡有土地多少？用费的一般标准多少？粮食总值多少？还有一个县的人口多少？土地多少？货币多少才合于该县需要？谷价多高才合于货币流通之数？全年计算供应口粮后，余粮多少？一乡的女劳力全年进行纺织，其成品多少？应当把成品按时价算出总值，全年供全部人口穿用后，余布多少？还要有另外一组统计项目，调查土地的情况。(《管子·山国轨》原文：某乡田若干？人事之准若干？谷重若干？曰：某县之人若干？田若干？币若干而中用？谷重若干而中币？终岁度人食，其余若干？曰：某乡女胜事者终岁绩，其功业若干？以功业直时而櫎之，终岁，人已衣被之后，余衣若干？别群轨，相壤宜。)

　　统计好资币后，就可以用信贷、市场和行政命令等办法经济天下了。在这个过程中，国家总要掌握商品储备的主动。尽管《管子》一书中描述的全部情况并不一定是历史事实，甚至有些夸张，但作为一般的调节市场原则仍具有重要的参考意义，它给了中国后世经济学家太多的启迪。

　　总体统计完成后，就计划发行一笔经过全面筹算的货币。对于预计其土地收成超过口粮消费的农户，就主动借钱给他们。大户多借，小户少借。山地和中等土地的农户，全年口粮不够消费的，也要借钱给他们，以保持其最低生活水平。次年，年景好，五谷丰登。官府就对据有上等土地的农户说："政府贷给你们共多少钱？乡中粮食的现价多少？请按照十成减三的比例折价还粮食。"这样粮价就会上涨，币值就会下跌。因为上等土地的余粮被官府掌握起来，中等土地又无法补足山地的缺粮，故粮价将上涨十倍。但山地农户因已有国家贷款，接济其不足，也不至于过分损失。只是上等土地的余粮及时被国家掌握，使粮价坐长了十倍。这时对妇女所生产的布帛，只要合于国家需用，都加以收购并立下合同。合同按当地市价写明："官府无钱，但有粮。用粮食折价来收购。"这样又用卖回粮食办法清偿买布的合同，国家需用的布帛便可以解决。接着粮价又降回到原来水平了。再贷放经过统筹发行的货币，再进行囤集粮食，粮价又上涨十倍。这时通告豪富之家和高利贷者们说：'国君将巡行各地，尔等各应出钱若干备用。'还通告邻近各县说："有存粮的都不准擅自处理。如果巡行用粮不够，国君将为解决人马食用向民间借粮。"邻县地区粮价受到影响，又坐涨十倍。国君便下令说："从富家所借的钱，一律以粮食折价偿还。"这样，粮食的市价又会降下来了，币值又要上升了。全国的统计理财工作都可按此法行事。(《管子·山国轨》原文：然后调立环乘之币。田轨之有余于其人食者，谨置公币焉。大家众，小家寡。山田、间田，曰终岁其食不足于其人若干，则置公币焉，以满其准。重岁，丰年，五谷登，谓高田之萌曰："吾所寄币于子者若干，乡谷之櫎若干，请为子什减三。"谷为上，币为下。高田抚间田山不被，谷十倍。山田以君寄币，振其不赡，未淫失也。高田以时抚于主上，坐长加十也。女贡织帛，苟合于国奉者，皆置而券之。以乡櫎市准曰："上无币，有谷。以谷准币。"环谷而应策，国奉决。谷反准，赋轨币，谷廪重有加十。谓大家委赀家曰："上且修游，人出若干币。"谓邻县曰："有实者皆勿左右。不赡，则且为人马假其食民。"邻县四面皆櫎，谷坐长而十倍。上下令曰："赀家假币，皆以谷准币，直币而庚之。"谷为下，币为上，百都百县轨据。)

无论是"以谷准币"还是"以币准谷"（"以币准谷"还包括官员俸禄不再直接发给粮食，而是换算成货币，类似现代的工资，目的是让国家掌握更多的粮食储备，支撑粮食价格），管子都将商品本位货币的应用推到了极致，这里商品储备货币已经不单纯是为了稳定价格，还能通过可控的价格波动直接从市场获取巨大的财政收入——与西方经济学的传统作法不同,《管子》强烈反对通过加税的方法增加财政收入。

社会主义国家的商品储备与商品储备货币的发行

当美国的格雷厄姆为自己的商品本位货币方案没有得到华盛顿的青睐无可奈何的时候,在社会主义世界,他的计划正在稳妥地进行。斯大林治下的苏联,储备已经不再是马克思眼里的产品流通中的必要一环或"用来应付不幸事故、自然灾害等的后备基金或保险基金"(《哥达纲领批判》)。而是卢布稳定的基础。1933年斯大林就指出:"苏联的通货价值之稳定,首先是由于国家手中握有巨大数量的商品来保证的,这些商品都以稳定的价格在市场上流通。"这是真实的,在1936年1月中央执行委员会的会议上,苏联的财政人民委员宣布:"苏联的卢布是稳固的,世界上没有一种货币价值能比得上它。"

当代许多研究者都是赫鲁晓夫的信徒,将斯大林时苏联的经济奇迹说得一无是处。但斯大林的货币思想不仅为苏联经济学家所鼓吹,格雷厄姆在写他的商品储备货币专著《世界商品与货币》时也毫无偏见地引用。斯大林没有有意识地去推行商品储备货币,但他通过商品"准备金"的形式稳定卢布的路径是对的。

斯大林的这些思想对1935~1937年间曾在莫斯科学习苏联处理经济问题方法的陈云有什么影响,我们不得而知。我们只知道1939年底至1940年初周恩来在苏联治病时,曾会见了苏联马克思主义经济学家、前苏联科学院世界经济和世界政治研究所所长瓦尔加·叶·萨(1879~1964)。按《师哲回忆录》中的记述,因为当时法币(国民党货币)不断贬值,导致陕甘宁边区边币跟着贬值,物价猛涨,周恩来问策瓦尔加,后者建议:首先应使边币脱离与法币挂钩的关系,使之独立起来。其次边币不应以黄金、白银支撑,而是以边区的实物(煤、石油、食盐等)为基础,以维护边币的购买力。第三要自力更生,发展生产。

多年以后,陈云将商品本位货币思想付诸实施。1943年初,刚刚主持西北财经办事处日常工作的陈云提出建议,为了拯救不断贬值、信誉严重受损的边币,可以考虑由盐业公司发行一种流通券,其定价与法币1比1,与边币1比9,使之在边区内流通,逐步收回边币。达到一定程度时,再以边币收回盐业流通券。这样就可使边币与法币比价提高到1比1,驱逐法币，掌握金融主权。陈云的建议很快被采纳了，1944年5月23日，西北财经办事处第五次会议决定发行边区贸易公司商业流通券。共产党人商品储备货币的发行是成功的，1944年7月到1945年8月，边区的金融物价再也没有发生大的波动。

陈云（1905～1995），中国社会主义经济建设的开创者和奠基人之一。他思想的核心是资币综合平衡，包括财政、信贷、物资、外汇四大平衡。他指出："只要财政收支和信贷是平衡的，社会购买力和物资供应之间，就全部来说也会是平衡的。"

解放初期，当时恶性的通货膨胀足以吞噬任何一种意识形态的新生政权。全国13个大城市的批发物价指数如以1948年12月为基数100，则1949年11月的指数已达5376；人民币的发行额增加速度若以1948年底为基数，到1949年11月猛增11倍，到1950年再增加至270倍。此时陈云一方面利用商品储备对付投击商（"米棉之战"），另一方面发行基本商品支撑的货币稳定市场。主要手段包括：

一、统一中央财政工作（这也是《管子》一书屡次三番强调的），主要是统一管理财政收支，统一管理物资，统一管理信贷收支和货币发行，做到财政收支平衡，市场商品供求平衡，信贷收支平衡。为保证国家掌握雄厚的基本商品储备，决定成立中央和省市各部门的仓库物资清理调配委员会，规定"所有库存物资，由政务院财政经济委员会统一调度，合理使用，以便减少1950的财政支出及向国外订货。"

二、紧缩银根，发行折实公债（一种商品本位货币，实际上以单位人民币准"一篮子基本商品"，这些商品大致包括粮食、布匹和煤炭）。中央制定了1950年发行2亿分折实公债的计划，后来计划中的2亿分公债实际只发行了1亿分（1分公债折合实物为大米3公斤、面粉0.75公斤、白细布1.3米、煤炭8公斤）。

三、开办保值的折实储蓄，大力吸收定期存款。当时折实单位后面的商品有很大不同，京津地区是以玉米粉0.5公斤、面粉0.5公斤、五福布1/3米的平均价格为一个标准折实单位；上海是以白粳米1升、生油50克、煤球0.5公斤、龙头细布1/3米的平均价格为1个标准折实单位；其他城市也都有各自的标准折实单位。

四、通过国营贸易公司大力增加商品储备。到1949年底，中央已掌握了50亿斤商品粮和占全国70%的煤炭供应量，40%的棉纱和50%的布匹，60%的食盐，同时加强了对京、津、沪等大城市的物资调拨工作。1949年11月25日到30日每日由东北地区调运1000万至1200万斤粮食入关。

五、还采取了打击和取缔投机势力、发放折实工资等手段稳定社会、市场秩序。

陈云是20世纪最伟大的经济学家之一，尽管到目前为止还很少有人承认这一点。他不和斯大林一样主张将市场送到阴间去，一切都直接实行计划分配。他也不主张冻结物价。或许他比斯大林更多的汲取了中国几千年的市场管理经验，中国本土学者早就发现，陈云经济思想与管子多有相通之处。

中国古典经济理论将市场看作商品的价格标尺，是社会治乱的标志，认为没有市场就会严重打击经济，造成民用缺乏（"无市则民乏矣"）。《管子·乘马第五》中说：市场是商品供求状况的准绳。所以，各种货物价格低廉，各种商业就不能获得高利；各种商业无高利，各项事业就都能搞好；各项事业搞好了，各项需求就都能得到适度的满足。通过市场，可以通晓社会的治乱，可以通晓物资的多寡。（原文：市者，货之准也。是故,百货贱,则百利不得;百利不得,则百事治;百事治,则百用节矣……故曰:市者可以知治乱,可以知多寡。)

中国古典经济理论明确反对冻结价格或计划价格的做法。计划价格实际上是让经济(市场)这一复杂巨系统的感受器价格僵化了,由人和组织配置资源,无论这些组织或人多么有效率也无法取代市场系统本身。结果是经济体制由麻痹到僵化,由僵化到死亡。20世纪末,苏式计划经济在世界范围内破产。

《管子·轻重乙第八十一》有一段桓公与管仲君臣的讨论。桓公问管仲说:"平衡供求有定数么?"管仲回答说:"平衡供求没有定数。平衡供求,就是要使物价有高有低,不经常固定在一个数字上。"桓公说:"那么,平衡供求的数字就不能调整划一了么?"管仲回答说:"不能调整划一,调整划一就静止了,静止则没有变化,没有变化则物价升降没有差别,没有差别各种商品都不能被我们掌握利用了。"(原文:桓公问于管子曰:"衡有数乎?"管子对曰:"衡无数也。衡者使物一高一下,不得常固。"桓公曰:"然则衡数不可调耶?"管子对曰:"不可调。调则澄。澄则常,常则高下不贰,高下不贰则万物不可得而使固。")

解放初期,中国政府的商品储备算是正常的,主要集中于基本商品,到1951年计划管理的物资才23种。之后越来越多。1953年实行计划管理的物资增加到227种,其中统配物资112种、部管物资115种。1957年甚至对非申请单位需用的物资也纳入了各级主管部门的申请、分配计划,计划管理的物资增加到532种,物资计划管理体制也逐步由计划渠道和商业渠道、调拨价和市场牌价并存变为单一的计划分配调拨和计划价格。

中国古典经济理论的外贸政策

在中国古典经济理论中,国家仓库中的储备起到准备金的作用,商品储备货币的发行是以国家实际财富作基础的,前提是国家必须掌握大量的商品储备,否则国家将失去调节市场的能力。《管子·山权数第七十五》将掌握战略物资称为"天权","天权"不掌握,经济管理也就无从谈起。也因此,中国古典经济理论对于外贸中严重的入超和出超都十分关注,平衡市场的基本要求是保持物价水平与别国一致。因为商品价格偏高,别国就来倾销摄利;商品价格偏低,物资会泄散外流。所以要注意比价一致,物资泄散外流，就等于本国失权；被人摄利，就等于本国失策了。(《管子·山权数第七十五》：物重与天下调。彼重则见射，轻则见泄，故与天下调。泄者，失权也；见射者，失策也。)

在天下政权分立的条件下，国家对物资、价格管理不能实行放任主义，要行"扣牢之策"。《管子·山至数第七十六》：现今还是诸侯掌握天下各州的余财，还要利用季节的变化，实行操纵市场的办法，使东西南北相补助，为取得一致而加以调节。所以说，在诸侯分立条件下，则直接掌握物资贵贱来对付各诸侯国；在天下统一的条件下，则利用货币掌握物价涨落，使之调平。东西充足则使之调出，不足则制止之。(原文：今以诸侯为管公州之饰焉，以乘四时，行扣牢之策。以东西南北相彼，用平而准。故曰：为诸侯，则高下万物以应诸侯；遍有天下，则赋币以守万物之朝夕，调而已。利有足则行，不满则有止。)

这里的"扣牢之策"实际上是让战略物资内流，而利不外泄。桑弘羊在盐铁会议上清楚地指出："善于治理国家的人，应该是天下人认为卑贱的，他认为高贵；天下人所轻视的，他却重视。用工业产品换取原材料，用无用的东西换取有用的。现在从山林川泽取得的财富，实行均输法所获得的积累，是为了施用轻重之法来役使天下的诸侯。汝、汉一带的金子，各地进贡的丝织品，可以引诱外国人以换取胡、羌的珍贵财物。用我们两丈丝绸，就能得到匈奴的很多贵重物品，从而减少了他们的财物。这样，骡、驴、骆驼就可以成群结队地进到边塞之内，各种良马也都变成了我国的牲畜，鼠皮、貂皮、狐貉等各种贵重皮料，彩色的毡子，有花纹的毯子将充满皇宫里的仓库，璧玉、珊瑚、琉璃也都成了我国的宝贵物品。这样，外部的各种物品源源不断地运进来，而内地的财物不外流。外族的东西运进来，国家财用就充足，自己的财物不外流，人民家用就丰足。"(《盐铁论·力耕第二》原文：善为国者，天下之下我高，天下之轻我重。以末易其本，以虚易其实。今山泽之财，均输之藏，所以御轻重而役诸侯也。汝、汉之金，纤微之贡，所以诱外国而钓胡、羌之宝也。夫中国一端之缦，得匈奴累金之物，而损敌国之用。是以骡驴馲驼，衔尾入塞，驒騱騵马，尽为我畜，鼲貂狐貉，采旃文罽，充于内府，而璧玉珊瑚琉璃，咸为国之宝。是则外国之物内流，而利不外泄也。异物内流则国用饶，利不外泄则民用给矣。)

晋法家商鞅学派有丰富的对外经济管理实战经验。《商君书·去强第四》中论证货币与货物的关系时，指出了"得币"的危险性。文章论证说："有了金子，粮食就没有了。粮食有了，金钱才能有。粮食这种东西价格低贱，而从事农耕的人多，买粮食的人少，农民就贫困，奸诈的商人就活跃，如果这样兵力就弱，国家的实力一定会被削弱直到灭亡。一两黄金输入到国境内，十二石的粮食就会运到国境外；十二石粮食输入到国境内，黄金一两运到国境外。国家喜欢在境内积聚黄金，那么黄金和粮食都会丧失，粮仓和金库都会空虚，国家会弱小；国家喜欢在境内囤积粮食，那么粮食和黄金都能产生，粮仓、金库都会充实，国家就强大。"（原文：粟生而金死，粟死而金生。本物贱，事者众，买者少，农困而奸劝，其兵弱，国必削至亡。金一两生于竟内，粟十二石死于竟外；粟十二石生于竟内，金一两死于竟外。国好生金于竟内，则金粟两死，仓府两虚，国弱；国好生粟于竟内，则金粟两生，仓府两实，国强。）

今天中国有人把美元和美国财政部债券当作战略资源和工业能力本身，这是危险的，他们不懂得中国古典政治经济学"得物为胜，得币为亏"的外贸理论，要警惕我们可能会像古时莱人陷入周人的金融陷阱一样陷入美元泥沼。

《管仲·轻重丁第八十三》记述了这样一则案例：从前莱国擅长染色工艺，紫色的绢在莱国的价钱一纯只值一锱金子，紫青色的丝缭也是一纯值一锱金子。而在周地则价值十斤黄金。莱国商人知道后，很快把紫绢收购一空。周国却拿出票据作为抵押，从莱国商人手里把紫绢收购起来，莱国商人只握有等于货币的票据。这是莱国自己失掉了收集起来的紫绢，而只好用票据收回钱币了。（原文：昔莱人善染。练茈之于莱纯锱，綀绥之于莱亦纯锱也。其周中十金。莱人知之，闻纂茈空。周且敛马作见于莱人操之，莱有推马。是自莱失纂茈而反准于马也。）

我国仅到1993年底，人民币兑美元官方汇率就由1979年初的158元人民币兑100美元降至580元人民币兑100美元，下调了73%。后来又持续下调，1998年稳定到了828元人民币兑100美元左右的水平，近年来才有所上升。美国人到浙江买袜子，说和零价格差不多。商品价格太低导致大量的物质财富流向别国，不用说用储备调节经济了，居民消费率都变得奇低——泄者失权！是我们反思对外贸易政策的时候了！！

3. 早熟的中国古典经济理论

带着孩童般探索与发现之情研究中国古典经济理论的时候，有一个问题始终徘徊在笔者心头：为什么中国古典经济理论会在这块古老的土地上早熟？

如前所述，重要的一点就是国人的思维方式，我们的先民从六千多年前就开始试图从整体的角度观察世界，用整体尚中（平衡）的哲学方法解决现实问题。对于人体和经济这样的复杂巨系统，关注整体是极为重要的。中国人通过自觉运用系统论的黑箱方法，通过对价格的把握，用储备调节市场。他们关注的不仅仅是人对自然资源的开发，更关注二者的持续平衡发展；他们关注的不单单是生产和消费，更关注供给和需要的平衡；他们关注的不仅仅是生产者和消费者，还有二者间利益的均衡。

有时侯你会感到西方文明在某些方面是相当落后的。华佗在公元二三世纪就发明了麻沸散，而西方医学家使用乙醚进行全身麻醉是在19世纪40年代，长时期内欧洲人在外科手术以前，先把病人用棍子击昏，或者放血至昏迷后再进行手术；西方人直到上个世纪初还用烧毁农作物、向河里倾倒牛奶等方法解决市场不平衡问题，而中国早在三千年前就开始用储备碾平各种因素带来的经济周期。

直到今天，西方主流经济学仍然不能脱离牛顿世界观的影响，而相信理性经济人的加总能够带来社会利益的最大化以及市场的自动平衡。现代系统论已经用科学理论清晰地证明，对于复杂的巨系统来说，系统并不是其要素的简单相加，整个系统会显示出与要素完全不同的独特性质。开放的复杂巨系统也不一定走向自动平衡，有时会走向更加远离平衡的状态——至少在经济学领域，今天亚当·斯密的理论已经成了中世纪的神学！

催生中国古典经济理论的另一个重要因素是早熟的市场经济。考古证实，到商代晚期，平民已开始用当时的贝币做随葬品，少者一枚，多者数十枚，说明当时商业活动和商品经济已经到了一个相对发达的阶段；另外从商代制陶器、骨器等的手工业场所规模也能看出，当时的市场经济已经有了较大发展。

李文治、江太新二位先生在《中国地主制经济论：封建土地关系发展与变化》① 一书中通过详细的数据分析发现,到秦汉时期,中国农民经济商品率能达到20%乃至20%以上,可以说是相当高的。他们进一步指出,中国地主经济以一家一户为经济单位,生产的主要是粮食,其他产品获得都得依赖市场,这就决定了农民离开市场就无法进行再生产。

中国从来没有形成过西欧中世纪那样自给自足的领主庄园,不过中国有些学者根本不管这些,他们坚定地认为,西方有奴隶制中国就要有,西方有自给自足的封建时代,中国也要有一个。自甲午战争以来,西化思想之愚昧常常如此!

华夏文明至晚在两千多年前就形成了完备的国民经济核算和行政考核体系,这就是上计制度,内容包括:户口、垦田数、财政收支、治安、绿化等多个方面。《后汉书·百官志》补注引胡广曰:"秋冬岁尽,各计县户口垦田,钱谷入出,盗贼多少,上其集簿。"尹湾汉简中有相当完整的上计内容,除了上述几项,还包括:赈济贫困、矜老幼尊高年、拯救流民等多项;西汉宣帝时,颖川太守黄霸曾因"蓄足功用"等业绩获"治为天下第一"的好评。《汉书·黄霸传》中记载他"务耕桑,节用殖财,种树蓄养"。

可见,中国古典政治经济学的国民经济核算和行政考核体系比以 GDP 为核心的西方模式要科学完善得多。GDP 只是一个社会中在核算期内所有常住单位生产的最终产品总量,是资本的总流量,除了战争条件下,几乎不能作为国民福祉的标尺,更不用说它根本就没有算上环境成本。于是中国有人又从西方引进了绿色 GDP,就是从现行 GDP 中扣除环境资源成本和对环境资源的保护服务费用。问题是环境成本是无法用金钱来衡量的,根本就不能实际操作。连中国国家统计局也承认:"绿色 GDP 这个概念虽然是一个很好的概念,但是要想把它付诸实践又是非常困难的。"

让我们少一些作秀和愚蠢,回归八千年绵延不绝的中华文明本身吧!在未来的八千年里,从环境到金融,中国古典经济理论必将成为人类经济理论的新起点。

---

① 中国社会科学出版社,2005 年 3 月。

参考阅读：

本杰明·格雷厄姆的商品本位货币计划

价值投资理论的创始人本杰明·格雷厄姆。下文摘自他晚年撰写的回忆录《华尔街教父》第十六章，该书中文版由上海远东出版社1998年8月出版。

如果我的名字能流芳百世的话（当然得假设将来会有百世），我希望他们会将我当作是商品本位货币计划的创始人。

……

基本原材料价格的波动在经济繁荣或经济萧条时期起着关键性的作用。例如，由于第一次世界大战引起的通货膨胀以及战后的繁荣使美国的基本原材料价格指数在1913～1920年间大大上涨，但是在1922年又发生了暴跌。

假设我们将自己的职责限于为几种最重要的原材料提供无限需求，情况又会怎样呢？由于这些原材料通常构成了实物经济的基础，可以设想，如果能像保证黄金地位那样确保这些基本原材料的地位，那么我们就能保护商品的价格水平以及使大多数商品的有效需求不致受到经济萧条再次发生时的有害影响。基本商品价格的下跌幅度一般要大于其他商品,将前者的价格稳定住了或许就能很好地稳定住消费品的价格。少数几种主要原材料(一般说来不会超过30种)占全部初级产品总价值的很大一部分,因而它们是非常重要的。如果稳定了这30种原材料的价格,也就可以防止整个经济出现严重的不稳定。

但是,稳定基本原材料价格水平的最佳方法是什么呢?我们能否为1蒲式耳小麦,为1磅黄铜,同时又为1磅咖啡定个不变的价格,直至给30种商品都分别定个不变的价格呢?这样做显然会遭到强烈的反对。这些商品间的相对价格(商品间的比价)总是波动很大,这是由各种供求因素的变化引起的。这些变化是否仅仅是暂时性的?如果是的话,对它们的相对价格进行控制就是件好事。但商品相对价格的变化主要源于相对生产成本的长期变化,因此它们往往是长期性或准长期性的。过去人们为了稳定各种商品的价格也曾做了不少努力。在1921年对食糖价格所做的努力就是一个有历史意义的例子,但事实证明这种努力非常不成功。经济学家几乎无一例外地反对所谓的"为维持商品或服务价格而提供补贴的计划"。他们喜欢引用一个古老的例子——早在公元301年,迪奥克莱蒂安皇帝采取了一个大胆的决策,试图固定物价,但最终失败了,由此证明固定物价是行不通的。

对于试图稳定多种商品各自价格这一计划的内在缺陷,我是非常清楚的。我感到,解决物价稳定问题的出路在于:固定住一组重要商品(或叫"市场一揽子")的整体价格,只让它在有限的窄幅内浮动,而同时允许篮内的几种商品按自己的相对供求关系变化情况有所浮动。换句话说,我建议对一组经过精心挑选、有一定比例关系的商品组合赋予与黄金同样的货币地位。这意味着新的货币发行是通过以货币交换生产者的基本商品这一形式进行的,是以基本商品的储备为后盾的。

第九章　中国古典政治理论基础

西方古典经济学支柱之一的"理性经济人"在现实社会中并不存在，活生生的人远远不是西方经济学视野里无区别粒子，他们不可能获得完备的信息进行理性选择；那么在政治领域，无区别的选民会在获得充分信息的情况下进行理性选择，选举出政治精英吗？

美国一些著名调研机构和学者的研究证实：只有极少数选民根据某种政治信仰或观点做出理性的政治选择，他们把这类选民称为"理论家"和"准理论家"，大约占选民总数的3%和10%；其他大多数选民则处于盲目状态，信息不灵，而且不会对社会问题及有关的已得信息进行分析归纳，形成自己的观念，他们一般为新闻媒介制造的舆论所左右。

一个公开的秘密是：主导新闻舆论的是资本和金钱。

中国古典政治理论早就发现了社会系统的等级层次性

中国古典政治理论不是把社会看作"选民粒子"的加和，而是把它看作一个有机的整体，反对朋党政治。《管子·立政九败解第六十五》中说：人君只听信结交朋党的议论，群臣就要搞朋党活动，讲话蔽美扬恶，那么，君主就无法了解情况的真假。这样就形成朋党活跃在台前、党羽少的被挤到台后的局面。有朋党的人们在台前活动，贤者与不贤者就将无法分清，争夺的祸乱就要发生，而君主就将处在危险境地。（原文：人君唯毋听群徒比周，则群臣朋党，蔽美扬恶。然则国之情伪不见于上。如是则朋党者处前，寡党者处后。夫朋党者处前，贤、不肖不分，则争夺之乱起，而君在危殆之中矣。）

中国古典政治理论的核心思想令人惊叹地与现代系统论完美重合——在系统论那里，中国古典政治理论重新"发现"了自我。

系统论发展中的里程碑式人物、奥地利理论生物学家路德维希·冯·

贝塔朗菲在1955年出版的专著《一般系统论》中就曾指出，机械论的观点是错误的，有机体和社会那样的复杂系统不是机器，不能被分解为诸要素，并采用简单地相加来说明其属性。系统具有整体性、关联性、等级层次等属性。

贝塔朗菲（Ludwig Von Bertalanffy，1901～1972），美籍奥地利生物学家，一般系统论的创始人。系统论是西方文明的一次飞跃，它使西方向东方整体观跨近了一大步。

当把系统理论应用到社会这个巨系统的时候我们不难发现，社会不是像原子那样堆积起来的简单集合体，它有自己的控制中心，有自己的意志和能动性，这些意志栖息于政治家、艺术家、哲学家、军人、商业领袖，及每位公民的心中并通过法律、伦理、教育等形式具体化。他们也不是无区别的原子，而是与国家有机地联系在一起的。由于个人的天赋和在国家系统中所处的环境位置不同，公民之间处于分层状态，不可能达到绝对平均状态。

《管子》的作者认为如果没有社会分层，整个社会秩序就会瘫痪。《管子·乘马第五》有："朝廷爵位安排正确，人民才不会怨恨；人民没有怨恨，就不会作乱；然后，仪法才可以体现。如果安排不公正，就不可能体现。看来，一国之人不可能都尊贵，都尊贵了，事情不好办，还对国家不利。正因为事情不好办对国家不利，若没有少数人尊贵，人们是不能自己管理自己的。所以，分清爵位排列的高低，人们才知道先后的次序和贵贱的仪法，管理起来也是有规可循的。"（原文：爵位正而民不怨；民不怨则不乱，然后义可理。理不正，则不可以治，而不可不理也。故一国之人，不可以皆贵；皆贵，则事不成而国不利也。为事之不成，国之不利也，使无贵者，则民不能自理也。是故，辨于爵列之尊卑，则知先后之序，贵贱之义矣，为之有道。）

《商君书》的作者从大历史的角度论证说，社会分层是人类历史进步的体现。《商君书·君臣第二十三》开篇写道："古时没有君臣上下的时候，人民纷乱无序。所以圣人划分贵贱，制定爵位，建立名号来区别君臣上下的等级关系。由于国土广阔，人民众多，物产丰富，所以分设五官来管理。人民中多就会产生奸邪之事，就创立法制作为行为标准来限止奸邪产生。所以有君臣上下的等级关系，五官的分职、法律的限制，行事不能不慎重。"（原文：古者未有君臣、上下之时，民乱而不治。是以圣人列贵贱，制爵位，立名号，以别君臣上下之义。地广，民众，万物多，故分五官而守之。民众而奸邪生；故立法制、为度量以禁之。是故有君臣之义、五官之分、法制之禁，不可不慎也。）

社会分层的目的按社会贡献的大小（爵位的高低）分配有限的社会资源，这与西方社会主要按自由市场原则分配社会资源完全不同。《管子》中甚至说，通过资本获得爵禄是危险的，上面说："贩运金玉财货的商贾之流，不论道德品行而享有爵禄，君令就不受重视，而法制破毁……内政就不会清明。"（原文：金玉货财商贾之人，不论志行而有爵禄也，则上令轻，法制毁……则内治不别矣）

中国古典政治理论的人性论基础是可验证的人情论

中国古典政治理论视野中的人也与西方传统政治学性恶论不同，它超越了人的性善、性恶论，把政治哲学基础建立在了自然主义人性论——"人情论"——的基础上，即人都是趋利避害的。

西周治国理念的经典著作《逸周书》就指出：所有民众皆有喜欢有厌恶。得到一点他所爱的就高兴，得到很多他所爱的就欢乐。遇到一点他厌恶的事就忧伤，遇到很多他厌恶的事就会悲哀。大凡民众的好恶都一样，喜欢养生之物，厌恶致死之物。(《逸周书·度训第一》原文：凡民生而有好有恶，小得其所好则喜，大得其所好则乐，小遭其所恶则忧，大遭其所恶则哀。然凡民之所好恶，生物是好，死物是恶，)

《商君书》是法家商鞅学派的百科全书，"人情论"屡屡被商鞅学派提及。《商君书·错法第九》中说：人天生就有喜欢和讨厌的东西，所以君主能利用它治理好民众。因此君主不能不了解清楚民众的爱好和厌恶的习性。民众的喜好和厌恶是使用奖赏和刑罚的根本原因。人之常情是喜欢爵位俸禄而讨厌刑罚，所以君主设置这两样御史民众的志向，从而达到自己想要的目的。（原文：人君 [陶鸿庆校正为"人生"] 而有好恶，故民可治也。人君不可以不审好恶。好恶者赏罚之本也。夫人情好爵禄而恶刑罚，人君设二者以御民之志，而立所欲焉。）

韩非把"人情论"作为治国的根本。他说："凡要治理天下，必须依据人情。人之常情，有喜好和厌恶两种趋性，因而赏和罚可据以使用；赏和罚可据以使用，法令就可据以建立起来，治国政策也就进而完备了。"(《韩非子·八经》原文：凡治天下，必因人情。人情者，有好恶，故赏罚可用；赏罚可用，则禁令可立而治道具矣。)

人情论是可以通过科学验证的，生命趋利避害的本性可以延伸到相对低等的生物之中。至今笔者还记得小时候上自然课考察蚯蚓习性时的情形。老师让同学们准备一个小盒子，盒子的一边放湿润的土，一边放干燥的土，将蚯蚓放在盒子中间，蚯蚓总是向湿润的土一边爬去。这里蚯蚓不是恶的或善的，它只不过是趋其利避其害罢了。

法家的人性论基础与西方性恶论、主流儒家性善论不同，前者是可检验的，后者只凭主观判断，没有客观标准。如果说中国古典政治文明是建立在真理的花岗岩上，那么西方和儒家政治哲学是建立在流动不定的沙滩上。

再也不能对中国古典政治理论视而不见

看看《美国法典》对中国社会功勋制的蹩脚抄袭吧，今天美国政治录用的90%以上人员是按中国古典政治理论功勋制原则（Merits ystem）进行的，剩下的10%是按西方海盗式民主分赃原则进行的（Spoils system）！

看看西方三权分立的国家是如何被大企业、银行、政府官员组成的corporatocracy（有人不甚恰切地译作"公司王国"）绑架的吧，艾森豪威尔总统几十年前忧虑的"军事、工业、国会综合势力"对民主的严重威胁早已成为现实！

看看美国的民主人权标准只在美国国内有效，驻伊拉克的美军只能在森严的军营中小心翼翼地实践民主自由，伊拉克人民还远远谈不上民主自由！

我们再也不能对绵延数千载，长期占据世界政治中心的华夏文明视而不见，而这个文明的核心就是中国古典政治理论！用现代政治学的标准，我们发现：

人类政治文明史上，只是中国建立起了政治忠诚与业务能力统一的政治录用制度——社会功勋制！

人类政治文明史上，只有中国充分发展了部门监督之外的人与人之间的监督形式——全民监督！

人类政治文明史上，只有中国通过平等劳动和自由通婚实现了超越种族边界的庞大文明有机体——血与土地的统一！

中国古典政治理论基础可以总结为六个字，道生法、法生德；中国古典政治理论的两大支柱是社会功勋制和全民监督；中国古典政治理论的终极目标是通过平等劳动和自由通婚，建立一个血与土地统一的人类有机体。详述如下：

1. 道生法、法生德

资本的异化与思想、基因的异化

为了显示中国古典政治理论是一个完整的体系，我们在论述过程中将以三本书作为基础：《逸周书》、《黄帝四经》、《周礼》。

《逸周书》是孔子"删《尚书》之余"（刘向语），所以两千年来倍受冷落，清代才有学者开始整理研究。解放后，直到上个世纪90年代，全书的校理才由西北大学的黄怀信先生主持完成；夏商周断代工程证明该书中的《世俘》是《尚书》真《武成》——在一定程度上证实了《逸周书》才是没有被儒家删改过的原汁原味的《尚书》。

《黄帝四经》是中国古典政治理论的《黄帝内经》，1973年底出土于长沙马王堆3号墓。这本抄写于西汉文帝初年（约公元前179～前168年）的古佚书是西汉治国理念的大纲，它以不可争辩的事实告诉我们，所谓的黄老之术不是老庄无为之道，而是以山东江苏交界处刘邦集团为代表的汉代齐法家理论。

通过与大量金文资料互证，可以肯定，作为儒家十三经之一的《周礼》是周王朝早期历史的回顾，是中国版的《雅典政制》（亚里斯多德著，1890年在埃及古代纸草中被意外发现），1975年陕西岐山董家村出土了约公元前9世纪的《训匜》，其司法判案程序竟同《周礼》的相关记载如出一辙。

中国人的世界观是自然主义的。我们的先人认为，是自然秩序衍生了社会法律，法律是道德的基础。主张顺应天道自然，以法立德，进而实现社会的和谐平衡发展。

《逸周书》开篇指出，通过对社会整体平衡的恰当调整，对社会层级结构的认真划分，以及民众的充分参与，在广泛咨询的基础上制定法律是实现社会和谐的关键。《逸周书·度训解第一》："上天生养民众就给他们制定了法度。量度大的与小的，就能确定大小适中的，称量轻的与重的，就能确定轻重适中的，弄清本末两端，就能确定正中间。确定适中的标准才能补其不足损其有余，直到补损到恰当为止。排列爵次，以明确尊卑贵贱。辨明等级以安定民众。安定好朝廷内外，以成就君命；安定好公卿庶民，以便政令顺行。政令在朝廷内制定。制定人有来自近处、更有来自远处的。远处与近处的人全都到来，政令最终才能完善周密。补不足损有余全在于分次精微，分次精微又在于君王英明。因此，英明的君王既重视精微而又遵循分次原则。区分了等级，民众就知道和睦；知道了和睦就会知道欢乐，知道了欢乐也会知道了哀伤；知道了欢乐哀伤就知道怎样做一个明白的人，在朝庭内外分辨好人与恶人。"（原文：天生民而制其度，度小大以整，权轻重以极，明本末以立中。立中以补损，补损以知足。爵以明等极，极以正民，正中外以成命。正上下以顺政。自迩弥兴自远，远迩备极终也。明王是以敬微而顺分，分次以知和，知和以知乐，知乐以知哀，知哀以知慧，内外以知人。）

《逸周书》文辞古奥，语言特点很多都与甲骨文相似。比较起来，《黄帝四经》文词则相对简明。在论述中国古典政治理论的理论基础道生法、法生德时，它不断强调法律是包括最高统治者在内的任何人都必须遵守的。

《黄帝四经》以"道生法"开篇："道生法。法者，引得失以绳，而明曲直者（也）。执道者，生法而弗敢犯（也）。法立而弗敢废（也）。□能自引以绳，然后见知天下，而不惑矣。"这段话是说，作为宇宙本原的道产生了各项法度，法就像绳墨辨明曲直一样决定着事物的成败得失。因此既然制定了各项法度就不可违犯，法度一旦设立便不可废弛。所以说如果能够以绳墨法度自正，然后就可以识天下万物之理而不会迷惑。

中国古典政治中，国家首脑自身应是掌握自然之道的人，那么如何在制度上去约束立法者或君主呢？中国古典政治理论不是建立在西方形而上的性恶论基础上，而是建立在人皆趋利避害的人情论基础上，最高领袖代表整体利益，他当然不会自己害自己，祸害国家。进而言之，中国古典政治理论从来没有期望东方哲学王的出现，它的政治制度为一般人设计，从政治结构上说，这与现代西方民主制度对于职位的设置没有任何区别。中国古典政治理论寻求的是"抱法处势"、"无为而治"的中主。

韩非子雄辩地论证说，尧、舜、桀、纣这样的人，一千世能出现一次就算是紧接着降生的了。世上的君主不断以中等人才出现，之所以要讲权势，是为了这些中等人才。中等才能的君主，上比不过尧、舜，下也不至于成为桀、纣。掌握法度、据有权势就可以使天下太平；背离法度、丢掉权势就会使天下混乱。假如废弃权势，背离法度，专等尧、舜出现才使国家太平，这就会一千世混乱，然后才有一世太平。掌握法度，据有权势，等待桀、纣，桀、纣出现才使国家混乱，这就会一千世太平，然后才有一世混乱。依此而论，太平一千世才有一世混乱，和混乱一千世才有一世太平相比，就像骑着千里马背道而驰，相去是非常远的。如果放弃矫正木材的工具，不用度量尺寸的技术，就是让奚仲造车，也不能造出一个轮子。没有奖赏的鼓励，刑罚的威严，放弃了权势，不实行法治，只凭尧、舜挨户劝说，逢人辩论，连三户人家也管不好。（《韩非子·难势》原文：且夫尧、舜、桀、纣千世而一出，是比肩随踵而生也。世之治者不绝于中，吾所以为言势者，中也。中者，上不及尧、舜，而下亦不为桀、纣。抱法处势则治，背法去势则乱。今废势背法而待尧、舜，尧、舜至乃治，是千世乱而一治也。抱法处势而待桀、纣，桀、纣至乃乱，是千世治而一乱也。且夫治千而乱一，与治一而乱千也，是犹乘骥而分驰也，相去亦远矣。夫弃隐栝之法，去度量之数，使奚仲为车，不能成一轮。无庆赏之劝，刑罚之威，释势委法，尧、舜户说而人辨之，不能治三家。）

事实上，中国传统政治的落后性不在于政治结构本身，而在于中国的社会功勋和权力监督没有延伸到最高领导层次，最高领导层次相当长的时间保存了落后的血缘世袭制——帝制。两千年前中华原文明没有被儒化前，秦汉还有四五代人都是"抱法处势"的中主。但一个"胡亥更法"，秦朝百年基业竟毁之一旦，帝制的弱点马上显露了出来。这方面，西方民主选举国家首脑显然有利于法制的稳定。

比较起来，西方民主选举有利于国家首脑与普通民众间相互制约平衡，而中国法家更强调官员和民众间力量的动态平衡；西方建立考绩制和部门监督体系到19世纪后半叶才逐步完成，而中国古典政治理论在两千多年前就实现了更为先进的社会功勋制和全民监督体系——我们将在下一个小节详加讨论——这里要说明的是，没有理由说帝制比政治分赃制下的现代西方总统制差，因为资本的异化有时比思想、基因的异化更为严重。

上个世纪60年代艾森豪威尔总统（Dwight David Eisenhower）警告美国人，崭露头角的"军事工业综合势力"会构成对民主的严重威胁。今天，资本已经成为最专制暴力的统治力量！特别是本世纪初IT泡沫崩溃后，不是降息，而是军事工业利益集团狂热追求的战争使美国经济得以复苏——异化的资本如同嗜血的恶魔，没有战争他们一天也活不下去！

现实社会中的"法生德"

"法生德"可以解释为所有法律都是为教导百姓去掉淫恶的行为，清除坏的习俗，使他们能够行善。（《睡虎地秦墓竹简·语书》原文：凡法律令者，以教道［导］民，去其淫避［僻］，除其恶俗，而使之於为善［也］。）《商君书·说民第五》所谓："刑生力，力生强，强生威，威生德，德生于刑。"

《黄帝四经》的作者认为，只有按照法律制度理政，不随主观愿望役使民众，才会实现"天地之德"——上兼爱，民亲上。《黄帝四经·君正》中有：法度是至为公正的。以法度来治理国家，而不能任意妄为。创制法度，不能变化不一。依法办事，公正无私，赏罚分明便能取信于民，这是治理天下的大道所在。省去繁琐的政事，有节度地征收赋敛，不侵占百姓的农时，国家的政治才能安定。君主如果没有像父母一样的严威慈爱，就不能使子民有效地为之效力。君主若具备了待民如子的德行，便是德如天地一样广大。（原文：法度者，正［政］之至也。而以法度治者，不可乱也。而生法度者，不可乱也，精公无私而赏罚信，所以治也。苛事，节赋敛，毋夺民时，治之安。无父之行，不得子之用。无母之德，不能尽民之力。父母之行备，则天地之德也。）

在政策层面，周初每一种道德原则都是用法律来支撑的。《周礼·地官司徒第二·大司徒》条：用实行于乡中的八种刑罚纠察万民。一是针对不孝的刑罚，二是针对不和睦九族的刑罚，三是针对不亲爱姻戚的刑罚，四是针对不友爱兄弟的刑罚，五是针对不信任朋友的刑罚，六是针对不救济贫困的刑罚，七是针对制造谣言的刑罚，八是针对暴乱之民的刑罚。（原文：以乡八刑纠万民：一曰不孝之刑，二曰不睦之刑，三曰不姻之刑，四曰不弟之刑，五曰不任之刑，六曰不恤之刑，七曰造言之刑，八曰乱民之刑。）

《周礼·地官司徒》中族师一职与"法生德"有关；他的职责除了定期宣告法规，还包括记录道德、学业优秀者准备上报，并用连带责任制度使人们互相帮助，互相承担责任。《周礼·地官司徒第二·族师》条：族师各自掌管本族的戒令和政事。每月初一，就会聚民众并宣读国家法令，记录民众中孝顺父母、敬爱兄长、和睦姻戚和学有所成的人。春秋祭醊时也这样做。依照王国的校比法，率领所属四闾的长吏，按时会聚民众，登记本族人数的多少，辨别其中的贵贱、老幼、残废疾病和可胜任役事的人，以及民众的各种牲畜和车辆数。［在家］五家为比，十家为联；［在军］五人为伍，十人为联；［在家］四闾为族，［在军］八闾［所出之二卒］为联；使他们相互担保托付，有刑罚、喜庆、赏赐的事，相互共受共享，这样来承担王国的职事，为国事服役，相互帮助丧葬。（原文：族师各掌其族之戒令政事。月吉，则属民而读邦法，书其孝弟睦姻有学者。春秋祭醊，亦如之。以邦比之法，帅四闾之吏，以时属民，而校登其族之夫家众寡，辨其贵贱、老幼、废疾、可任者，及其六畜、车辇。五家为比，十家为联；五人为伍，十人为联；四闾为族，八闾为联；使之相保相爱，刑罚庆赏，相及相共，以受邦职，以役国事，以相葬埋。）

至秦，有关"法生德"的法律已经十分完善。1975年，在湖北云梦睡虎地出土了大量秦代法律竹简。其中《睡虎地秦墓竹简·法律答问》明确规定，每个人都有法律义务互相帮助。上面说，凡邻里遇盗请求救助而未救者，要依法论罪；凡有盗贼在大道上杀伤人，路旁之人在百步以内未出手援助，罚战甲两件。（原文：贼入甲室，贼伤甲，甲号寇，其四邻、典、老皆出不存，不闻号寇，问当论不当？审不存，不当论；典、老虽不存，当论；有贼杀伤人冲术，偕旁人不援，百步中比〔野〕，当赀二甲。）

从唐至清，由于中国法典和中华政治文明的儒家化，"法生德"逐步演化为对道德行为的褒奖，法律对道德的支撑力越来越弱。中华文明西化后，干脆演化为"德生德"，即希望通过德育教化使全民族都成为舜尧。在以法治国、以德治国的清谈思辩中，国人已经失去了对"法生德"治国原则的基本记忆。

重其轻者、以刑去刑

"法生德"客观上要求采取"重其轻者"，"以刑去刑"的刑事政策。商鞅学派两千多年前就从理论上论证了西方奉行的轻轻重重刑事政策的弱点，指出那样的刑事政策只会使社会混乱，国家削弱。《商君书·说民第五》：使用刑罚，对民众犯的轻罪施行重的刑罚，那么轻微的犯罪就不会发生，严重的犯罪就不能出现了。这就叫国家安定的时候去治理。使用刑罚，犯重罪的重罚，犯轻罪的轻罚，那么轻微的犯罪不能制止，严重的犯罪就更无法制止了，这就叫在民众乱的时候去治理。所以轻罪重罚，那么刑罚能除掉而事情也能办成，国家就会强大；使用刑罚有重有轻，那么刑罚虽然用了，犯罪的事却仍然发生，国家也会被削弱。（原文：故行刑，重其轻者，轻者不生，则重者无从至矣，此谓治之于其治者。行刑。重其重者，轻其轻者，轻者不止，则重者无从止矣，此谓治之于其乱也。故重轻则刑去事成，国强；重重而轻轻，则刑至而事生，国削。）

《司马法》约成书于战国初期，记载了从殷周到春秋战国时期的古代作战原则，其中同样强调重其轻者的刑事政策，与《商君书》的主张一脉相承。《司马法·定爵第三》：作战必须巩固军心，明辨利害，治理纷乱，进止有节，服膺正义，激发廉耻，简约法令，少用刑罚，小罪就要制止，犯小罪的如果得逞，犯大罪的也就跟着来了。（原文：凡战，固众，相利，治乱，进止服正，成耻，约法，省罚，小罪乃杀，小罪胜，大罪因。）

睡虎地秦墓出土的秦律中，我们能看到重其轻者的法律条文，它清楚地告诉我们秦汉犯罪率几乎为零的时代是如何铸就的。

《睡虎地秦墓竹简·法律答问》：有人偷摘别人的桑叶，赃值不到一钱，如何论处？罚服徭役三十天。（原文：或盗采人桑叶，臧不盈一钱，可〔何〕论？赀▽〔徭〕三旬。）

《睡虎地秦墓竹简·法律答问》：甲盗窃，赃值一千钱，乙知道甲盗窃，分赃不满一钱，问乙应如何论处？与甲同样论处。（原文：甲盗，臧直〔值〕千钱，乙智〔知〕其，受分臧不盈一钱，问乙可〔何〕论？同论。）

在国人已经将防盗窗建上六楼的时代，有人还在大加称赞是西方轻轻重重的刑事政策将他们带到了现代社会。阿拉伯社会有小偷盗窃砍手的"恶法"，但我们不能说中国的重其轻者原则是"恶法"。西方轻轻重重的刑事政策才是"恶法"，因为它是今天西方社会犯罪率居高不下的原因之一！

依法行政的文法吏支撑起了华夏文明的黄金朝代

中国人建立法治社会很早，成文法的公布似乎更早。《逸周书》和其他史书坚持说五千年前的炎黄时代就有了法典，但这没有任何可靠的考古学证据。唯一可以肯定的是，至晚在三千年前，中国已经有了成文的法律和司法审判规则。西周孝王时的《曶鼎》上说，按照国王三门附近方版上的规定，改用货币赎回这五个人要一百锊（原文：于王参门□□木榜用征，诞卖（赎）兹五夫用百锊）。这里"方版上的规定"应具有法律效力！

从《周礼》的记述我们能看出，从政治到经济再到礼仪，西周已经是一个全面的法治社会，当时所谓的礼不过是礼仪法而已。不幸的是，自孔子出言："周朝的礼仪制度借鉴于夏、商二代，是多么丰富多彩啊！我遵从周朝的制度。"（《论语·八佾》原文：周监于二代，郁郁乎文哉，吾从周。）西周一下成了德治文明的典范，中国人自称为"礼义之邦"，西方人则称"儒教中国"（马克斯·韦伯语）。

中国哪是什么儒家文明,儒家的圣人模范尧曾经毫不留情地攻打那些空讲仁义道德的邻国。周穆王的左史戎夫作的《史记》记载说,从前西夏国性仁爱而反对用兵。城廓不加修缮,武士也无事干。性仁惠而好赏赐,结果财竭而无物可赏。唐尧攻打它,城廓不能守护,武士不愿出力,西夏因此灭亡。(《逸周书·史记解第六十一》原文:昔者西夏性仁非兵,城郭不修,武士无位,惠而好赏,屈而无以赏,唐氏伐之,城郭不守,武士不用,西夏以亡。)显然这位史官在警告周穆王不要清谈仁义道德。

儒士在西周社会的地位是微不足道的,哪里谈什么治国平天下。儒只有教授一般道艺的职责,内容主要是礼、乐、射、御、书、数这样的实用技艺。西周末年国家法制秩序崩溃,在现实中儒生社会地位极低,孔子本人也抱怨儒生常常受人嘲弄。《礼记·儒行》记载说当时的人"以儒相诟病",甚至"以儒为戏"。

且不谈"专任刀笔吏"的秦,经过汉武帝"罢黜百家,独尊儒术",西汉初到昭帝时(公元前86～74),政府公卿高级官员中儒士出身者所占比重不过10%。东汉中国儒化程度加深,但直到汉桓帝刘志(132年～167年)时,这一比例也不过增加到45%(马彪:《试论汉代的儒学地主》,《中国史研究》1988年第4期)。中国长期都是法家治国,哪有儒家什么事。

至于别的低级事务性官员,儒生比例应更低。东汉初年,儒生还几乎完全被排斥在行政大门之外。王充(27～约97)甚至感叹:"儒家古经被废弃没人学习,经学暗淡无光,儒生冷冷清清地呆在家里,文吏则在朝堂上高声喧哗得意洋洋。"(《论衡·程材》:古经废而不修,旧学暗而不明,儒者寂于空室,文吏哗于朝堂。)这种情况一直持续到东汉末年,王粲(公元177～217)当时仍在抱怨儒生过于迂腐,难以胜任公务,他也像今天诸多知识分子一样,梦想一个既法治又德治的混合社会,一种既法律至上又道德至上的公务员。他在《儒吏论》中说"执法之吏,不窥先王之典,缙绅之儒,不通律令之要。彼刀笔之吏,岂生而察刻哉,起于几案之下,长于官曹之间,无温裕文雅以自润,虽欲无察刻,弗能得矣。竹帛之儒,岂生而迂缓也?起于讲堂之上,游于乡校之中,无严猛断割以自裁,虽欲不迂缓,弗能得矣。先王见其如此也。是以博陈其教,辅和民性,达其所壅,祛其所蔽,吏服雅训,儒通文法,故能宽猛相济,刚柔自克也。"

汉代人们把法律看作经书，一切行政事务皆以法律为准。儒生王充不经意中记录了这一史实，他的终极目的是推动人治社会的成长。他在《论衡·程材》中说："文吏处理事情，一定要请教精通法令的人。天子的事务，没有比法令更重要的。因此肯定要以能否精通法令，善于按法令办事来衡量人的才能的高低，这样精通法令的人应该最受重视。有人说：'确实是这样。法令是汉朝的经典，文吏的议论取决于它。事情以法令来判定，确实是很明白的。'我说：五经是汉朝所立，儒生完美的政治主张和大道理，都出自五经当中。董仲舒阐述《春秋》的道理，跟今天的法律是符合的，没有什么违反和不同。然而《春秋》，汉朝的经典之一，是孔子写的，留传到汉代。评论的人只尊重精通法令的人，不抬高《春秋》，这是愚昧不明的表现。"（原文：文吏治事，必问法家。县官事务，莫大法令。必以吏职程高，是则法令之家宜最为上。或曰："固然。法令，汉家之经，吏议决焉。事定于法，诚为明矣。"曰：夫五经亦汉家之所立，儒生善歧大义，皆出其中。董仲舒表《春秋》之义，稽合于律，无乖异者。然则《春秋》，汉之经，孔子制作，垂遗于汉。论者徒尊法家，不高《春秋》，是暗蔽也。）

"县官事务，莫大法令"，这是华夏民族黄金时代的真实写照，是"道生法"原则的具体体现。中华文明是以法家为政治经济核心的法治文明。透过儒学的千年历史迷雾，我们看到了风尘仆仆、摇着木铎宣告法令的西周文员，我们看到了腰挂刀笔、伏案疾书的两汉文笔吏，不是周文王、周武王，不是秦始皇、汉武帝，是这些历史基本没有留下名字的无数依法行政的文官支撑起了中华民族最辉煌灿烂的时代！

东汉以后，文笔吏为儒生所取代的后果是严重的，中国黄金时代的法治文明成为历史。1869年来华的美国外交官何天爵（ChesterHolcombe，1844～1912）在他的《中国人本色》一书中这样描写清末已经完全儒化了的中国司法审判制度，此时法庭也成了儒家的道德讲坛："和整个政治体制一样，中国的司法体系也是建立在宗法制思想之上的。各级官员从不忘记在理论上，自己是治下百姓的父母官；他们在审案时总是反复过堂询问，耐心烦琐地搬出道德说教，劝告当事人供认实情。他会在一句话中对当事人进行劝诱、恳求、威胁和建议；搬出孔夫子的神圣说教；发问一些毫不相关、莫名其妙的问题；向当事人保证提供亲人一般的关照。在这个过程中，法官们敏锐的双眼一直游弋在当事人身上，随时准备抓住当事人出现的丝毫神态、举止与话语上的漏洞。所有一切的目的只有一个——供认实情。"

进入20世纪，中华文明全盘西化后，在自由民主的喧嚣声中，"道生法"、"法生德"这一伟大的治国理论变得悄然无息。不要再沉醉于西方法律条文和法律机构搭建的法治美梦中了，两千年前那个法治化的黄金时代才是中国政治的现实土壤。借鉴西方文明的同时，让我们把目光再次投到华夏文明之根吧！

2. 社会功勋制和全民监督体系

社会功勋制和全民监督体系的历史渊源

东西文明血脉不同。理查德·尼斯贝特教授在论述历史形成的东西方社会心理差异时写道："东亚人生活在相互依赖的世界中，自我是整体的一部分；西方人生活在自我是单一自由行动的人的世界中。东方人重视成功和成就是因为这会给他们的群体带来益处；西方人重视这些东西是因为这些是个人价值的勋章。东方人重视和睦相处，并进行自我批评以确保做到这一点；西方人重视个性，他们力求自我完美。东方人十分在意他人的情感，他们力求人际间的和谐；西方人更在意了解自己，他们牺牲和谐来换得公平。东方人可以接受等级制度和群体控制；西方人则喜欢平等和个人行动的空间。"①

中国人的世界观是自然主义的，西方人的思想是超然主义的。中国古典政治理论中没有上帝作为法律来源和监督者的概念，中国从来也没有哪一位圣人像《圣经》中的摩西一样登上东亚任何一座高山。

因此，中国人才更强调社会系统内部的层级结构，在政府事务领域，在全社会发展了功勋制，按一个人对社会贡献的大小分配有限的资源。在上帝缺位的情况下，中国先人使法成为"必行之法"，不仅对普通民众，对所有行政官员都实行建立在连带责任基础上的人与人之间的监督，即全民监督。

---

① 理查德·尼斯贝特，《思维的版图》，中信出版社，2006年2月，第47页。

中国古典政治理论的两大支柱是社会功勋制和全民监督。司马迁在《史记》中记述商鞅变法内容时,对社会功勋制和全民监督作了简要的说明。《史记·商君列传》:(商鞅)下令把十家编成一什,五家编成一伍,互相监视检举,一家犯法,十家连带治罪。不告发奸恶的处以腰斩的刑罚,告发奸恶的与斩敌首级受同样的赏,隐藏奸恶的人与投降敌人者受同样的惩罚。一家有两个以上的壮丁不分居的,赋税加倍;有军功的人,各按标准升爵受赏;为私事斗殴的,按情节轻重分别处以大小不同的刑罚。致力于农业生产,让粮食丰收、布帛增产的免除自身的劳役或赋税。因从事工商业及懒惰而贫穷的,把他们的妻子全都没收为官奴。王族里没有军功的,不能列入家族的名册。明确尊卑爵位等级,各按等级差别占有土地、房产,家臣奴婢的衣裳、服饰,按各家爵位等级决定。有军功的显赫荣耀,没有军功的即使很富有也不能显荣。(原文:令民为什伍,而相牧司连坐。不告奸者腰斩,告奸者与斩敌首同赏,匿奸者与降敌同罚。民有二男以上不分异者,倍其赋。有军功者,各以率受上爵;为私斗者,各以轻重被刑大小。僇力本业,耕织致粟帛多者复其身。事末利及怠而贫者,举以为收孥。宗室非有军功论,不得为属籍。明尊卑爵秩等级,各以差次名田宅,臣妾衣服以家次。有功者显荣,无功者虽富无所芬华。)

千百年来,司马迁的记述让许多人感觉到是商鞅突发奇想,"发明"了社会功勋制和全民监督,这个制度又是如此残暴,人们失去了自由,无辜者受到牵连,嗜血的军功制(文中提到了事功制"粟爵粟任"早就被忘在脑后了)似乎将人类带回了野蛮时代。就算是信息技术已经高度发达的今天,部分秦律的出土已经有 30 多年,中国学者还是不能从他们两千年儒化的灰暗集体记忆中解放出来,除了像柏杨那样的少数学者对秦汉大黄金时代高度赞美、精心阐述之外,对绝大多数人来说,司马迁笔下的秦政依旧是东方暴政的象征。

历史事实是:商鞅并没有"发明"社会功勋制和全民监督,他只是将西周社会功勋制和全民监督推广到了除最高领袖之外的几乎所有官员。今天我们复兴中华文明,所做的不过是在借鉴西方民主的基础上,将这两个伟大的制度扩展到整个社会:不是以资本多少,而是以对社会贡献的大小为参与公共行政事务的基本条件;不单单依靠三权分立式的部门监督,而是每一个社会成员都有平等的权利和义务监督其他人的违法行为。

商鞅某些方面干脆照搬了周人的政策。比如取得不同社会功勋（爵位）的人死后坟墓上种树数量的规定，《周礼》与《商君书》的规定没有本质的区别。《周礼·春官宗伯第三·冢人》条：凡有功者葬在王墓的前边，按照他们爵位的等级来决定所起坟的高度和种树的多少。（原文：凡有功者居前，以爵等为丘封之度，与其树数。）《商君书·境内第十九》：小夫死后，以上直到大夫，爵位每高一级，他的坟上就多种一棵树。（原文：小夫死，以上至大夫，其官级一等，其墓树级一树。）

中华社会政治制度一脉相承，尚功取向在商代已经相当明显。商代晚期出土的金文，其内容大多是讲器主因有功于王室而受赏赐，识其荣宠并祭告先祖。西周政治精英的选举除了世卿世禄，大夫、士阶层皆不世袭，重视功德。按《礼记·王制》："诸侯世子世国，大夫不世爵，使以德，爵以功。"西周政制《周礼》中有司勋一职，专门掌管功劳赏赐。

目前可以肯定的是，西周时社会功勋和全民监督体制已经出现，尽管还没有商鞅时代那样彻底。比如社会功勋制大抵限于贵族之中，全民监督则限于普通民众，爵与禄不统一等等。

《周礼》大司徒职中提到要对民众施行十二个方面的教育，其中包括根据贤行颁授爵位、根据功绩制定俸禄。《周礼·地官司徒第二·大司徒》条：十一是根据贤行颁授爵位，人民就会谨慎修养德行。十二是根据功绩制定俸禄，人民就会致力于建立功业。（原文：十有一曰以贤制爵，则民慎德。十有二曰以庸制禄，则民兴功。）

周人还按照社会贡献的大小授予土地，并有一定的税收减免。具体事务由司勋负责。《周礼·夏官司马第四·司勋》条：司勋掌管六乡赏赐土地的法则，以［赏赐的多少］体现功劳的大小。辅成王业之功叫做勋，保全国家之功叫做功，有利民生之功叫做庸，勤劳定国之功叫做劳，为国制法之功叫做力，战功叫做多。凡有功劳的人，就书写他的名字和功劳在王的大常旗上，［死后］就在冬季祭祀宗庙时让他配食，司勋向神报告他的功劳。大功劳，由司勋收藏功劳簿的副本，掌管有关征收所赏赐田地的赋役的政令。凡赏赐田地的多少没有一定，赏赐的轻重依据功劳的大小。凡所颁赐的赏地，［国家收取］三分之一的租税。只有加赐的田地国家不征税。（原文：司勋掌六乡赏地之法，以等其功。王功曰勋，国功曰功，民功曰庸，事功曰劳，治功曰力，战功曰多。凡有功者，铭书于王之大常，祭于大烝，司勋诏之。大功，司勋藏其贰。掌赏地之政令。凡赏无常，轻重□功。凡颁赏地，三之一食，唯加田无国正。）

值得指出的是，周初礼仪法亲亲原则仍居主导地位，降爵继承没有制度化，庶民参政机会很少，金文材料也表明当时政治录用主要是世袭制。《周礼·天官冢宰第一·大宰》中规定了八条选官原则，以血缘世袭为主、功勋制居次要地位。这些原则分别是：第一是亲近亲族，第二是尊敬故旧，第三是荐举贤人，第四是任用能人，第五是抚慰有功的人，第六是尊重尊贵的人，第七是提拔勤劳的小吏，第八是礼敬宾客。（原文：以八统诏王驭万民：一曰亲亲，二曰敬故，三曰进贤，四曰使能，五曰保庸，六曰尊贵，七曰达吏，八曰礼宾。）

春秋战国，中国特色的社会功勋制取得了长足发展。以法量功已经成为一个基本的选举原则，这里的"功"主要指事功和战功。《管子·明法解第六十七》中载："凡所谓功劳，乃是指安定国君，谋利于万民的。破敌军，杀敌将，战而胜，攻而取，使君主没有危殆灭亡之忧，百姓没有死亡被俘之患，这是军士用来作为功劳的。奉行君主的法度，管好境内的政事，使强者不欺凌弱者，人多势众的不残害人少势弧的，万民竭尽其力来事奉君主，这是官吏用来作为功劳的。匡正君主的过错，挽救君主的失误，申明礼义以开导君主，以致君主没有邪僻的行为，也没有被欺蒙的忧患，这是大臣用来作为功劳的。所以明君的治国，分清职务而考计功劳，有功者赏，乱治者罚，赏罚之所加，各得其宜，而君主不用搞私人干预。所以，《明法》篇说：'使法量功，不自度也。'"（原文：凡所谓功者，安主上，利万民者也。夫破军杀将，战胜攻取，使主无危亡之忧，而百姓无死虏之患，此军士之所以为功者也。奉主法，治竟内，使强不凌弱，众不暴寡，万民欢尽其力而奉养其主，此吏之所以为功也。匡主之过，救主之失，明理义以道其主，主无邪僻之行，蔽欺之患，此臣之所以为功也。故明主之治也，明分职而课功劳，有功者赏，乱治者诛，诛赏之所加，各得其宜，而主不自与焉。故《明法》曰："使法量功，不自度也。"）

《管子》一书写定于西汉，所以该书的某些内容反映了西汉的社会现实。中国社会科学院历史研究所的卜宪群先生研究西汉功勋制度时也认为："'功'在汉代可以分为军功和事功。汉初相当长时间内'公卿皆军吏'，军功及其赐爵使大批军吏在官僚队伍中占有重要地位，随着大规模战争的结束和统治政治的调整，军功爵制逐步退出历史舞台，非军功的事功地位升高……所谓事功，是指各级行政官吏，包括军吏在日常工作中所从事的各种事务的劳动积累，它们也被称为功。这种功是由'劳'累计而来的，积劳才能得功，功才是官僚升迁和奖励的凭据。如《汉书·丙吉传》：'积功劳，稍迁至廷尉右监'；《杜业传》：'祖父及父积功劳皆至郡守'；《卫绾传》：'功次迁中郎将'；《田广明传》：'功次迁河南都尉'。史书上有时也称'积劳'，但这只是功的代名词。劳是工作时间长短的记载，如居延汉简中的'劳一岁'、'劳二岁'；必须积累一定时期的劳，方可得功，单纯的劳可能不具备升迁意义。胡平生在《居延汉简中的"功"与"劳"》一文中推断，积四年劳即进为一功，也正是说明功才具有升迁和奖励的意义。"①

墨子和商鞅一样主张社会功勋制和全民监督，他在《尚贤》和《尚同》篇中花了很大力气考证这两个制度的起源。墨子引用《尚书·吕刑》中的话，从中我们看出尧明确反对任人以贵、任人以亲，注重事功。《墨子·尚贤中》：先王之书《吕刑》中说过："尧帝询问人民所患，人民都回答有苗为害。帝尧说：'各位君主以及在下执事之人，凡是有德之人即可显用，鳏寡之人也没有关系。出于崇高品德的威严才是真正的威严，出于崇高品德的明察才是真正的明察。'于是命令伯夷、禹、稷三君，忧虑勤劳民事：伯益制定典礼，使人民效法哲人；禹平治水土，制定山川的名称；稷教民播种，让人民努力耕种粮食。这三君的成功，使人民大受其福。"（原文：先王之书《吕刑》道之，曰："皇帝清问下民，有辞有苗。曰：'群后之肆在下，明明不常，鳏寡不盖。德威维威，德明维明'。乃名三后，恤功于民：伯夷降典，哲民维刑；禹平水土，主名山川；稷隆播种，农殖嘉谷。三后成功，维假于民。"）

唐人杜佑写《通典》，考证"土断"时将全民监督的源头推到了黄帝时代，那是井田制度下八家为单位的"出入相司，则嫁娶相媒，无有相贷，疾病相救"，杜佑还说这一制度延续到夏商时代。《通典·食货典·乡党》："昔黄帝始经土设井以塞净端，立步制亩以防不足，使八家为井，井开四道而分八宅，凿井於中。一则不泄地气，二则无费一家，三则同风

---

① 卜宪群，《秦汉官僚制度》，社会科学文献出版社，2002年12月，335～336页。

墨子（公元前468~前376），名翟，战国时鲁国人（或说宋国人）。《墨子》保存中华原文明文献有大功，包括三个方面：一是哲学方法（"墨经"六篇：《经》上、下，《经说》上下，《大取》和《小取》。孙诒让称之为"周名家之宗"）；二是政治理论（《尚同》、《尚贤》篇中的全民监督和社会功勋制）；三是军事思想（《备城门》等十一篇，反映了中国古代先进的军事防御技术）。《墨子》尚鬼，得以隐身《道藏》，逃过儒家灭纪废典之劫，实乃中华文化一大幸事。

俗，四则齐巧拙，五则通财货，六则存亡更守，七则出入相司，八则嫁娶相媒，九则无有相贷，十则疾病相救。是以情性可得而亲，生产可得而均，均则欺凌之路塞，亲则斗讼之心弭。既牧之於邑，故井一为邻，邻三为朋，朋三为里，里五为邑，邑十为都，都十为师，师十为州。夫始分之於井则地著，计之於州则数详。迄乎夏殷，不易其制。"

社会功勋制是如何运作的

发端于商周，成熟于战国时代的社会功勋制打破了贵族与庶民的界线，降爵继承制度逐步完善起来，它使获社会功勋者的后人如果不努力为社会作贡献，很快会失去爵位成为平民。人类文明史上不朽的丰碑，政治忠诚与业务能力统一的政治录用制度——社会功勋制——建立了起来！

这种新制度对中国早期行政文官制度产生了重大影响，它具有如下特点：

第一，"国以功授官予爵"。春秋末期就出现了不同于旧爵制的新的赐爵方式，如齐国庄公设立的"勇爵"，赐予的条件是有功与否，而非血缘关系。战国时代，以军功爵为核心的赐爵制在魏、韩、楚、齐、燕、赵、秦等国都已实行，以商鞅变法所确立的爵制最为系统和完整。新爵制以功作为获爵的必要条件，功的标准又有了客观依据。

第二，"庶人之有爵禄"。西周五等爵是严格限制在贵族范围之内的，身份秩序具有凝固化的特点，庶民没有任何渠道获得爵位。新爵制则打破了这种界限，赐爵的对象主要是士兵和农民。爵及庶人体现了旧爵制中贵族化因素的消失，使非宗法血缘关系的个人可以突破家族、地域限制而与统治者建立政治联系。非身份性的个人可以通过爵的获得而拥有任官资格，获得君权所赋予的政治身份，从而使政治权力不再为宗法贵族所独享。战国时期人才荟萃，被称为"布衣驰骛之时"。

第三，"不官无爵"。《韩非子·定法》云："商君之法曰：斩一首者，爵一级，欲为官者为五十石之官；斩首二级，爵二级，欲为官者为百石之官；官爵之迁与斩首之功相称也。"据云梦秦简《内史杂》记载，秦代如无爵位，连当个官佐也很困难，汉代也在一定程度上继续执行这个政策。

在西汉政府的官方档案重现以前（1993年江苏连云港市东海县尹湾村6号墓出土），学界普遍认为功勋制在西汉已经不再占据主要地位。尹湾汉墓出土的西汉末年资料彻底打破了人们对西汉选举制度的错误认识，那里社会功勋制仍居主导地位。据于琨奇先生统计，在西汉东海郡可资统计的117人中，以孝廉迁者1人，举方正除者2人，以秀才迁者3人，请诏除者5人，以捕格群盗、不道、亡徒尤异除者11人，以廉迁者15人，以功迁者73人，贬秩者4人，以军吏十岁补者2人，以国人罢补者1人。如果我们把抓捕群盗、从军这样的人也作为广义的社会功勋，那么76%的人（除去贬秩者4人）都是靠社会功勋获得升迁的。

社会功勋制如何运作呢？它如何保障每个人都有参政机会呢？1983年在湖北荆州张家山247号汉墓出土的汉初《二年律令》为我们提供了重要的参考资料。

根据《二年律令·户律》，汉初按六个等级授予田宅：第一至第四等级分别是侯爵（彻侯和关内侯）、卿爵（大庶长至左庶长）、大夫爵（五大夫至大夫）和小爵（不更至公士），第五级是无爵位的公卒、士伍和庶人，第六级是犯有轻罪的司寇和隐官。当时田宅的配授数量与一个人取得的国家功勋成正比，爵位越高，授与的田宅越多。上面说：

"关内侯九十五顷，大庶长九十顷，驷车庶长八十八顷，大上造八十六顷，少上造八十四顷，右更八十二顷，中更八十顷，左更七十八顷，右庶长七十六顷，左庶长七十四顷，五大夫廿五顷，公乘廿顷，公大夫九顷，官大夫七顷，大夫五顷，不更四顷，簪袅三顷，上造二顷，公士一顷半顷，公卒、士五（伍）、庶人各一顷，司寇、隐官各五十亩……

"宅之大方卅步。彻侯受百五宅，关内侯九十五宅，大庶长九十宅，驷车庶长八十八宅，大上造八十六宅，少上造八十四宅，右更八十二宅，中更八十宅，左更七十八宅，右庶长七十六宅，左庶长七十四宅，五大夫廿五宅，公乘廿宅，公大夫九宅，官大夫七宅，大夫五宅，不更四宅，簪袅三宅，上造二宅，公士一宅半宅，公卒、士伍、庶人一宅，司寇、隐官半宅。"

爵级与授田宅的数量列表如下：

爵级	爵名	爵田与授田	授宅（1宅方30步）
20	彻侯	有封邑	105宅
19	关内侯	95顷	95宅
18	大庶长	90顷	90宅
17	驷车庶长	88顷	88宅
16	大上造	86顷	86宅
15	少上造	84顷	84宅
14	右更	82顷	82宅
13	中更	80顷	80宅
12	左更	78顷	78宅
11	右庶长	76顷	76宅
10	左庶长	74顷	74宅

爵级	爵名	爵田与授田	授宅（1宅方30步）
9	五大夫	25顷	25宅
8	公乘	20顷	20宅
7	公大夫	9顷	9宅
6	官大夫	7顷	7宅
5	大夫	5顷	5宅
4	不更	4顷	4宅
3	簪袅	3顷	3宅
2	上造	2顷	2宅
1	公士	1顷半	1宅半
	公卒、士伍、庶人	各1顷	各1宅
	司寇、隐官	各50亩	各半宅

武爵武任，粟爵粟任，按照经济上和军事上对国家贡献的大小进行资源的分配，而不是按照血缘的远近进行分配，社会功勋制保障了人人机会均等。同时爵级还是社会地位的象征，有爵位的人可以享受参与公职、税收、法律等多方面待遇。汉承秦制，据朱绍侯先生研究，秦代低爵者享有的政治地位和生活待遇主要有以下四个方面：

一是当官为吏和乞庶子的特权。当官为吏必须有爵，无爵者不能当官。有爵者可役使无爵者，高爵者可役使低爵者，因功得爵者，还可推荐一名庶子到军队和政府中为小吏。但无爵者不能役使有爵者，即使高爵者已被罢官，也不能给低爵者做仆隶。

二是赎罪和减免刑罚的特权。在秦律中，犯有同样罪行者，因有无爵位或爵位高低之别，所受到的处罚是不同的。有爵者犯罪，可减轻处罚，既可"降爵赎罪"，也可"以爵抵罪"。

三是用爵位赎免身为奴婢的亲人。

四是生活上的优待。有爵者在出差途中，可依其爵位高低享有不同的住宿、饮食服务标准和车马等交通便利；在其死后，也依其爵位高低确定丧葬礼仪和墓树多少。

社会功勋制是如何肃清经济和政治方面的世袭制的呢？从《二年律令》中我们看到，汉律是通过降级继承来消除世袭特权的，剥夺力度很大。《二年律令·置后律》载："疾死置后者，彻侯后子为彻侯，其毋适（嫡）子，以孺子□□□子。关内侯后子为关内侯，卿后子为公乘，五大夫后子为公大夫，公乘后子为官大夫，公大夫后子为大夫，官大夫后子为不更，大夫后子为簪裊，不更后子为上造，簪裊后子为公士。"

这里除彻侯、关内侯仍是世袭制外。其他级爵均为降级继承，从降九级到降二级不等（越是爵级高降级越大），这样上造、公士的嫡长子只能进入庶民阶层。对于其他众子所继承的爵位就更低了，最高降级达十六级。《二年律令·傅律》规定："不为后而傅者，关内侯子二人为不更，它子为簪裊；卿子二人为不更，它子为上造；五大夫子二人为簪裊，它子为上造；公乘、公大夫子二人为上造，它子为公士；官大夫及大夫子为公士；不更至上造子为公卒。"

比照上面"汉代社会功勋制中爵级与授田宅的数量"列表，大庶长至左庶长有爵田90－74顷，而其后子只能继承20顷；五大夫有爵田25顷，但其后子只能继承9顷……正是巨大的财产剥夺保证了人民的相对平等，使得政治经济上的世袭并没有像西方文明那样成为痼疾。

东西方文明的影响常常是阴差阳错。最初西方人看到的只是儒化后花瓶样脆弱的中国，自上个世纪末西方学习中国科举制度建立公务员制度后，西方竟也声称自己实行的是功勋制（Meritsystem，也译作考绩制）。如果我们将文末附录中的西方版功勋制与中国大黄金时代的功勋制进行比较，就不难发现西方政治文明的弱点。

首先，西方政治是以科举制为蓝本，所以它也继承了科举制的缺点，即以知识记诵作为政治录用中业务能力的表现；而中国社会功勋制的政治录用标准是军功和事功，这样的标准客观上实现了业务能力与政治忠诚的统一。西方政治中不是这样，他们将业务能力和政治忠诚标准分开，建立了两套系统，一个是政务官系统，仍按照海盗式分赃的原则（Spoilssystem）组织，成员与政党的进退同步。另一个是事务官系统，它的录用原则是功勋制（Meritsystem）。这种二元配置违背了现代政治学的标准，因为政治录用寻求的是德（政治忠诚）与才（业务能力）在个体上的统一，而不是整个社会分为一个政治忠诚合格系统和另一个业务能力合格系统。

其次，中国的社会功勋制打破了身份界线，将每一个人（除世袭的最高领袖之外）置于完全平等的地位。西方现代政治学不是这样，在政务官的选择上是以资本作为基础，谁钱多谁就可以在国家权力中分一杯羹。西方学者的研究发现，除了占选民总数3%和10%的人会根据某种政治信仰或观点而做出理性的政治选择外，绝大多数选民直接受到资本作支撑的宣传舆论的控制。以美国为例，二次世界大战后从50年代到80年代的30年中，美国进行了10次大选，其中报纸支持率最高的候选人竟有8次最终当选。剩下的两次，一次是1960年大选时，美国正处于一场严重经济危机之中，这对已任8年副总统的尼克松十分不利，而肯尼迪利用社会的求变心理取胜。另一次是1976年大选前，总统尼克松因"水门事件"被迫下台，共和党声名狼藉，总统的宝座最后让给了民主党。

最后，西方为了保障文官中立行政和考绩制的运行建立了许多机构。以美国为例，除了联邦人事管理局，还有功绩制保护委员会、联邦劳工关系局和联邦僵局处理小组等等；根据《美国法典》标题5第2301部B节功绩制原则（9），公务员有权利举报违害公共利益的违法行为，但这些都没有逃出部门监督的范畴，西方从来没有建立起人与人之间的监督体制保障政治的廉洁和高效率。现在西方政治学者担心，膨胀的文官力量会不会带来官僚主义的泛滥——那是中国科举制的恶梦。

全民监督体系是如何运作的

早期来华的西方传教士对于中国这个异教徒社会也能过上快乐生活大惑不解，没有信神的终极力量，没有上帝作为法律契约的来源和监督者，有秩序的生活怎能在世上实现？答案是，国人发展了比部门监督更完美的政治工具——全民监督，即建立在连带责任基础上人与人之间的监督。

全民监督的基础是连带责任，自清末沈家本修法第一次确立责任自负原则后，这一中华民族伟大的政治创造被当作中华法系落后的象征废除了。尽管当时沈家本那样的爱国知识分子的目的是建立一个法治社会，然而事与愿违，法律引入了，法治却不能在中华大地上生根，西化知识分子作梦也想不到，正是他们斩断了使法成为"必行之法"的社会纽带——连带责任原则。

上个世纪后半叶的考古发现使《秦律》和《汉律》在消失一千多年

后重现国人面前，这时我们才知道，秦汉律哪里是什么暴法，全民监督哪里是什么株连九族、滥杀无辜，法家治国不会使人民失去隐私、国人争相出卖，夫妻反目、父子成仇——秦汉律中凝聚着高度发达的理性精神！

中国的监督体系发端很早。司马迁《史记》的第一篇《五帝本纪》中就记载说，统一天下的黄帝为了对付那些还不安分的诸侯，设置了左右大监，由他们督察各诸侯国，万国由此安定。

如上面所述，西周全民监督体系至少在庶民中已经建立起来，当时主要是为互助并承担连带责任（相保）。《周礼·地官司徒第二·大司徒》条说，（大司徒）令五家组成一比，使他们互相担保。五比组成一闾，使他们［有事］可以互相托付。四闾组成一族，使他们有丧葬事互相帮助。五族组成一党，使他们［有灾荒］互相救助。五党组成一州，使他们互相周济。五州组成一乡，使他们［对乡中的贤者］以宾客之礼相待。（原文：令五家为比，使之相保；五比为闾，使之相爱；四闾为族，使之相葬；五族为党，使之相救；五党为州，使之相赒；五州为乡，使之相宾。）

从西周孝王（约公元前9世纪）时的《曶鼎》上我们看到，当时连带责任已经在法律上有所体现。《曶鼎》铭文记载说，由于匡的臣下抢走了曶的禾十秭，判案的"东宫"就要匡在找不到盗窃者时承担连带责任。（原文：昔馑岁，匡众厥臣廿夫寇曶禾十秭，以匡季告东宫，乃曰："求乃人，乃弗得。汝匡罚大。"）

作为一个研究社会制度史的专家，南宋马端临清楚地意识到秦继承了西周的连带责任原则和全民监督体系，就如同今天中国一些知识分子出于"政治正确"将西方的垃圾都称为现代一样，马端临出于儒家的"政治正确"对西周的连带责任制度和全民监督体系大加赞赏，却对秦的同一制度大加鞭答。《文献通考·职役考》认为秦朝的连带责任原则和全民监督体系使百姓成为暴戾小人，他说："秦人所行什伍之法，与成周一也。守望相助，疾病相扶持，是教其相率而为仁厚辑睦之君子也。秦之法，一人有奸，邻里告之；一人犯罪，邻里坐之，是教其相率而为暴戾刻核之小人也。"

秦人何辜！商鞅变法只是将连带责任原则和全民监督体系细化并应用到了行政官员，通过"周官相监"实现了"刑无等级"。《商君书·赏刑第十七》在解释"壹刑"时说："所说的统一刑罚是指使用刑罚没有等级。从卿相、将军一直到大夫和平民百姓，有不听从君主命令的，违反国家法令的，可以处以死罪，不赦免。从前立过战功，但后来有触犯刑罚的事发生，也不因此而减轻刑罚。从前做过好事，又在后来犯过错误，也不因此而破坏法令。就是那些忠臣、孝子犯了罪也一定根据他们罪过的大小来判决。执行法令的官吏，担任现职的官吏有不实行君法令的，也犯了死罪，决不赦免。而且刑罚诛及到了他们的父、母、妻子的身上。官吏四周的人，知道他们的罪过，并能向君主揭发检举的，自己不仅能免受刑罚的处分，而且不分富贵贫穷，都能继承那位官吏的官爵、土地和俸禄。"（原文：所谓壹刑者，刑无等级，自卿相、将军以至大夫、庶人，有不从王令、犯国禁、乱上制者，罪死不赦。有功于前，有败于后，不为损刑。有善于前，有过于后，不为亏法。忠臣孝子有过。必以其数断。守法守职之吏有不行王法者，罪死不赦，刑及三族。周官之人，知而讦之上者，自免于罪，无贵贱，尸袭其官长之官爵田禄。）

政治社会生活中，秦人应用档案程序化管理，通过全民监督达到人民自治，君主虚位无为而治。《商君书》的作者详述了档案程序化的具体操作流程，中国长期没有律师制度，但"主法令之吏"使打官司的成本几乎降至零，效率显然更高。《商君书·定分第二十六》：众官吏和百姓若向主管法令的官吏询问法令的具体内容，主管法令的官吏必须根据他们的问题明确答复他们。而且要制一个长一尺六寸的符券，符券上写明年、月、日、时间、所问法令的内容。主管法令的官吏不告诉，等到他们犯了罪，正是他们所询问的那一条，那就按他们所询问的那条罪状来惩罚主管法令的官吏。在询问时，就要把符券的左片给询问法令的人，主管法令的官吏则小心将右片装入木匣，藏在一个屋子中，用法令长官的印封上，即使以后当事人死了，也依照符券办事。（原文：诸官吏及民，有问法令之所谓也于主法令之吏，皆各以其故所欲问之法令，明告之。各为尺六寸之符，明书年、月、日、时、所问法令之名，以告吏民。主法令之吏不告，及之罪，而法令之所谓也，皆以吏民之所问法令之罪，各罪主法令之吏。即以左券予吏之问法令者，主法令之吏谨藏其右券木柙，以室藏之，封以法令之长印。即后有物故，以券书从事。）

制度上，秦人设计了知法之民、司法官员、行政官员及这些群体内部互相监督的权力分置体系。商鞅学派提议设立中央和地方两个层次的法治机构，中央设置三法官，即"殿中置一法官，御史置一法官及吏，丞相置一法官"，相应的，地方比照中央"诸侯郡县皆为置一法官及吏"。这种机构设置是中华法系独特的权力分置体系，使知法之民、司法官员和行政官员互相监督，哪一方违反法律都会受到相应的惩罚。如下图：

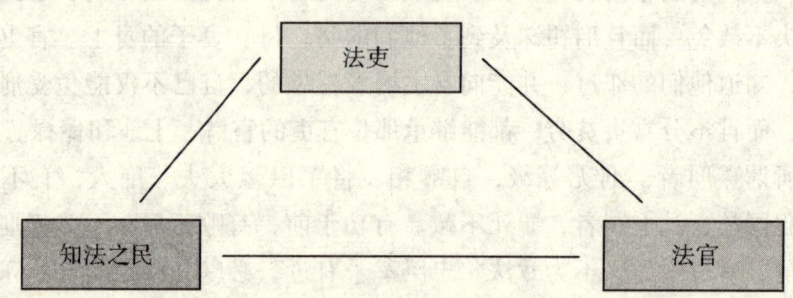

《商君书·定分第二十六》论述说："朝庭设置三个法官，宫殿中设置一个，御史设置一个，丞相设置一个。诸侯和郡县也为他们各设置一个法官和法吏，全都比照秦都的法官。诸侯郡县一旦接受禁室的法令，就学习法令的内容。官吏和百姓想知晓法令的，都询问法官，所以天下百姓、官吏没有不知晓法令的人。官吏明知百姓知道法令，所以官吏不敢以非法手段对待百姓，百姓也不敢犯法来触犯法官。对待百姓不遵守法令，人民就可以向法官询问，法官就将法令所规定的罪名告诉他们，百姓就将法官的话警告官吏。官吏知道事情这样，就不敢用非法手段对待人民，人民也不敢犯法。"（原文：天子，置三法官；殿中，置一法官；御史，置一法官及吏；丞相，置一法官。诸侯、郡、县皆各为置一法官及吏，皆此秦一法官。郡、县、诸侯一受宝来之法令，学问并所谓。吏民知法令者，皆问法官。故天下之吏民，无不知法者，吏明知民知法令也。故吏不敢以非法遇民，民不敢犯法以干法官也。遇民不修法，则问法官，法官即以法之罪告之，民即以法官之言正告之吏。吏知其如此，故吏不敢以非法遇民，民又不敢犯法。）

这种制度设计显然比西周初年先进很多。从《周礼》中我们能找到一种保证社会压力释放的监督机制，大体过程是这样：凡远近孤独无靠或年老、幼弱之民想要向上申诉冤屈，而他们的长官不予转达的，就来到王宫前肺石上站三天，然后由朝士听他诉说冤屈，以报告朝廷，而惩罚他们的长官。(《周礼·秋官司寇第五·大司寇》原文：以肺石达穷民，凡远近茕独、老幼之欲有复于上，而其长弗达者，立于肺石三日，士听其辞，以告于上，而罪其长。)

行政过程大致如下：

诉冤者（肺石）——朝士——御仆和御庶子（路鼓）——大仆——王——长

这里朝士听诉冤者的陈述，然后他率此民至路门，击路鼓。在路鼓当值的御仆和御庶子再将细情转告大仆。《周礼·夏官司马第四·大仆》条：在大寝门外树路鼓，而掌管有关击鼓的事，以等待达穷者［引导冤民前来击鼓］或遽令［前来击鼓］，听到鼓声，就迅速迎接［在路鼓处当值的］御仆和御庶子，［听他们报告情况而转达王］。(原文：建路鼓于大寝之门外，而掌其政，以待达穷者与遽令。闻鼓声，则速逆御仆与御庶子。)

今天，我们看到那些衣衫不整、目光阴滞的长年上访者，你会感到我们民族灵魂中一种最宝贵的东西已经消逝了。政治理论的全盘西化并没有给我们带来清明的法治，反而是混乱和低效率。一个问题如鲠在喉：难道我们的社会压力释放机制已经退化到了三千年以前？

《商君书》之外，《尉缭子》是晋法家商鞅学派仅存的著作。《尉缭子》的作者严厉抨击了随意株连的行为，认为连带责任的随意扩大将带来灾难性结果。他说："现今审理案件，小案拘禁不下数十人，中等案件拘禁不下数百人，大案拘禁不下数千人。而且往往是十人的事牵连百人，百人的事牵连千人，千人的事牵连万人。所牵连的人，首先是父母兄弟，其次是亲属，再次是熟识的朋友。被牵连的农民被迫离开土地，商人被迫离开店铺，士大夫被迫离开官府。像这样众多的良民被牵连而关进监狱，就是当前拘禁囚犯的实际情况。兵法上说：'十万大军出征，一日耗费千金。'现在十万良民被牵连入狱，而君王不能明察，我认为是很危险的。"(《尉缭子·将理第九》原文：今夫决狱，小圄不下十数，中圄不下百数，大圄不下千数。十人联百人之事，百人联千人之事，千人联万人之事。所联之者，亲戚兄弟也，其次婚姻也，其次知识故人也。是农无不离田业，贾无不离肆宅，士大夫无不离官府。如此，关联良民，皆囚之情也。兵法曰："十万之师出，日费千金。"今良民十万，而联于囹圄，上不能省，臣以为危也。)

晋法家这种慎刑精神融入了秦、汉律之中，秦律严格区分公室告和非公室告，非公室告属私人事务，国家不受理。公室告中的被告损害了公共利益，包括亲友在内的知情者才有举报的义务；这里我们不防引述秦律中部分相关内容，从中读者不难发现，连带责任原则和全民监督的实施是极其谨慎的，全民监督绝对不是无端无故的株连。

《睡虎地秦墓竹简·秦律杂抄》：任用士吏或发弩啬夫不合法律规定，以及发弩射不中目标，县尉应罚二甲。发弩啬夫射不中目标，应罚二甲，免职，由县啬夫另行保举。驾驺〔为官长驾车的人〕已任用四年，仍不能驾车，罚负责教练的人一盾；驾驺本人应免职，并补服四年内应服的徭戍。（原文：除士吏、发弩啬夫不如律，及发弩射不中，尉赀二甲。发弩啬夫射不中，赀二甲，免，啬夫任之。驾驺除四岁，不能驾御，赀教者一盾；免，赏〔偿〕四岁〔徭〕戍。）

《睡虎地秦墓竹简·法律答问》：甲盗窃不满一钱，前往乙家，乙没有察觉，问乙方如何论处？不应论罪。如系知情而不加捕拿，应罚一盾。（原文：甲盗不盈一钱，行乙室，乙弗觉，问乙论可〔何〕（也）？毋论。其见智〔知〕之而弗捕，当赀一盾。）

《睡虎地秦墓竹简·法律答问》：甲盗钱用以买丝，把丝寄存在乙方处，乙收受了，但不了解盗窃的事，乙方如何论处？不应论罪。（原文：甲盗钱以买丝，寄乙，乙受，弗智〔知〕，乙论可〔何〕〔也〕？毋论。）

在全民监督体系下，几乎不可能会有老子坐官，老婆情人拿红包，子女亲戚享受这种现象，因为公共利益要求所有知情者都有举报的义务，否则相关知情者会面对严厉的法律制裁——这也是秦国吏治清廉的根本原因吧！

社会功勋制和全民监督体系是何时崩溃的

儒家亲亲原则、西方责任自负原则将中华法系的全民监督体系屏弃掉，其灾难性结果不仅是政治上的，还有经济方面的，特别是在金融领域。几千年来，中国长期以信用贷款为主要放款方式，但随着西方银行抵押放款方式的引入，农村金融体系近乎崩溃，1998年四大国有商业银行开始将所属县市分支机构撤并调整后剩下的农村信用社等金融机构，很难有效完成农村融资功能，因为农民不可能以山羊作抵押取得贷款。就是在城市,中小企业的信用瓶颈也很难突破,中小企业筹资难的问题至今没有得到解决。直到近年来,连带责任原则才重新回到农村小额贷款和城镇中小企业融资之中,但国人似乎永远无法突破西方法制限定的"紧箍咒",大体还在试点。

三千多年前,周初的信用制度就以连带责任为基础,当百姓需要资金支持时,借贷者的基层官员必须承担连带责任,基层官员和借贷者要一起去当时的金融机构泉府办理相关手续。《周礼·地官司徒第二·泉府》条:凡赊取钱物的,为祭祀而赊取不超过十天归还,为丧事而赊取不超过三个月归还。凡民有贷取钱物的,就同他的主管官一起辨别钱物而授给他,按照国家规定的税率来收取利息。(原文:凡赊者,祭祀无过旬日,丧纪无过三月。凡民之贷者,与其有司辨而授之,以国服为之息。)

据《逸周书》的记载,周文王时代中国特色的信贷制度就建立了起来。《逸周书·文酌解第四》说文王的基本政策就包括"贷官以属",即借贷官府连属百姓;公元前1123年,周人遇大荒,政府放松银根,也是以基层官员作为担保布散公家的钱币,乡正作借贷的担保。(《逸周书·大匡解第十一》原文:赋洒其币,乡正保贷。)

笔者不反对学习西方的银行制度,但不能将中国传统的东西全都放弃,靠连带责任原则支撑的信用贷款体系或许更适合于中国。事实上西方现代银行进入中国后,除了北京的钱庄被八国联军强盗洗劫一空之外,在上海等地,长期进行信用贷款的钱庄并没有衰落,相反繁荣了起来,解放后钱庄关闭的政治原因多于经济原因!

对于社会功勋制和全民监督体系来说,公元前140年汉武帝切断了治法家、纵横之术者仕进之路,推崇儒术是一个重要的历史拐点。汉武帝将精通《春秋》的公孙弘封为平津侯也起到了巨大的示范效应,司马迁在《史记·儒林列传》中说从此"天下之学士靡然乡风矣"。

从西汉末年开始,中华原文明渐渐儒化。至东汉,社会功勋制已经处于分崩离析的状态,秦汉大黄金时代很快成为昨日黄花。在公元前81年那场改变中国历史命运的国策大讨论盐铁会议上,儒生强烈的批评了社会功勋制,主张乡择里选,基层推荐。《盐铁论·除狭第三十二》记载:"贤良说:古时候,推荐当官的人,从乡里挑拣选择,考察他们的才能,然后给他官做,胜任职务以后再按照一定等级封爵授禄。所以读书人在偏僻乡村里闭门读书,也能到朝廷来做官,隐居修身,做官扬名。不因为关系疏远而丢掉贤能的人,不论大小事功,都没有被遗失的。因此,贤能的人得到任用,没有才能的人被检查罢免。现在升官的道路杂乱,不按人的才能选拔官吏,富有的人用钱财来买官,勇敢的人卖命求取功名。耍车技的和举鼎技的人,都出来充当官吏,多次立功,积年累月,有的人甚至当上了卿相。"(原文:贤良曰,古之进士也,乡择而里选,论其才能,然后官之,胜职任然后爵而禄之。故士修之乡曲,升诸朝廷,行之幽隐,明足显著。疏远无失士,小大无遗功。是以贤者进用,不肖者简黜。今吏道杂而不选,富者以财贾官,勇者以死射功。戏车鼎跃,咸出补吏,累功积日,或至卿相。)

中国古典政治理论的全面消退应是在东汉末年,王粲在《爵论》中论及社会功勋制的解体(爵事废),并力主恢复这一制度,上面说:"依律有夺爵之法,此谓古者爵行之时。民赐爵则喜,夺爵则惧,故可以夺赐而法也。今爵事废矣,民不知爵者何也。夺之,民亦不惧;赐之,民亦不喜,是空设文书而无用也。今诚循爵,则上下不失实,而功劳者劝。"

同为建安七子的徐干(170~217)论及了当时全民监督体系的崩溃,仍以周作为制度典范,希望当时的统治者关注这一治国的基本制度。杜佑《通典·食货典》引徐干《中论》说:"故周礼,孟冬,司寇献民数於王,王拜受之,登於天府,内史、司会、冢宰贰之。其重之也如是。今之为政者,未之知恤已也。譬犹无田而欲树艺,虽有农夫,安能措其强力乎!是以先王制六乡六遂之法,所以维持其民而为之纲目也。使其邻比相保爱,赏罚相延及,故出入存亡臧否逆顺可得而知也。及乱君之为政也,户口漏於国版,夫家脱於联伍,避役逋逃者有之,弃损者有之,浮食者有之。於是奸心竞生而伪端并作,小则滥窃,大则攻劫,严刑峻令不能救也。人数者,庶事之所自出也,莫不取正焉。以分田里,以令贡赋,以造器用,以制禄食,以起田役,以作军旅,国以建典,家以立度,五礼用修,九刑用措,其唯审人数乎?"

东汉之后,中国是长期的社会动荡,唐朝盛世也不过维持百年,支持中国黄金时代的社会功勋制和全民监督体系坍塌后,中华文明逐步进入了黑暗时代,先是渐渐儒化,再是剧烈的西化,直到今天,我们才听到了中华文明复兴的脚步声。

3. 外事武而义

以中国为中心的东亚国际体系及其理论基础

早在十九世纪，西方职业外交官就注意到东亚有一个完全不同于西方的国际体系存在，在这个体系中，政治实体之间的力量是严重不对称的，无比强大的中国居于中央，朝鲜、日本、缅甸则处于外围。其国际关系理论不是西方传统的均势理论（Balance of Power），而是另一种逻辑。具体是什么逻辑，他们表达得常常极其含混，比如1869年就来到中国的美国外交官何天爵（Chester Holcombe，1844～1912）在他1895年出版的《中国人本色》（The Real Chinaman）一书中，将之想象为一种东方"家长制"模式。

进入二十一世纪，传统的东亚国际秩序越发引人注目，尽管此时东亚各国的现代国家体制已经建立，国际关系的处理也越来越西方化。

人们关注以中国为中心的前现代国际体系的重要原因之一是冷战后以美国为中心的单极世界的形成。中国学者发现，其他国家并没有像均势理论预言的那样，联合起来阻击美国（潘维，《研究先秦时代的国际关系》，http://www.wyzxwyzx.com/Article/Class18/200711/27041.html）；美国本土的学者发现，今天的美国好象一个孤独的拳击手一样站在世界拳台的中央，没有了对手，一时不知下步怎么办，最好的办法是重新找到对手。没有明确的对手，就找恐怖主义这样无形的对手，结果问题多多。

几年前，美国弗吉尼亚大学政治学系教授布兰德利·沃麦克（Brantly Womack）发表了《可持续的国际领导权：来自968～1885年中越关系的经验》一文（《香港传真》，2007年11月23日）。他注意到与西方均势理论不同，中国传统的世界体系是建立在非对称实力基础之上的。布兰德利·沃麦克指出：中国与越南从来没有作为"大国"彼此对立，面对中国，除了自治，越南无法企及更多的东西；在越南屡屡挫败中国的占领之后，反复入侵使中国和越南陷入僵局：中国无法永久地击败越南，越南也没有能排除中国未来企图的能力，这种非均衡关系不是可以得到均衡或解决的不平衡关系，它是一种双方必须彼此容忍的正常关系。

历史学家许倬云先生也注意到，秦汉王朝与罗马帝国的征伐过程有着本质的不同。前者是依靠郡县制，主体是行政文官，后者则长期依赖武力控制，军人成为被征服地区的统治精英。进而言之，秦汉征服一个地区后，并不用军队戍守内地，后来这成定制："此后中国的历史中，只有外族征服中国，方有戍军人驻国内之事，例如金代的猛安、谋克，蒙元的签军与蒙古军，清代的各处旗营。"罗马帝国不是这样，"罗马大将率军出征，罗马兵团大多随统率将领留在征服地区。于是，一批又一批，罗马子弟离开意大利半岛，却在新得的领土落户，成为当地的统治群"。①

许倬云还注意到，西方文化具有排他性，而中国文化具有兼容性和普世特点，文化认同足以维系共同体的延续不散。而罗马人只有上层懂拉丁文，一般不识字的百姓仍用其土著语言，不同的文字不能形成有利于整体认同的教化力量。

许先生学贯中西，观察历史宽广细腻，这是许多研究者所不及的。所欠缺的是，他仍然是从事件到事件，没有看到中国独特文明发展形态有其政治理论上的支撑，这就是血与土地统一的政策，通过平等劳动和自由通婚实现超越种族边界的文明有机体，一种不是以暴力掠夺为基础的人类文明范式。反映到外交理论上，就是"外事武与义"的外交原则。

只要看看今天美国人在伊拉克仍以罗马军团的逻辑行事——以高高在上的警察身份掠夺资源，通过驻军维持这一掠夺，你就会感到我们有必要以一种新的形式实现地球村的合作与繁荣，它的基础不再是西方文明根深蒂固的军事暴力与殖民掠夺逻辑，而是平等劳动和自由通婚，通过血与土的大融合建立统一的人类有机体。

中国古典国际关系理论的形成背景

据《尚书·禹贡》，夏禹时古代天子领地之外，每五百里为一服役地带，由近及远依次服、侯服、绥服、要服、荒服。我们目前掌握的考古材料还不能证明这一世界体系是否真的存在。

甲骨文文献的出土使商代政权结构变得清晰许多。中国社会科学院历史所研究员王贵民先生在《商周制度考信》② 一书中，将商朝的政区分为

---

① 许倬云，《万古江河》，上海文艺出版社，2006年6月，第110页。
② 台北明文书局，1989年。

四层，依次为：最中心的一层是商都大邑商；其外是中商、四奠、田伯、子；再外是四土、侯、伯、子、卫、任、田；最外是四方、方国、部落。

商代侯、伯有受王调遣，从事征伐，向王室纳贡等义务；方国部落则是独立于王朝之外的一些异族共同体。《逸周书》中保存了一篇《商书·伊尹朝献》，其中提到了四方纳贡的细节，可与甲骨文文献相参验：

商汤对伊尹说："诸侯来进贡，有的没有土产而贡献远方的物品，事与实相反，不方便。现今我想依据土地所出作贡物，一定要容易到手又不珍贵。你就制定四方进献的法令吧！"伊尹接受命令，于是就作《四方令》说……"（原文：汤问伊尹曰："诸侯来献，或无马牛之所生，而献远方之物事实相反不利。今吾欲因其地势，所有献之，必易得而不贵，其为四方献令。"伊殷受命，于是为四方令曰……"）

可以肯定，最晚在殷商时，东亚大陆上已经有一个以中原为中心国际体系存在。在一个交通极不发达的时代，中国夏商周国际体系的这种"同心圆结构"行政效率最高。两千多年前贾谊（公元前200~前168）在《新书·属远》中论证说："古代天子周围的土地各有千里远近，中间建国都，这样运送贡物和征发徭役，最远的不出五百里就到了；公侯的土地四周均百里，中间建都城，运送贡物、征发徭役，最远的不出五十里就到了。运送货物的人不受劳累，出徭役的人也不耗费钱财，因此远方的人都安心地居住在那里，士人庶民也都拥戴朝廷，这是王朝能长治久安的原因。"（原文：古者天子地方千里，中之而为都，输将繇使，其远者不在五百里而至。公侯地百里，中之而为都，输将繇使远者不在五十里而至。输将者不苦其劳，繇使者不伤其费，故远方人安其居，士民皆有骥乐其上，此天下之所以长久也。）

商代甲骨文文献都太短，殷商国际关系理论我们还不甚了了。到三千年前的周朝，中国古典国际关系理论的基本原则才渐渐明晰起来。

显然周继承了商朝的"服"制，而且更系统化了。当时的政治体系以千里王畿为中心，王畿之外方五百里是侯服，侯服之外方五百里是甸服，甸服之外方五百里是男服，男服之外方五百里是采服，采服之外方五百里是卫服，卫服之外方五百里是蛮服，蛮服之外方五百里是夷服，夷服之外方五百里是镇服，镇服之外方五百里是藩服。（见《周礼·夏官司马第四·职方氏》）

上述国际体系中，均势理论没有位置，王国作为政治中心要安抚诸侯国，诸侯国之间要使大国亲附小国，小国服事大国；军事征服和经济殖民在这个世界体系中是陌生的，武力只应用于诸侯国明确违反基本"国际法"的情况之下，包括诸侯国以大侵小等。西周大司马是掌军政之官，《周礼·夏官司马第四·大司马》条："［根据诸侯国爵位的尊卑和拥有土地的大小］，建立合理的守卫土地之法，以安定诸侯国。［使大国］亲小国、［小国］服事大国，以使各诸侯国和睦相处；用九伐之法规正诸侯国。［诸侯有］以强陵弱、以大侵小的，就削弱他；有杀害贤良和民众的，就讨伐他；有对内暴虐、对外欺陵邻国的，就幽禁他（而更立新君］．有土地荒芜、人民离散的，就削减他的封地；有依仗险固地形而不服从的，就派兵进入他的国境［以示惩罚］；有无辜杀害亲族的，就抓起来治罪；有放逐或弑杀他的国君的，就杀死他；有违犯王的命令、轻视国家政法的。就杜塞他同邻国交通的途径；有外内悖乱人伦，行为如同禽兽的，就诛灭他。"（原文：均守平则，以安邦国；比小事大，以和邦国。以九伐之法正邦国，冯弱犯寡则眚之，贼贤害民则伐之，暴内陵外则坛之。野荒民散则削之，负固不服则侵之，贼杀其亲则正之，放弑其君则残之，犯令陵政则杜之。外内乱，鸟兽行，则灭之。）

夏官系统中还有职方氏、土方氏、怀方氏、合方式、训方式、形方式等诸官负责管理诸侯事务，其目的都是为了小国与大国互相维系——使小国服事大国，大国亲睦小国。（《周礼·夏官司马第四·职方氏》："凡邦国，大小相维。"《周礼·夏官司马第四·形方氏》："使小国事大国，大国比小国。"）

如果说《周礼》是西周政治的组织架构，那么《逸周书》则是西周治国理念的总结。《逸周书·大明武解第九》开篇就讲战争的目的是为了匡扶正义。上面说："威武神圣的战事。只有畏惧它的威严，四方才能安宁。上天安排武事，整治军队兵器，以匡扶正义矫正不义来顺从天意。"（原文：畏严大武，曰维四方畏威，乃宁。天作武，修戎兵，以助义正违。）在《逸周书·武纪解第六十八》中，作者将中国古典国际关系理论总结为"外事武而义"，并指出战争和暴力并不是最好的外事解决办法。上面说："最上一等是尊敬人而让人顺服，其次是想得到就得到，其次是夺取而得到，其次是相争而取胜，最下一等是举事而借助上国的武力。凡是建国治民,内政要用文德而平和,外事讲武力要用得恰当。"(原文:太上敬而服,其次欲而得,其次夺而得,其次争而克,其下动而上资其力。凡建国君民,内事文而和。外事武而义。)

血与土地的统一的政策

外事武而义的国际关系准则反映到具体行政政策上,就是血与土地的统一,普天下之人自由劳动,自由通婚,这是一种社会和政治上的普世主义,远远超过文化的界线。中华文明始终反对殖民掠夺别国。

《逸周书》从实战角度论述了统一天下的原则。在《武称》中其作者提到,在战争中就要赦免被俘的敌人,并照顾当地百姓的生活。《逸周书·武称解第六》:"赦免被俘的兵众,谅解他的过错,抚慰他的百姓,盛满他的粮袋,是武事的'间'。"(原文:赦其众,遂其咎,抚其□,助其囊,武之间也。)战争胜利后,除了解除敌国的防御力量,更要用平等的原则对待战败的敌国百姓,禁止抢掠。《逸周书·武称解第六》:"战胜了敌人,举令旗发号令,要官吏禁止抢劫,不得侵凌强暴民众;不降低爵位,田土住宅不减损,各自安定亲属,民众自然归服。是武事的'抚'。普天下归服以后,止息战争兴办文教,平掉险阻的工事,毁掉打仗的武器,四方敬畏服从,包有天下,是武事的'定'。"(原文:既胜人,举旗以号令,命吏禁掠,无取侵暴,爵位不谦,田宅不亏,各宁其亲,民服如合,武之抚也。百姓咸骨,偃兵兴德,夷厥险阻,以毁其服,四方畏服,奄有天下,武之定也。)

紧接着,《逸周书》详细论述了用行政手段、"文德"安定社会的方法,明确反对用武力手段接管战败国。民事政策包含内容很广,从行政一直到教育,核心是平等劳动,自由通婚。没有制度化的掠夺,更没有任何形式的奴隶制。《逸周书·允文解第七》:"想要安定并巩固胜利,要用文德作为纲纪。安民告示到处张贴,悬挂。收缴武器,发放财物,不要让百姓随意迁徙。文官武将接续原有职务,沿用所有小吏。官府所有财物,全都用来赈赐穷士,救济贫穷病弱,做到徭役与土地均衡。让大夫恢复其命服,以消除他们的忧伤与羞辱。使孤儿寡母无所求,众人因收获丰厚而皆大欢喜。寻访所有的外戚,记下他们的住处。选择同姓同氏者,立为各氏族的宗子。年十五以上作为服役的标准,成年男女都得以婚配。以光明诚实进行教育，百姓如同得到父母。用宽和办法治理百姓，谁能不顺从？顺从而无有悔恨，还会安守本分而供养君王。君王英明就会作教诫，在这时候还要进行武教。这样，死了的也想再生，活着的想再任旧职。百姓知道不被抛弃，就会珍惜家居不远离。做到上下和谐，就没有攻不下的敌人。达官贵人手执玉器，住在他们的殿宇。老百姓人人耕种，老幼无有欺诈。不违背他们的心意，国内通行无阻。民众盼望我军，如同等待父母。所以，天下一日就可平定，从而包有四海。"（原文：思静振胜，允文维记。昭告周行，维旌所在。收武释贿，无迁厥里，官校属职，因其百吏。公货少多，振赐穷士，救瘠补病，赋均田布。命夫复服，用损忧耻，孤寡无告，获厚咸喜。咸问外戚，书其所在，迁同氏姓，位之宗子。率用十五，绥用囗安，教用显允，若得父母。宽以政之，孰云不听，听言靡悔，遵养时晦。晦明遂语，于时允武，死思复生，生思复所。人知不弃，爱守正户，上下和协，靡敌不下。执彼玉镖，以居其宇，庶民咸畉，童壮无辅，无拂其取，通其疆土。民之望兵，若待父母。是故天下，一旦而定有四海。）

到《黄帝四经》，血与土地的政策已经作了理论化的阐述。《黄帝四经》的作者主张兼并他国一定要慎重，对于那些当罪当亡的国家要解除他的武装，但不可随意掠夺，要做到"兼之而勿擅"。在中国古典政治理论中，"国际法"和"国内法"没有明显的界限，处事武而义与血与土地统一没有明显界限，正义原则永远是超越国界的！《黄帝四经·国次》："在诛禁理当治罪理当灭亡的国家时，必须一鼓作气，使其城郭成为废墟。兼并了其他国家但不能独自占有，因为这是冥冥天道所促成的功绩……兼并他国后，便修治它的城郭，占据其宫室，享用其钟鼓音乐，贪取其资财，霸占其子女，这些作法是大逆天道的取败之道，必然导致国家危殆而最终灭亡。所以说，只有圣人在治国用兵时能够合于天道。天地间的道理概括起来不过是'三功'而已。如果成就此三功再觊觎其他，那么就难免有祸殃之危了。所以圣人的征伐之道是，兼并他国后，要拆毁它的城郭，焚毁它的钟鼓，均分它的资财，散居其子女后代，分割其土地赏赐有贤能之人，总之不能独自占有，因为这功绩是天道促成的。这样才能功成而不去，然后方能没有患祸。"（原文：禁伐当罪当亡，必虚［墟］其国。兼之而勿擅，是胃［谓］天功……兼人之国，修其国郭，处其郎［廊］庙，听其钟鼓,利其资财,妻其子女。是胃[谓]□逆以芒(荒),国危破亡。故唯圣人能尽天极,能用天当。天地之道,不过三功。功成而不止,身危又[有]央(殃)。故圣人之伐[也],兼人之国,隓[堕]其城郭,棼[焚]其钟鼓。布其资财,散其子女,列[裂]其土地,以封贤者,是胃[谓]天功。功成不废,后不奉[逢]央[殃]。)

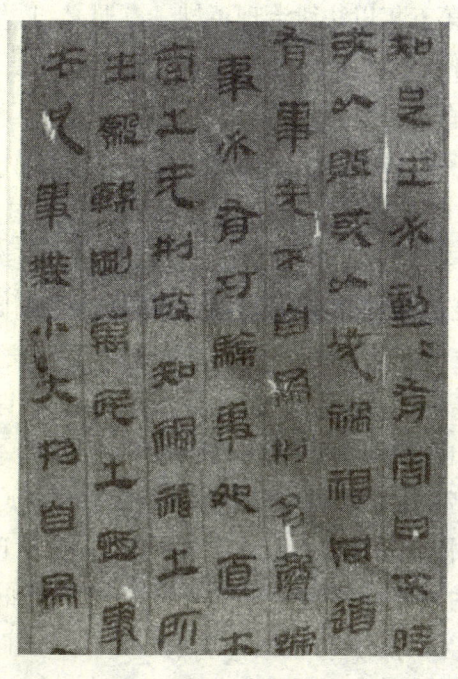

1973年出土的马王堆老子乙本帛书卷前有佚书4篇,即西汉黄老治国理念大纲《黄帝四经》。

《黄帝四经·君正》将治理统一天下的政策也理论化了,包括全民监督体系的建立:"执政的第一年应遵从百姓的风俗,第二年选拔有德能的人授与官职,第三年要使民富足,到了第四年的时候就可以发号令了,第五年可以用法律来治理百姓,第六年人民就会有了敬畏心理,第七年便可以指挥百姓从戎出征了。第一年遵从百姓的风俗习惯,可以掌握他们是非善恶、好恶取舍的标准是什么。第二年擢用有德能的人,百姓就都会努力争取向上。第三年免去赋税征敛,百姓就会生活富足。第四年发号施令,百姓都会敬畏服从。第五年用法律来治理,百姓就不敢有侥幸心理。第六年百姓有敬畏心理，便会懂得刑罚律令而不敢触犯。第七年率民出征敌国，便能战胜强大的对手。第一年遵从百姓的风俗是为了是顺应民心。第二年选拔有德能的人为官吏是通过施爱于民以激励其奋勉。第三年要使民富足是要废除山泽之禁及关口市场的征税。第四年要想有效地发号令，就要以什伍连坐的方式将人们组织起来，并挑选人才去管理他们，使贤与不贤的人各有等差。第五年以法律治理百姓，有罪必罚，不可姑息。第六年百姓有了敬畏心理便不敢再去触犯刑罚。到了第七年便可以率民出征并战胜强敌，这是因为百姓会出死效力。"（原文：一年从其俗，二年用其德，三年而民有得，四年而发号令，[五年而]□□□，[六年而]民畏敬，七年而可以正（征）。一年从其俗，则知民则。二年用（其德），民则力。三年无赋敛，则民有得。四年发号令，则民畏敬。五年以刑正，则民不幸。六年□□□□□□□□。[七]年而可以正[征]，则胜强适[敌]。俗者顺民心[也]。德者爱勉之[也]。[有]得者，发禁拖[弛]关市之正[征][也]。号令者，连为什伍，巽[选练]贤不肖有别[也]。心刑正者，罪杀不赦[也]。可以正者，民死节[也]。）

曾作过"守藏室之史"，管理周朝国家图书的老子思想直接继承了《周礼》和《逸周书》反对以霸权主义的方式一平天下，要大国"守雌、居下"，他将中国古典政治理论血与土地统一的原则和外事武而义的理论哲理化了。《道德经·第六十一章》："大国要像居于江河的下流一样，处于雌柔的位置，这是天下交汇的地方。雌柔常常以虚静战胜雄强，就是因为它安静而处于下面的缘故。大国用谦下的态度对待小国，就可以取得小国的归附；小国用谦下的态度对待大国，也才能取得大国的容纳。所以，或者大国以谦下的态度取得小国的归附，或者小国以谦下的态度取得大国的容纳。大国取得小国的归附，不过是要养育更多的人民，小国取得大国的容纳，不过是要让大国管理更多的人。这样大国小国都各自满足了愿望，大国尤其应当以谦下为宜。"（原文：大邦者，下流也，天下之牝也。天下之交也，牝恒以静胜牡。为其静也，故宜为下。故大邦以下小邦，则取小邦。小邦以下大邦，则取于大邦。故或下以取，或下而取。故大邦者，不过欲兼畜人。小邦者，不过欲入事人。夫皆得其欲，则大者宜为下。）

历史呼唤国际新秩序

当我们看到19世纪70年代到20世纪30年代澳大利亚政府用从土著人那里偷走孩子的办法进行民族同化时,你会为中国古典政治文明的伟大而感叹。如果我们把中华文明比作一个高度进化了的多细胞生物,那么西方文明仍处于单细胞生命阶段,它依靠不断地分裂来维持生命,这些单细胞本身永远无法成为一个更为复杂的整体,民族国家似乎是它发展的极限。

西方文明的这种特性早就被曾任美国历史学会主席的威廉·弗格森所阐述。作为一个研究希腊化历史的专家,威廉·弗格森在上个世纪初出版的《希腊帝国主义》一书前言中这样写道:"我的论点是:希腊城邦是一个有着独特内在构造的单细胞有机体,除非进行再分割,否则无法发展,它们可以无限地复制同类,但这些细胞,无论新旧,都无法联合起来,形成一个强大的民族国家。"[1]

资本主义生产方式似乎已经使西方文明突破了城邦的厚墙,但却无法穿越民族之墙。现代民族国家在西方兴起并开始向世界范围内扩张的时候,用武力征服其他民族并进行资源的掠夺,对原住民的种族灭绝或种族隔离成为一种常态。直到笔者写这本书的时候,美国人还在加固它与墨西哥边境上的围墙——整个西方世界都对来自贫穷国家的大规模移民充满了本能的恐惧,平等劳动在他们的文明中是不可想象的,尽管西方国家天天将平等博爱叫得响彻云霄,连上帝都会听见!

许多人都知道1994年卢旺达胡图族与图西族之间残酷而野蛮的种族屠杀,100天之内有50万图西族人被杀,占图西族总人口的75%。但很少有人知道,这两个本来是一体的族群竟然是西方文明按照自己的科学标准"创造"出来的。比利时人到这里殖民以前,胡图族和图西族说着同样的语言,平等劳动,自由通婚。但1933年,比利时人通过测量鼻子的长宽度、眼睛的颜色和头盖骨周长来给每个人确定了种族,并发给一张身份标识卡。比利时人还支持鼻子窄长的图西族作为"优等民族"对胡图族进行统治,这成为二十世纪九十年代种族大屠杀的祸根!

---

[1] 威廉·弗格森,《希腊帝国主义》上海三联出版社,2005年12月,第1页。

今天，西方人也要在中国实行同样的"文明"。在国人按苏联教科书的标准在国内划分了不同种族特征的 56 个民族后，西方人宣称中国政府向西部移民的作法违反了人权——这里，文明与野蛮的概念已经严重地错位了！

让我们重新认识自己文明的辉煌吧！尽管中华原文明儒化后变得内向保守，但从秦将关中十万户移民巴蜀到明清两朝在西南的改土归流（中央政府直接委派行政官员代替自治权很大的地方土司），一代又一代，炎黄子孙通过平等劳动和自由通婚融合了巴人、羌人、诸多草原民族和世界上最难同化的犹太人，将华夏文明远播四方，直到 19 世纪西方列强将这一文明进程拦腰截断。

没有什么力量能阻止中华文明涵化天下的伟力！外事武而义、通过血与土地的统一政策建立人类有机体，建立大同世界是华夏族万古不灭的理想。在这样一个通讯和交通高度发达的时代，让我们将这一古老梦想重新点燃！它将照亮一个没有政治霸权和经济掠夺的新世界！！

参考阅读：

《美国法典》标题 5 第 2301 部 B 节规定的九条功绩制原则

美国法典（UnitedStatesCode，简称 USC）

(1) Recruitment should be from qualified individuals from appropriate sources in an endeavor to achieve a work force from all segments of society, and selection and advancement should be determined solely on the basis of relative ability, knowledge and skills, after fair and open competition which assures that all receive equal opportunity.

意为：公开竞争。政府从合适的来源、合格的人才中招聘人员，以求建成一支由社会各个部分组成的文职人员队伍；并且，应保证人人机会均等的公正考试，只根据能力、知识和技能来决定录用和提升。

(2) All employees and applicants for employment should receive fair and equitable treatment in all aspects of personnel management without regard to political affiliation, race, color, religion, national origin, sex, marital status, age, or handicapping condition, and with proper regard for their privacy and constitutional rights.

意为：所有雇员和求职者，不论其政治派别、种族、肤色、宗教、民族、性别、婚姻状况、年龄或身残情况，在人事管理的各个方面均应受到公正合理的对待。

(3) Equal pay should be provided for work of equal value, with appropriate consideration of both national and local rates paid by employers in the private sector, and appropriate incentives and recognition should be provided for excellence in performance.

意为：应为价值相同的工作提供相同的报酬，应适当考虑到私营部门雇主支付的全国和地方的工资率，并对工作优异者给予适当的鼓励和奖赏。

(4) All employees should maintain high standards of integrity, conduct, and concern for the public interest.

意为：所有雇员均应保持高度的正直、高标准的行为准则和对公共利益的关怀。

(5) The Federal work force should be used efficiently and effectively.

意为：充分发挥联邦文职人员的作用，应更有效益地和有效率地使用联邦文职人员队伍。

(6) Employees should be retained on the basis of adequacy of their per-

formance, inadequate performance should be corrected, and employees should be separated who cannot or will not improve their performance to meet required standards.

意为：雇员工作成绩良好的应继续任职，成绩不够好的应立即改进，雇员不能或不去改进其工作成绩以满足规定的标准者，应予调整，直至解雇。

(7) Employees should be provided effective education and training in cases in which such education and training would result in better organizational and individual performance.

意为：为了提升机构和个人的表现，应为雇员提供有效率的教育和培训。

(8) Employees should be —— (A) protected against arbitrary action, personal favoritism, or coercion for partisan political purposes, and (B) prohibited from using their official authority or influence for the purpose of interfering with or affecting the result of an election or a nomination for election.

意为：应保护雇员免受专横行动或个人好恶之害，或被迫为政党的政治目的而从事活动；禁止雇员使用其权利或影响去干预选举结果、候选人的提名。

(9) Employees should be protected against reprisal for the lawful disclosure of information which the employees reasonably believe evidences —— (A) a violation of any law, rule, or regulation, or (B) mismanagement, a gross waste of funds, an abuse of authority, or a substantial and specific danger to public health or safety.

意为：保护雇员在揭发违法行动、管理不善、浪费资金、滥用权利，以及威胁公共健康或安全的现象时不受打击报复。

第十章 论全球大争时代

今天已经很少有人再相信天命观的历史循环论和历史阶段论,但却没有人能够否定历史有时会有惊人的相似之处。

两千多年前,身处战国末期的韩非子将他的时代称为"多事之时"、"大争之世",那是怎样的一个时代啊! 西周时代旧制度、旧秩序、旧文化面临全面危机,中国古典政治经济理论面临全面深化和改革。一个国家要想生存下去,就必须彻底地变革旧法,彻底地刷新自己;那是怎样一种激烈的竞争啊! 政治上的,经济上的,文化上的! 争得全面,争得彻底,争得漫长!

大争之世过后,秦汉将中华文明推向了历史的峰巅!

两千年后,在所谓"全球化"温文尔雅的口号之下,中华文明不得不再度面对这样一个大争之世。此时此刻,为了保卫这一伟大的文明形态,为了人类建立一个可持续发展的文明范式,我们必须作出明确的战略选择:行工战!

1. 信息时代真实的全球化

全球化上空的"两朵乌云"

从大英帝国古老的自由贸易理论到今天的全球化理论,在人类经济史上,话语权似乎是一切霸权的基础。

"全球化"被当今社会奉若神明。比如我们眼前的电脑吧,CPU 来自美国,液晶显示屏核心组件来自日本,又在中国组装,最后还要装上美国的软件,这不是全球化又是什么?

在《纽约时报》专栏作家和普利策奖得主托马斯·弗里德曼《世界是平的》一书被炒得洛阳纸贵之际,总有一些不和谐的音符打破跨国大生产的全球化主旋律——就如同 19 世纪末"物理学上空的两朵乌云"一样（这是英国著名物理学家 W·汤姆生在 19 世纪最后一天的科学家聚会上提出的，具体指的是经典物理学理论解释光的传播和高温物体能量辐射时遇到了难以克服的困难，这两朵"乌云"最终导致了 20 世纪相对论和量子力学的伟大革命性成果），今天全球化理论上空也悬浮着两朵"不祥之云"。

第一朵乌云是中国企业买美国企业老是碰壁。这不禁使人想起 2005 年中海油以 185 亿美元现金竞购优尼科的往事。本来全球化的市场中，中国人出价高，竞购成功是天经地义的事。但美众院却以 398 票对 15 票的压倒性多数否决了这笔交易。此事让那些天天口诵"全球化"的经济学家大为困惑——原来，世界市场中的决定性因素不是价格，而是政治意志。记得上个世纪 70 年代初石油涨价后，赚得钵满盆盈的沙特阿拉伯人也像今天的中国人一样傻乎乎要去买美国企业，美国人明确表示，买美国国库券行，买美国企业就是不友好的行为。

全球化的第二朵乌云是中国人去美国越来越难了，前不久还引起了陕西师范大学一位要去美国参加学术会议的教授的抗议。这位先生描述自己被拒签时的感受时说："签证官立即扭身操作电脑，迅速扔出我们的全部材料：'对不起，我无法给你们签证！'我们握着材料木然转身。我回身又走到窗前平静地说道：'我是洛杉矶会议的三位组织者之一，请你看看邀请函的署名。我不能与会，会影响会议。'签证官大声叫（我不愿使用'咆哮'这个词）：'我已经作出决定了！'事情前后仅几分钟，我们连一句辩解讲话的时间也没有。"

说去美国越来越难是恐怖分子闹得也罢，反正国际旅行社的先生们老是抱怨签证难。不仅是美国，西方所有发达国家的反移民倾向这些年都变得越来越严重了，看来拉登无论怎么神通广大也很难成为这一普遍现象的替罪羊。

那么，在报纸杂志白纸黑字、电视主持人侃侃而谈的背后，是什么力量使全球化大生产成为可能，其真实的意义又是什么呢？

什么力量使全球化大生产成为可能

"二战"后，特别是冷战结束后全球化大生产的实现是由两种力量推动的，一是信息技术的革命，大大加快了资本的全球流动、实现了跨国公司的全球治理。二是远洋运输的飞速发展，将产品供应链延伸到地球每一个角落，促进了生产的国际分工。从表面上看来，信息技术和远洋运输是建筑全球化的推动力量，事实上正是这两种力量加剧了世界经济的不平等和等级化。

拿信息技术来说吧，当你自由地在互联网上冲浪的时候，很难想到，负责将网址转换为 IP 地址的最高级别的域名服务器都控制在美国政府手中。目前全球仅有的 13 台这类域名根服务器由美国授权的国际组织 ICANN（互联网名称与数字地址分配机构）统一管理。2005 年 7 月 1 日美国宣布将永久保留对这些服务器的监控权。

中国科学院计算机网络信息中心研究员钱华林曾不无担心地指出，美国对根服务器的监控打破了全球对互联网安全的幻想，一旦美国与其他国家发生激烈冲突，便可以从技术上停止对该国国际域名的解析，造成该国所有网站都无法访问；另外，如果需要，美国政府可以很方便地对任何国家网络使用情况进行监控，这意味着所有非加密类信息没有任何安全保障。信息产业部电子科技情报研究所研究员唐静女士告诉笔者，2003 年伊拉克战争时，美国政府就曾对管理伊拉克域名.iq 的根服务器进行控制，导致伊拉克境内的网站从互联网上消失。

世界海洋运输业的发展同经济全球化进程是同步的，但低成本、大容量的远洋运输对全球化的影响却常常被人们所忽视。请看如下数字：20 世纪初期，世界商船注册总吨位约为 6600 万吨，到 1948 年，注册总吨位上升到 8029 万吨，1965 年达 1.60 亿吨，和 1948 年相比增加了一倍。1975 年达 3.42 亿吨，比 1965 年又增长一倍多。1985 年，世界商船注册总吨位约为 4.20 亿吨，截至 1999 年底，世界商船总吨位为 7.99 亿吨；1948 年，世界海上运输的总量不过 4.9 亿吨，1960 年为 10.8 亿吨，比 1948 年增长一倍多，1972 年"石油危机"前竟达 27 亿多吨。1985 年，世界海运总量达 32 亿吨左右，是 1948 年的近 7 倍。1999 年，世界海上运输的总量达到 51.00 亿吨。

进入 21 世纪，全球海运市场除了 2001 年周期性回落之后，于 2002 年、2003 年开始回转，2004 年实现了高达 5.3% 增长率。据联合国贸易和发展会议 2007 年初在总部日内瓦发表《2006 年世界海运回顾》报告，

2005年全球海运总量达71.1亿吨，增长率为3.8%，并预计2006年全球海运贸易将增长3.8%。

那么，在世界各大洋上这些巨轮是自由行驶的吗？不是的。美国海军以绝对的优势控制了全球所有大洋及其咽喉要道，它想对谁进行经济制裁只要将这个国家的港口用军舰封死就行了。目前除美国以外，世界上只有17支海军舰队总吨数超过5万吨，而美国的海军吨数已经超过286万吨。但美国还不满足这一点，2006年2月7日，美海军作战部长迈克·马伦在新闻发布会上说，五角大楼计划在未来五年内耗资663亿美元，新建51艘军舰。

全球化的终点——圣迭哥墙

美国及其盟国对信息技术和海洋力量的垄断将世界撕扯为不平等的三大板块：最上层为资本板块，主要是美国及其欧洲盟国（还有亚洲的日本）；下边分别是廉价劳动力板块国家和资源板块国家，前者包括中国、印度、越南等国，后者包括中东、俄罗斯、南美等国家。不同板块国家间，只有资本是自由流动的，而劳动力却不是自由流动的。

在《世界是平的》一书中，弗里德曼煞有介事地将柏林围墙倒塌作为开辟历史新纪元的一件大事，他骄傲地宣称，自由市场经济从此在世界上取得主导性的地位，冷战时期的意识形态隔阂被彻底铲平。弗里德曼忘了，就在柏林墙倒塌五年后，1994年，克林顿总统面对通往美国圣迭哥市的公路上成群结队的墨西哥人，开始在美国和墨西哥边境偷渡高发地区修建隔离墙，目的是封锁潜入美国的墨西哥非法移民，长期允许两国居民自由来往的美墨边境从此不再自由——圣迭哥墙是全球化时代世界经济体系的象征，它比柏林墙的建立显得残酷得多，从1995年到2005年，在墨美边境的沙漠地区发现了3600多具移民的尸体（据说真正的死亡数字是这个数字的2倍至3倍，那些被禁锢的劳动力为了避开圣迭哥墙，在美墨边境极其恶劣的生存环境里偷渡），而柏林墙存在的28年时间里，只有192人在试图穿越边界时死亡。

圣迭哥墙高约4.5米，下面是用钢板做成的，上面是铁丝网。这些钢板是越南战争时美国做登陆铺板用的。说到底，圣迭哥墙不过是全球化时代"新铁幕"而已，它将那些廉价劳动力永远排除在美国劳动力市场之

一名墨西哥人正试图攀越美墨边境的圣迭哥墙

外,弗里德曼及其子孙们则成了"美利坚庄园"中的"世袭贵族"。广义上的圣迭哥墙普遍存在于资本板块国家与资源板块国家、廉价劳动力板块国家之间,只不过中美之间的圣迭哥墙是用水做的(宽阔的太平洋)。请看如下数字:同样的劳动,美国每小时的工资是16美元,墨西哥约4美元,而中国只为0.5美元;一位美国贫困老人每月领取的救济金竟然是肯尼亚一位杰出医生月工资的两倍,达500多美元。在中国云南大理和丽江生活着数百名拿救济金的美国公民,他们每月500多美元的救济金换成人民币时近4000元,这在中国简直可以过上富翁生活。

为了加固"美利坚庄园",美国可谓不惜血本。一个叫"民兵计划"的美国民间组织从全国各地召集了约有600名志愿者"保家卫国"。从2005年4月1日起这些人开始在美国亚利桑那州的美墨边境一带进行巡逻,以防止非法移民进入美国。2005年12月15日,美国众议院表决通过了在美墨边境再建设698英里长围墙的决议(这将使该墙延伸长达1130公里,超过美墨边境线长度的三分之一),该围墙将有前后两层,一旁建设道路,并在附近安装摄像头和传感器等监控设备。围墙的建设费用预算为每英里150万到200万美元;此举立刻引起了墨西哥人的普遍不满,墨西哥总统福克斯称这是"丢人和可耻"的做法。墨西哥外长德韦斯在接受墨西哥一家电台的采访时说，此法案是一些"目光短浅、极力排外"者的不负责任的行为。

有意思的是，就在圣迭哥墙建立那一年，1994年1月1日，北美自由贸易协定正式生效。协定决定自生效之日起在十五年内逐步消除贸易壁垒、实施商品和劳务的自由流通——圣迭哥墙是对这一协定的最大讽刺！

全球化本质上是单腿独立的瘸子

全球化的概念是如此含混，以至我们难以为它找到恰当的定义。按照对全球化的一般理解，全球化首先意味着生产要素和商品的自由流动；然而冰冷的现实是，生产中的三个要素：资本、土地和劳动，只有资本是自由流动的，土地和劳动则被固化在民族国家之内。

同时，工业品在世界范围内流动的基本规律是：那些劳动密集型的产品和原料能源基本上是从其他国家流入西方发达国家，知识密集型产品则是从西方发达国家流入世界其他国家。

西方发达国家通过对世界其他国家物力和人力资源的攫取维持着自己的高福利和高工资，而世界其他国家只能通过出卖廉价劳动力和廉价能源维持基本的生活。更有甚者，由于西方发达国家资本对当地经济生态的破坏，使一些国家的人民陷入了绝对贫困之中。

今天在世界不同国家之间，以及民族国家的内部，贫富分化已经发展到了阻碍世界市场健康运行的地步，贸易保护主义的抬头不过是这一社会痼疾在经济上的反映。

本来，劳动力要素的自由流动是解决贫富分化问题的最有效途径。它会使经济这一复杂巨系统产生"损有余补不足"的调节效果，进而实现全社会的均衡发展。根据商务部政研室处长杨正位博士提供的数字：上个世纪80年代以来，墨西哥工人移民到美国700万，另有300万在美国打工，周工资从31美元增加到278美元，增长了8倍，同时美国非熟练工人的相对工资水平却下降了5%。印度尼西亚工人移至马来西亚后，每天工资也从28美分增加到2美元以上，增长了6倍；1870~1913年期间，国际贸易蓬勃发展，自由移民的数量也在飞速增长，从母国流向国外的移民使得低收入国家居民收入上涨的同时使高收入国家居民收入下降。如当时爱尔兰的居民收入上涨了32%，意大利28%，挪威10%；而阿根廷当地居民收入下降了22%，澳大利亚15%，加拿大16%，美国8%。据专家估算，大西洋两岸的大规模移民，可以解释70%的实际工资趋同。①

另据来自世界银行的统计资料，1870～1913年期间，移民比例高达10%，1870～1910年从欧洲移出6000万人；而20世纪80年代以来，移民总数仅占世界总人口的2%。也就是说，随着通讯和交通工具的飞速发展，人类的流动不是更加自由了，而是更加不自由了——如果我们把生产要素资本、土地和劳动的自由流动看成是支持世界经济一体化的三个足，那个今天所谓的"全球化"至多不过是单腿独立的瘸子。

按照弗里德曼的说法，主要是信息技术平衡了世界经济的竞争，全球变得更加平坦了。但弗里德曼和西方经济学却无法解释：外包信息技术只能给印度12亿人口中的100万提供就业机会，同时只支付那些雇工以在美国同等工作1/15到1/8的工资。

一百多年前，大卫·李嘉图在他的《政治经济学与赋税原理》中曾经指出，假如在世界范围内能够自由移民，那么，肯定会有一些国家变为荒漠，因为这些国家所在的地区或许根本不适合人类居住，这里的人口将全部移民到其他更适合居住的国家。但是由于现实中没有移民自由，所以，在这些国家与其他国家之间有了国际贸易，由此大卫·李嘉图深入阐述了自己的"比较优势"国际贸易理论。

这里，李嘉图看到了现代西方资本主义国家主导的国际贸易体系形成的最本质力量：劳动力流动的不自由。

2. 全球大争时代中华文明面对的战略环境

没有到来的和平时代

如上所述，西方文明主导的全球化有一个无法克服的两难困境，首先，生产力的发展、资本的自由流动使世界越来越成为一个整体，另一方面，西方文明又以民族国家的形式，通过画地为牢的办法阻止劳动力的自由流动。这种情况造成的惟一结果就是地球上各个民族国家的竞争越来越

---

① 杨正位：《发展中国家应对WTO和经济全球化的总体战略》http://www.chinareform.org.cn/cirdbbs/dispbbs.asp?boardid=12&id=17054。

激烈——全球进入一个新的大争之世。

从大历史的角度看,冷战不过是西方社会主义霸权与资本主义霸权争取世界资源的竞争。但在冷战结束后,由于除亚洲地区以外世界军费开支开始削减,人们曾经一度认为一个新的和平时代即将到来。据中国联合国教科文组织全国委员会董建红提供的数字:从1991年到2000年在世界军费开支的降幅为30%,亚洲地区的军费开支却增加了27%。①

进入二十一世纪,特别是在2001年"9·11"事件后,世界军事开支猛增,据《斯德哥尔摩国际和平研究所2007年鉴》,全球2006年军费开支总额估计将近1.2万亿美元,较2005年同比增长3.5%。年鉴同时指出,在2006年度全球军费支出中,美国依然独占鳌头,占据全球军费开销的大约46%;要知道,冷战时1972年全世界军费开支不足3000亿美元!

从亚洲到美洲,世界各国都在军事装备和军队建制上进行大刀阔斧地改革,以适应信息化时代现代战争的需要;在这样一个全球大争的时代,中华文明周边的战略环境堪忧。

中国成为美国新的竞争对手

2006年,随着中东战略环境趋于稳定,拥有世界上最强大战争机器的美国再次公开将中国列为"最具军事威胁的国家"和"新竞争对手",标志着美国对中国战略的重大转变,这一转变从上个世纪末就已经开始,可能会持续整个世纪——它不仅将决定美国和中国的命运,也将决定人类文明的命运。

2006年1月31日,美国总统布什在一年一度发表的国情咨文(是美国总统向参众两院联席会议所作的国情报告,在一定程度上代表了美国的战略方向)中,首次提到中国是美国的"新竞争对手"。地球最适宜人类居住的同一纬度中,只有美国和中国是两个庞大的政治一体化国家,也是最有经济和军事发展潜力的国家,因此美国总统将中国列为"新竞争对手"立刻引起了世人广泛关注。

随后的2006年2月3日,美国国防部在其网站上发布了国防指导性文件《四年防务评估报告》,这份长达92页的报告对美国武装力量面临的威

---

① 董建红,《2000年世界全民教育评估综述》,《全球教育展望》,2001年第7期。

胁进行了重新定义,将战略重点从常规战争转向恐怖主义、大规模杀伤性武器和新兴战略对手等三个新领域。这里与恐怖主义、大规模杀伤性武器并列的"新兴战略对手"显然是指中国,报告指出:"在世界主要的新兴国家中,中国具有与美国进行军事对抗的最大潜力。其军事技术的发展将随着时间的推移而赶上美国,而美国的军事将不再存在优势。"该报告将俄罗斯列为一个处在"过渡时期的国家",称其已不可能构成前苏联那样的军事威胁,将印度视为新兴的"强国和主要战略伙伴"。

然后是2006年5月23日,美国国防部公布了人们期待已久的2006年度《中国军力报告》,其中将中国描绘成一个"对地区乃至美国构成了威胁"的可怕对手。报告说,中国战略武力现代化及其惊人的军事发展的步调与幅度,"可能"对美国形成"确实有效"的威胁。中国支持远距离军力的能力有限,但是中国是所有国家当中"最具潜力"与美国在军事方面一较高下的国家。报告这样评价中国的核打击力量:"中国战略核部队现代化、陆基与海基防御能力及逐渐浮现的精确打击武器,在长期趋势上,有可能对该区域内现代军事行动,形成确实有效的威胁。"

2006年度《中国军力报告》引起中方的强烈反对。报告发表的第二天,中国外交部发言人就在回答记者提问时表示,中方对美国国防部公布的2006年度《中国军事力量年度报告》表示强烈不满和坚决反对。该发言人说,美国国防部这个报告别有用心地夸大中国军力和军费开支,继续散布"中国威胁论",严重违反国际关系准则,粗暴干涉中国内政。

真正对中国安全构成威胁的是美国。从阿富汗到南朝鲜,再到台湾,美国已经基本完成对中国的战略合围。这种情势下还有人主张"中国对美国在亚太地区的存在,包括军事存在,采取务实的态度"。这些人甚至连睁眼看世界的能力都没有,他们没有看到,自冷战结束以来,美国就企图加强太平洋地区的"三条岛链"、牢牢锁死中华文明:第一岛链由阿拉斯加、阿留申群岛、日本、韩国等地的基地和驻军组成;第二岛链以关岛为中心,由驻扎在澳大利亚、新西兰等国的基地群组成,它是一线亚太美军的后方依托,又是美军重要的前进基地;第三岛链以夏威夷为中心。美军增强第二岛链中关岛的军力不过是其庞大军事战略的一个小环节。

美国对中国的战略合围

以中国为战略对手,军事战略重心逐步转向亚太早已经成为美国的既定战略方针,中国有些战略专家对此反应近乎迟钝。

鲜为人知的"丝绸之路计划"

早在1999年3月,美国国会就通过了鲜为人知的"丝绸之路计划"(Silk Road Strategy Act,简称SRS),这一计划直接侵入了中华文明两千一百多年前张骞出使西域开拓的战略空间,把亚美尼亚、阿塞拜疆、格鲁吉亚、哈萨克斯坦、吉尔吉斯斯坦、塔吉克斯坦、土库曼斯坦和乌兹别克斯坦全都列入其中,其战略指向明显是中国和俄罗斯。

自此以后,从阿富汗、到伊拉克,再到今天的伊朗,美国所有的战略重点都沿着古丝绸之路展开。

2001年"9·11"前,中国战略家就已经感到美国明显增强的对中国的军事压力。2001年7月23日《解放军报》发表署名文章指出,布什总统上台后,开始重新审定其全球军事战略,国防部长拉姆斯菲尔德因此组织了20多个专门班子,先后召开了170次会议,对美国的防务政策进行自下而上的审查评估,认为亚太地区对美国的安全最具挑战性,因此应将战略重心放在亚洲,在实际行动中美国是怎样做的呢?在同一报道中作者写道:

"在亚太地区的兵力部署可能进一步前推。去年,美国已经将62枚AGM-86空射巡航导弹部署到关岛,这样,B-52和其他战略轰炸机在发生突发事件时，可以从美国本土先飞抵关岛，装弹后再出战。同时，部分 B-52 轰炸机已经进驻关岛，海军的若干艘核动力攻击潜艇的基地也前移至关岛。从美国舰艇目前的航速看，从本土港口到东亚和东南亚海域大约需要 10~13 天时间，而从关岛出发只需 2 天时间；B-52H（可带 20 枚 AGM-86 巡航导弹）、B-1（可带 22 枚巡航导弹）和 B-2（也可带巡航导弹）等型战略轰炸机，从美国本土飞往东亚和东南亚大约需要 15 个小时，而从关岛起飞只要 2~3 个小时。美国把军舰、飞机和巡航导弹进一步靠前部署到关岛地区，将大大提高美军对远东地区突发事件的快速反应能力，其战略意图是显而易见的。"①

是什么使美国这一重大战略方针到今天才重新明晰起来呢？是"9·11"事件。"9·11"在表面上是使这一战略"停止"了，事实上却极大地推进了它的实施——就如同美国在"自由民主"的旗帜下曾经麻痹了很多人一样，美国在"反恐"旗帜下也麻痹了很多人。

今天，"9·11 事件"的战略意义变得越来越清晰了，美利坚合众国——这个披着"反恐"羊皮的狼终于露出了大粗尾巴。阿富汗战争结束后，中国重要报纸《人民日报》就表示对美国在中国背部驻军深感忧虑："近日，美国媒体连续报道了美国在中亚地区抓紧扩展和建立军事基地的举动。1 月 9 日，《纽约时报》报道说，阿富汗战事近来虽渐趋平静，但美国正在巩固其在该地区的军事存在，并有意在中亚地区长期驻军……美国及其盟国正在吉尔吉斯斯坦建立空军基地，作为'交通枢纽'。该基地可以驻扎 3000 名军事人员，并向飞机提供援助。美国工程技术人员正在改善乌兹别克斯坦和巴基斯坦驻扎基地的跑道、灯光、通信、储藏和住房条件。美军 101 空降师最近抵达阿富汗坎大哈机场，接替驻扎在那里的 1500 名海军陆战队队员。这表明，美国正为长期在该地区驻军做准备，至少是保持能够尽快部署军队的能力。"②

笔者有幸参与了中国社科院政治所副所长房宁先生《新帝国主义时代与中国战略》一书（北京出版社，2003 年 6 月）的写作，记得当时房宁

---

① 王振西，《美国新军事战略初露端倪》，《解放军报》，2001 年 07 月 23 日，第 12 版。

② 《人民日报》，2002 年 1 月 12 日第三版，《美军存心扎根中亚》。

先生就指出,地球就那么大,资源就这么多,环境这么脆弱。国家之间,具体说就是中美之间在生存与发展上矛盾是客观的。中国无法改变美国的战略意图,中国无论多么"顺从",美国也不会将中国从竞争对手的名单上去除。为此房先生提出了三个"刻不容缓":中国要刻不容缓地进行战略布局的调整,刻不容缓地进行战略产业重组和调整,刻不容缓地发展关键军事技术。

3. 全球大争时代保卫中华文明——行工战

大争时代需要耕战

历史是现实的镜子。通过对战国法家耕战思想的研究,能清楚的看到在今天这样一个大争时代,我们必须明确作出的战略选择。

无论在诸侯力争的多事之秋还是在一统天下的清平盛世,中华原文明自古反对侵略别国,认为"好战必亡",同时反对乌托邦式的和平主义,认为"忘战必危"。反映商周作战原则的《司马法·仁本第一》总结说:"国虽大,好战必亡;天下虽安,忘战必危"。

齐法家和晋法家都反对战国大争时代风行的乌托邦式和平主义,特别是墨家"兼爱"学说,认为持久的和平必须靠强大正义的军事力量维系。齐法家将"兵"作为国家生活中最重要的方面,公开反对当时流行的"寝兵"、"兼爱"思想。《管子·参患第二十八》中说:决定君主尊卑、国家安危的没有比军队更重要的了。征伐暴国,必用军队;镇压坏人,必用刑杀。军队对外用于征伐暴国,对内用于镇压坏人,因此是尊君安国的根本,不可废置。现在的君主则不然,对外不用军队而想征伐暴国,那就必然要丧失国土;对内不用刑杀而想镇压坏人,国家就一定混乱了。(原文:君之所以卑尊,国之所以安危者,莫要于兵。故诛暴国必以兵,禁辟民必以刑。然则兵者外以诛暴,内以禁邪。故兵者尊主安国之经也,不可废也。若夫世主则不然,外不以兵,而欲诛暴,则地必亏矣;内不以刑,而欲禁邪,则国必乱矣。)

《管子·立政九败解第六十五》中详细解释了为什么不能空谈和平主义:君主只要听信废止军备的议论,群臣宾客便不敢讲求军事。那么,既不知国内的情况是太平还是动乱,又不知国外的诸侯是强大还是虚弱。这样城郭就毁坏无人筑补,盔甲、兵器就破败无人修缮了。这样也就使国防装备归于毁灭了。远方的国土失落,边境的战士偷懒,百姓也将丧失御敌的斗志。所以说:"寝兵之说胜,则险阻不守。"(原文:人君唯毋听寝兵,则群臣宾客莫敢言兵。然则内之不知国之治乱,外之不知诸侯强弱,如是则城郭毁坏,莫之筑补;甲弊兵雕,莫之修缮。如是则守围之备毁矣,辽远之地谋,边竟之士修,百姓无围敌之心。故曰,"寝兵之说胜,则险阻不守。")

接下来作者又谈到墨家兼爱学说的巨大危害:君主只要听信泛爱人类的议论,就会把天下的民众都看成他自己的人,把别的国家都看成自己的国。这样就没有兼并争夺别国的心机,也没有战败敌军敌将的事迹。那么,射敌和车战的勇士没有厚禄,消灭敌军敌将的功臣没有贵爵,这些射敌和车战的勇士就要投奔外国去了。自己不攻打别人是可以做得到的,但不能管住人家不攻打自己。敌国要求割地给他们,自然不是我们所满意的,不割地而与之战斗,又一定打不赢。人家用经过训练的士兵,我们用临时征集的乌合之众,人家用良将,我们用无能之辈,其结局一定是军士覆亡将领被杀。所以说:"兼爱之说胜,则士卒不战。"(《管子·立政九败解第六十五》原文:人君唯毋听兼爱之说,则视天下之民如其民,视国如吾国。如是则无并兼攘夺之心,无覆军败将之事。然则射御勇力之士不厚禄,覆军杀将之臣不贵爵,如是则射御勇力之士出在外矣。我能毋攻人可也,不能令人毋攻我。彼求地而予之,非吾所欲也,不予而与战,必不胜也。彼以教士,我以驱众;彼以良将,我以无能,其败必覆军杀将。故曰:"兼爱之说胜,则士卒不战。")

"耕战"是战国大争之世法家重要政治经济思想,是大黄金时代法家治世理念的基础。它由两部分构成:即经济上的"耕战"和政治上的"显耕战之士"。韩非子将反对耕战的六种人和支持耕战的六种人作了比较,强调耕战在国家政治经济生活中的核心地位。

《韩非子·六反》中说:害怕死亡,逃避危难,本是投降败逃的人,世俗却称誉他们是珍惜生命的雅士。学做神仙,设立方术,本是违反法治的人,世俗却称誉他们是大有学问的文士。游手好闲,给养丰厚,本是社会的寄生虫;世俗却称誉他们是有能耐的人。歪理诡辩,玩弄智巧,本是虚伪巧诈的人,世俗却称誉他们是辩士智士。行侠舞剑,喜斗好杀,本是凶暴而冒险的人，世俗却称誉他们是刚强威武的勇士。包庇大盗，隐藏坏人，本是该判死刑的人，世俗却称誉他们是仗义舍身的名士。这六种人，是社会舆论所赞美的；奔赴国难，献身君主，本是舍生取义的人，世俗却贬斥他们是失多得少的人。见闻很少，服从命令，本是保全法令的人，世俗却贬斥他们是浅薄愚昧的人。尽心耕作，自食其力，本是创造财富的人，世俗却贬斥他们是没有才能的人。品德优异，单纯朴实，本是正派善良的人，世俗却贬斥他们是蠢笨呆板的人。重视命令，谨慎办事，本是尊重君主的人，世俗却贬斥他们是胆小怕事的人。打击贼人，止住奸人，本是提醒君主的人，世俗却贬斥他们是奉承讨好的人。这六种人，是社会舆论所诋毁的。奸诈虚伪而无益于国家的六种人，社会上是那样地赞美他们；努力耕战而有益于国家的六种人，社会上却这样地诋毁他们：这就叫做"六反"。（原文：畏死远难，降北之民也，而世尊之曰"贵生之士"。学道立方，离法之民也，而世尊之曰"文学之士"。游居厚养，牟食之民也，而世尊之曰"有能之士"。语曲牟知，伪诈之民也，而世尊之曰"辩智之士"。行剑攻杀，暴憿之民也，而世尊之曰"磏勇之士"。活贼匿奸，当死之民也，而世尊之曰"任誉之士"。此六民者，世之所誉也。赴险殉诚，死节之民，而世少之曰"失计之民"也。寡闻从令，全法之民也，而世少之曰"朴陋之民"也。力作而食，生利之民也，而世少之曰"寡能之民"也。嘉厚纯粹，整谷之民也，而世少之曰"愚戆之民"也。重命畏事，尊上之民也，而世少之曰"怯慑之民"也。挫贼遏奸，明上之民也，而世少之曰"諂谗之民"也。此六民者，世之所毁也。奸伪无益之民六，而世誉之如彼，耕战有益之民六，而世毁之如此，此之谓'六反。"）

强盛时代也不能忘耕战

许多人天真的认为，法家耕战思想只有在诸侯大争之力的战国时代有意义，到了天下一统，耕战就失去了现实基础，甚至到时儒家治国也是必然的。历史现实是对这种论点的最好反驳，我们看到，大一统之后的西汉王朝仍将耕战思想放到了治国理念的突出位置的。

1973年底湖南长沙马王堆汉墓出土的帛书《老子》甲本后附抄有几篇思想内容迥异的文章，其中《明君》集中阐述了耕战思想，论述极其精辟。

发现《明君》的马王堆三号墓墓主人像。马王堆3号墓出土的12万字帛书是继汉代发现孔府壁中书、晋代发现汲冢竹书、清末发现敦煌经卷之后的又一次重大古文献发现

《明君》大体可分为三部分。第一部分论述了"攻战"的战略意义，作者指出，英明的君主是能够招聚才士、务在攻战、保卫家国的领袖。文章用比喻的方法论证说，假如一个人拿着价值百镒的玉璧身处野外，自己又没有勇力武器保卫，玉璧一定要被人夺去；那么方圆百里之地呢，有比价值百镒的玉璧多得多的财富，如果不重视守御，那就再危险不过了。所以国家更要重视攻战，使地方诸侯遵纪守法。

一个国家的资源总是有限的，《明君》第二部分论述了在"黄油与大炮"的选择上，应将军工生产、战略安全放在首位，而不能将不利于耕战的东西放在第一位。文章说高台美榭当然好，但英明的君主却放弃这些，而是修筑城墙（"美墙"）；华丽的服饰当然好，但英明的君主却放弃这些，而是"美兵"；驰骋游猎当然好，但英明的君主却放弃这些，而是"禁暴"。只有将一切资源首先"为兵用"，国家才会强大。最后文章抨击了"今世主"本末倒置，将国家推到了危险的境地。

《明君》第三部分指出，君主的首要任务是树强。那么如何树强呢，答案就是"毋以非兵者害兵"；英明的君主这样做不是为了一己之私，而是为了安民除暴，广仁大义以利天下。

《明君》抄写于西汉初年，这种重视耕战的思想一直持续到约一百多年后，公元前 81 年盐铁会议时期。盐铁会议上争论的焦点之一是对匈奴的战略。当时的战略环境是：经过汉几代君王的长期经营，中华文明处于最强盛的时代，匈奴已经受到沉重打击。

儒生认为匈奴根本就不值得打，他们不过是野蛮人，国家更没有必要备战。他们说：匈奴地处沙漠之中，生活在不长庄稼的地方，是老天爷鄙视他们，把他们抛弃了。他们没有房屋居住，没有男女之间的区别，以空旷的原野为村庄，用简陋的毡帐做住房。他们穿兽皮，盖兽皮，吃的是兽肉，喝的是兽血，有时放牧，有集市就交易，胡乱居住和内地的麋鹿一样。但朝廷里那些爱惹事的大臣却要求他们尽臣道，守礼节，使国家的战事至今未停息，万里边疆到处设防，正是《诗经·兔罝》上所讽刺的事情。(《盐铁论·备胡第三十八》原文：匈奴处沙漠之中，生不食之地，天所贱而弃之。无坛宇之居，男女之别，以广野为闾里，以穹庐为家室。衣皮蒙毛，食肉饮血，会市行牧，竖居如中国之麋鹿耳。好事之臣，求其义，责之礼，使中国干戈至今未息，万里设备，《兔罝》之所刺。）

那么如何解决匈奴问题呢？儒生的法宝是"立仁修义"，《论语·季氏篇》所谓："故远人不服，则修文德以来之。既来之，则安之。"《礼记·儒行》所谓："忠信以为甲胄，礼义以为干橹"。他们举例说：吴王所以被越人俘虏，是因为他忽略了眼前的敌人而去攻打远方的国家。秦朝所以灭亡，是因为它只顾防备外面的胡人、越人，国内丧失了德政。对外使用武力，内部政治腐败，战备造成后患，反而增加了皇上的忧虑。如果皇上崇尚仁义，那么远近的人都会一起跑来归顺，周文王时就是这样；如果不施仁义，那么连大臣、仆人都要为寇作乱，秦始皇就是这样的人。仁义衰败了，战争就会多起来；德政兴起来，战备就可以减少。(《盐铁论·备胡第三十八》原文：吴王所以见禽于越者，以其越近而陵远也。秦所以亡者，以外备胡、越而内亡其政也。夫用军于外，政败于内，备为所患，增主所忧。故人主得其道，则遐迩偕行而归之，文王是也；不得其道，则臣妾为寇，秦王是也。夫文衰则武胜，德盛则备寡。）

历史证明儒家德刑对立的观点是灾难性的，当时桑弘羊反驳说：古时候，圣明的君主讨伐强暴，保卫弱小的国家，把倾倒了的国家安定下来，以挽救危亡的国家。保卫弱小的国家，挽救危亡的国家，这样小国的君主们就高兴。讨伐强暴，扶助危亡，就使善良的人们都来归附了。今天不去讨伐匈奴,我们就要不断受害;不进行战备,就等于把百姓抛弃给敌人。《春秋》上就曾指责那些在联合作战时不按时把军队带到指定地点的诸侯,谴责那些不用军队保卫边疆的国家。由此可见,兵役制度和边疆防务,自古就有,并不是唯独今天才有的。(《盐铁论·备胡第三十八》原文:古者,明王讨暴卫弱,定倾扶危。卫弱扶危,则小国之君悦;讨暴定倾,则无罪之人附。今不征伐,则暴害不息;不备,则是以黎民委敌也。《春秋》贬诸侯之后,刺不卒戍。行役戍备,自古有之,非独今也。)

桑弘羊(前152～前80),伟大的中国古典政治经济理论家,主持实施西汉盐铁专卖政策,为中国大一统作出了巨大贡献。北宋王安石评价他说:"摧抑兼并,均济贫乏,变通天下之财,后世唯桑弘羊、刘晏粗合此意。"其主要观点参阅《盐铁论》一书。

盐铁会议上儒家还大谈和平主义,认为"两主好合,内外交通"就会"天天安宁,世世无患",和亲那样的一时之策完全能解决战争与和平问题。对此,桑弘羊指出,"和亲"带来的和平不会长久,武力解决匈奴问题是必须的;如果不备战抵抗,世世代代都会遭受永久的灾祸。不幸的是,桑弘羊不愿看到的东西成了黑暗时代中国历史的主旋律,其中有多少炎黄子孙的血泪啊!

工业化大争时代要求我们力行"工战"

盐铁会议已经过去两千多年了,然而那场决定中国历史命运的国策大辩论却历历在目,言犹在耳。当时的战略态势是匈奴弱西汉强,今天中国还是发展中国家，面对全球大争时代越来越严峻的国际形势，相对于中国大黄金时代的"耕战"，工业化时代要求我们力行"工战"！

大家知道，和平发展道路是中国既定的战略方针。然而有些人却将这一战略歪曲为放弃战备，号召东郭先生式的和平主义——他们的主张和盐铁会议上儒生的主张如出一辙。

今天主张"现代弭兵运动"的人宣称，春秋战国时期中国曾出现过弭兵运动，诸侯之间通过协议维持一段时间的和平，可最终仍不能摆脱战争。欧洲也有过类似的和平运动，也都没有成功。现代的弭兵运动不同了，那是因为战争的成本太高了，发动战争得不偿失。美国可能认为打仗使他们更安全，实际是越打恐怖活动越多，还向世界更多地方蔓延，证明这种战争的成本太高。所以说战争思维到了快要寿终正寝的时候了，现在美国人的战争思维不过是回光返照。随着经济全球化，人类很快将进入一个永久和平的时代！

至于欢迎美国在中国大门口驻军的人则别有一番理论，他们说中国关键是要解决13亿至15亿中国人的生存权、发展权、教育权问题，就是要让占世界1/4的人口过上一种比较体面且有尊严的生活。对于中国人来说，能够在21世纪中叶完成这个基于中国特殊国情、而在人类近现代史上其他国家都不曾碰到过的"巨型工程"，已经够中国人忙的了。换言之，中国人太忙了，忙到想战争的时间都没有了！不想馒头想战争简直是愚蠢之至！他们还说当代中国和平崛起生逢其时，恰好同新一轮经济全球化的国际环境联系在一起。这就使得中国在实现崛起的过程中，完全可以通过全球范围内生产要素的市场化流动这样一种和平的方式，来获得自己所必需的资源——他们对全球化无知到了极点。

在我国周边地区，为了争夺工业资源，军备竞赛几乎达到白热化程度。印度、日本、俄罗斯、伊朗近年来都在大规模整军经武，甚至工业能力发展迅速的南韩极端民族主义也在持续膨胀，坐在火药桶上我们怎能奢谈和平主义呢？持久和平只能依靠我们强大的军事能力。

想想鸦片战争、甲午战争、抗日战争，哪一次不是因为我们没有过硬的工业、军事能力而挨打。再想想英国和阿根廷之间的马岛战争，美国和伊拉克之间的战争，一个国家足球踢得好没有用，大量石油换回无数美元没有用，真正有用的是工业、军事能力！

记得马岛战争中只能从西欧买导弹的阿根廷战败后,那些投降的阿军官还在苦口婆心地向英国特遣舰队士兵讲为什么马岛本来就是阿根廷的。当时的英国首相撒切尔夫人嘲笑道,不管他们怎样嘴硬,他们还是投降了!

构筑强大的工业能力和军事力量应成为国家的首要战略目标,必须把我们有限的人力和物力资源集中到这方面来。不能再将大量资源投入到美国国债、房地产和豪华演播厅之中,不能再去疯狂推崇歌星、影星、艳星。必须把工战——经济上的"工战"和政治上的"显工战之士"作为我们的基本国策!

今天,人类文明需要一个可持续发展的新范式,中华文明绵延至今的生存经验最为宝贵。在此意义上,工战不仅是为保障我们最基本的生存权,也是为了保卫人类历史上一个伟大的文明——让我们恢复中华文明以天下为己任、清平宇内的雄心吧!

或许只有中国才有这样的信心与能力……

参考阅读:

八千年前,吹笛的人是谁

1979年秋,河南省舞阳县贾湖村修筑护村堤以防水患。该村一名小学教师在带领学生劳动时,挖出一些石铲、陶壶。贾湖遗址由此被发现。

1983年以来,河南省文物考古研究所在贾湖进行了7次大规模考古发掘,发掘面积2300多平方米,发现房基40多座,窖穴300多座,陶窑近10座,墓葬300座,陶、石、骨等各种遗物数千件。据碳14测定,贾湖文化存在的年代为距今9000年至7800年。

贾湖聚落常住人口应在200人左右,他们种植水稻,用大米、蜂蜜、葡萄和山楂等酿酒,书写文字符号,对整数有深刻的认识,用笛子吹出富有高度表现力的音乐……

1986年,在河南省文物考古研究所主持的第4发掘中发现了有"中华第一笛"之称的贾湖七孔骨笛。目前,贾湖遗址中出土的骨笛达30多支,长度大约都在17.3cm~24.6cm之间,直径在0.9cm~1.72cm之间。除去半成品和残破者外,有17支出土时比较完整。贾湖骨笛是世界上出土年代最早、保存最为完整、出土个数最多且现在还能用以演奏的乐器实物。

我国古文献中有"女娲作笙簧"、"帝喾造埙"的记载。在距今8000年左右的贾湖遗址发现的具备七声、八声音阶的骨笛，令人惊叹。

经动物学家鉴定，贾湖骨笛是用鹤类动物的尺骨锯去两端关节钻孔而成。制笛之前贾湖人曾经认真计算，笛子制成后还运用打小孔的方法调整个别孔的音差，制作方法和过程与现在民族管乐器的制法很相似；从骨笛的制作和和龟腹石子随葬物分析，贾湖人已有百以上的正整数概念，并认识了正整数的奇偶规律，掌握了正整数的运算法则。

1987年，由中央民族乐团黄翔鹏带队，音乐专家们对贾湖骨笛共同进行了测音研究。他们从骨笛中选定了最完整、无裂纹的一支七孔骨笛进行了检测，结果发现这支骨笛的音阶结构至少是六声音阶，也可能是七声齐备，这一发现彻底打破了先秦只有五声音阶的结论；音乐家萧兴华、徐桃英先生还利用这支骨笛吹奏了中国传统名曲——《小白菜》，悠扬的音乐不禁让人想起——八千年前，吹笛的人是谁？

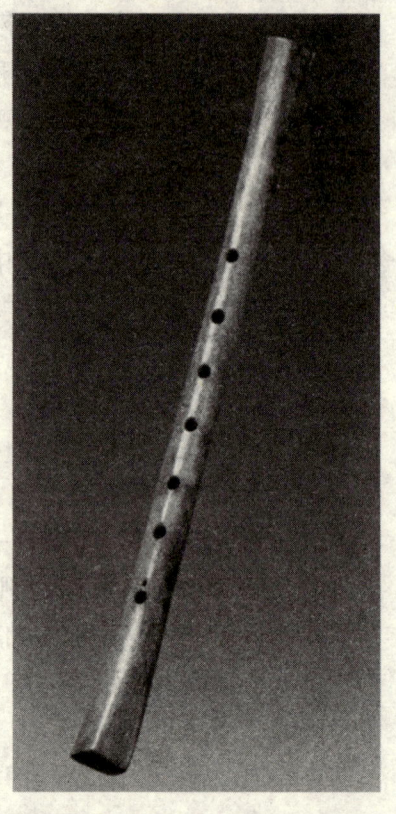

附录一

中华原文明谱系

中华原文明谱系是中华文明的神圣血脉!

中华原文明谱系中所列的人物,是昭昭华夏的钢铁脊梁,是漫漫人类文明长河中永远不灭的星辰!他们有政治家、有学者,他们出身皇族或出身乡野,但有一点是共同的,那就是他们都是中华道/法原文明火炬的传递者!

谱系侧重于中华原文明的政治经济核心法家,它不可能罗列出中国历史上所有法家人物,比如西汉初年刘氏满朝几乎皆是法家,再比如有些学者,从明代的李贽到今天的孙皓晖教授,他们对中华原生文明的传承居功甚伟。还有道家老子(生活于公元前六世纪)、名家公孙龙(约公元前320年至前250年)这样为中华道/法原文明奠定哲学基础的伟大人物,尽管我们没有列出,但这里要特别提及。

通过中华原文明谱系,我们可以找到自己的根,可以看到明天的种子——这颗种子包含着未来世界崭新的文明基因。

```
                  晋法家（秦晋法家）：郭偃 ── 范宣子
伏羲 ── 黄帝 ── 皋陶 ── 伊尹 ── 姜尚 ┤
                  齐法家（东国法家）：管仲 ── 子产
```

黄帝，距今约4980年前，中华道/法原文明的开创者，奠定了中国原生政治经济模式的基石。传世《黄帝四经》（亦称《黄帝书》）。

伊尹，距今约3600年前。辅助商汤灭夏，商代法家代表人物，传世《伊尹·九主》。

郭偃，晋文公在位期间（前636至前628年）帮助其变法，制定"郭偃之法"，对秦晋法家的发展影响很大。

范宣子（前?—前549），晋国正卿。他于公元前550年制定《范宣子刑书》，废除了周礼中的"刑不上大夫，礼不下庶人"。

伏羲是中华原文明的缔造者之一，距今约8000年前。甘肃天水大地湾遗址是华夏文明的初始形态。

皋陶仕尧舜禹三世，距今约4000年前。制"五刑"，被后世尊为中国司法的鼻祖。

姜尚，周初法家代表人物，东国法家（齐法家）的创立者，约前1211年至前1072年，传世《六韬》一书。

管仲（?—前645年），名夷吾，字仲。辅佐齐桓公成为春秋第一个霸主。集中体现其政治经济思想的《管子》一书对后世影响甚大。

子产（约前584年至前522年），郑国正卿。公元前536年"铸刑鼎"，将法律条文铸在鼎上。

附录一 中华原文明谱系

申不害 — 申不害（约公元前385至公元前337），亦称申子，郑国京（今河南荥阳）人。他在韩为相19年，使韩国治兵强。他是法家重"术"的代表。

商鞅 — 商鞅（前390至前338年），中国最伟大的改革家，奠定了秦统一东亚的制度基础。他依据李悝《法经》制定的秦律直接影响了中华法系的内容和形式。《商君书》是商鞅学的百科全书。

吴起 — 吴起（前440至前381），卫国左氏（今山东定陶县西）人，著名军事家。公元前382年楚悼王任命吴起为令尹，主持变法，使楚国国力迅速强盛。

李悝 — 李悝（约前450至前390），战国魏国人。佐魏文侯变法，开启了中华文明长达四百年的大黄金时代！《法经》，奠定了中华法系的基础。

赵鞅 — 赵鞅，即赵简子（约前537年至前458年），春秋末年晋国正卿。前531年，赵鞅和荀寅铸刑鼎，遭孔子激烈指责。

鹖冠子 — 鹖冠子（活动年代在公元前300至前240年之间），战国时楚国人，传世《鹖冠子》一书。唐韩愈评论说："《鹖冠子》十有九篇，其词杂黄老刑名。"

尹文子 — 尹文子出于周之尹氏，齐宣王时（前319至前301年）居稷下。刘向以其学本于黄老，大较刑名家也……《汉书·艺文志》有《尹文子》一篇，在法家。

邹忌 — 邹忌改革和秦国商鞅变法几乎同时。公元前357年齐威王即位，任用邹忌为相，"谨修法律而督奸吏"，使内忧外患的齐国成为东方最有实力的国家。

慎到 — 慎到（约前395至前315），赵国人。齐宣、湣王时为稷下学人，著有《慎子》。他主张"贵势"、"尚法"。司马迁说慎到"学黄老道德之术"。

范蠡 — 范蠡（生卒不详），前494年，吴王夫差大破越军，范蠡随越王勾践入吴称臣。后辅佐勾践卧薪尝胆，经过十余年努力，越国终于转弱为强。他在长江流域发展了黄老之学。

259

汉武帝刘彻（前156至前87），创立了一套系统完整而且体现着法家"以法治国，不避亲贵"的政治制度，重用桑弘羊等诸多法家人物，也是从本朝开始，儒家正式登上了中国政治舞台，尽管还远不是主角。

窦太后（？—前135）名漪，清河郡（今河北清河）人，汉文帝皇后，汉景帝之母。她信奉黄老思想，反对儒家治国。

汉高祖刘邦（前256至前195），在西汉早期黄老法家人物张良、萧何等的辅佐下，刘邦一方面继承了秦国的法律系统，另一方面大力引入齐法家治国理念，逐步将中国东西两大法家体系融合成有机的整体——黄老之学。

韩非（约前280至前233），法家理论的集大成者。著《韩非子》一书，秦王嬴政见《孤愤》《五蠹》等篇，赞赏说：「嗟呼，寡人得见此人与之游，死不恨矣！」

```
韩非 ┐
     ├─ 嬴政 ── 刘邦 ── 刘桓 ── 窦太后 ── 刘启 ── 刘彻
乐毅 ┘
```

乐毅，生卒不详，公元前284年燕昭王拜乐毅为上将军伐齐。以乐毅、乐臣公为主线的乐氏家族成为齐法家传承体系的重要环节，直接影响了西汉黄老治世思想。

秦始皇嬴政（前259至前210），任用李斯为相，废谥法，以世计，废封建，行郡县，统一度量衡与文字，开辟驰道，修筑长城，巩固国防；他胸怀天下，礼贤下士，勤于政事，依法行政，是一位杰出的政治家。

汉文帝刘桓（前202—前156），高祖中子，好黄老之学。为加强同匈奴的作战能力，文帝大力推进鼓励养马的政策，在西北边境设立了三十六个牧马所，为后来武帝展开对匈奴的大规模反击战提供了充足的物质保证。

汉景帝刘启（前188至前141），汉文帝长子。前156至前141年在位。他继续执行了文帝的黄老治国政策。

附录一 中华原文明谱系

―刘询―刘秀―崔寔―曹操―诸葛亮―孙权―王猛―苏绰―杨坚

杨坚：隋文帝杨坚（541 至 604），隋朝建立者，信佛。《剑桥中国隋唐史》称其治国理念："接近于儒家中主张群治的荀子一派，实际上接近于法家本身。"

苏绰：苏绰（497 至 546 年），任西魏大行台度支尚书等职。史载他向宇文泰"指陈帝王之道，兼述申、韩之要"，提出著名的"六条诏书"改革大纲。

王猛：王猛（325 至 375 年），字景略，十六国时期前秦丞相，以法家治世，史称其："放黜尸素，显拔幽滞，劝课农桑，练习军旅，官必当才，刑必当罪。由是国富兵强，战无不克，秦国大治"。

孙权：孙权（182—252），字仲谋，公元 229 年在武昌称帝。226 年孙权在《答陆逊书》中对陆逊旋德缓刑，宽赋息调的建议进行了驳斥，他说："失法令之设，欲以遏恶防邪，儆戒未然也。亚得不有刑罚以威小人乎……至于发调者，徒以天下未定，事以众济。"

诸葛亮：诸葛亮（181 至 224 年）字孔明，以法治蜀。他的《答法正书》简明阐述了自己行法家的原因。后人称诸葛亮"法道合抱"，其思想倾向黄老。

曹操：魏武帝曹操（155 至 220 年），字孟德，东汉末权臣。清儒刘咸炘评价他说："操矫汉末虚浮之弊，而尚刑名，以严遇下。"

崔寔：崔寔（？至约 170），字子真，东汉末期杰出法家人物，著《政论》一书，主张"严治"、"以严致平"。《政论》全书已佚。清人严可均收辑残文断片于《全后汉文》。

刘秀：光武帝刘秀（公元前 6 至公元 57 年），东汉开国者。他虽然熟读儒家经典，却循着黄老法家以"柔道治国"，实现了"光武中兴"。

刘询：汉宣帝刘询（前 92 至前 49 年），大黄金时代最后一位政治领袖。他曾预言：在信仰儒家的太子刘奭继位后，强汉将迅速衰落。

道法中国

——李世民——王安石——李善长——张居正——康熙——毛泽东……

王安石（1021至1086年），北宋政治改革家，近人邓广铭指出："王安石的富国强兵主张，乃是直接从先秦法家的治国安邦之术中学来的。"

张居正（1525至1582年），在明神宗万历年间连续10年担任内阁首辅（宰相）。挽救了明朝的统治危机。他整顿吏治，不用"清流"，提出"尊主权，课吏职，信赏罚，号令"和"强公室，杜私门"的行政方针。

毛泽东（1893至1976年），中华人民共和国的缔造者，中国历史上杰出的思想家、政治家和军事家，肃清了腐败保守的地主买办阶层，奠定了中国工业化的基础。上个世纪七十年代初反官僚运动失败后转向法家思想。

唐太宗李世民（598至649年），李渊次子。他在哲学上推崇老子思想，上承《汉律》制定了唐律，开创"贞观之治"。

李善长，（1314—1390），明朝开国丞相，主持制定明一切法规和制度，礼节和仪制。史称其"少读书，有智力，习法家言，策事多中"。

康熙（1654至1722年），名玄烨，庙号清圣祖，其8岁继承帝位，在位61年。由于他的不懈努力，使清朝前期出现了"盛世"景象。康熙治国行安静之道，以法赏罚。

附录二

中华文明发展路线图

中华原文明的内在结构及其演化过程相当复杂、全面理解它要花费大量精力和时间。有鉴于此，笔者制定了《中华文明发展路线图》。

表格基本上是按"上品司天，中品司政，下品司医"为脉络的，它告诉我们中华文明一以贯之的哲学、政治经济、实用知识体系；不同文明阶段的比较是按时间顺序排列的。

原文明阶段（约一万年前至前1世纪末）	儒家异化阶段（前1世纪末至19世纪末）	西化阶段（19世纪末至20世纪末）	中华文明复兴阶段（二十一世纪开始）
基本形态：中华原文明先进的哲学、政治经济、实用知识体系和未经删改的易、诗、书（尚书）、各国史书（包括鲁史《春秋》）等等	基本形态：主要表现为经"义理化"处理后，孔子删述的《易》、《诗》、《书》、《礼》、《乐》、《春秋》及后来的儒家四书	基本形态：西方文化殖民使得儒家典籍被扔进了历史垃圾堆，西方文明典籍大量引入；道/法思想重新引起国人关注	基本形态：努力恢复中华道/法原文明的本来面貌，继承包括原始文明在内的人类一切优秀文明成果
哲学：道家为中华文明提供了自然主义世界观和整体尚中（"平衡而止"）的思维方法	哲学：道家被误读，名家被排斥，几成绝学。互渗律指导的天人感应和中庸之道成为儒家哲学的基础	哲学：通过传教和教育，西方局部分析、二元对立思维对国人产生了重大的影响	哲学：结合量子论和系统论，恢复自然主义世界观和整体尚中的思维方法

263

原文明阶段（约一万年年前至前1世纪末）	儒家异化阶段（前1世纪末至19世纪末）	西化阶段（19世纪末至20世纪末）	中华文明复兴阶段（二十一世纪开始）
政治经济体系：以道家为哲学基础，建立了完整的法家政治经济体系。中国古典经济理论基本原则包括：自然原则、均平原则和储备原则。中国古典政治理论基础可以总结为：道生法、法生德；他的两大支柱是社会功勋制和全民监督；其终极目标是通过平等劳动和自由通婚，建立一个血与土地统一的人类有机体	政治经济体系：随着哲学基础的退化，中华原文明体系被大面积破坏。国家功勋制为乡择里选，后又为科举制取代，自由主义的小农经济取代了以中国古典经济理论指导的市场经济。士大夫阶层产生，礼教德治、亲亲相隐成为核心治国原则；中华文明被草原和海洋文明持续入侵；此一阶段，道/法原文明不绝如缕	政治经济体系：一方面想学儒家以德治国，又一方面抄袭大量西方法律条文；经济学被全盘西化，又不知所宗；被中国古典政治学批判的单纯部门分权监督、轻轻重重刑事原则作为西方"先进经验"引入	政治经济体系：在信息化时代，复兴中国古典政治经济理论。重建以全民监督和社会功勋制为基础的政治体系，反对代表多数或少数的一个利益集团单独主政；经济上结束西方古典经济学的统治地位，将环境纳入经济体系，实现人类可持续发展
实用知识体系：以道家为哲学基础，包括医家、兵家、纵横家（黄老心术）、房中、天文、历法等诸家	实用知识体系：由于儒家鄙视实用技艺，技术发展逐步停滞，除中医得到了一定程度发展之外，大量宝贵技艺失传	实用知识体系：科学技术开始被重新重视，全盘引入西方科学技术，中医受到巨大冲击	实用知识体系：在继续引进西方先进科学技术的同时，恢复中国传统实用知识体系，反本开新

附录三

中华原文明的"四经五书"

千百年来,儒家为了宣扬自己精心编造的历史及建立在这种伪史基础上的政治经济体系,凑出了"四书五经"给后学。"四书"即《礼记》中的《大学》、《中庸》再加上《论语》、《孟子》二书,"五经"指经孔子删述的《易》、《诗》、《书》、《礼》、《春秋》五部典籍;在"学而优则仕"的功利主义诱惑下,"四书五经"极大地窒息了中华民族的创造力,使之逐步陷入了长期停滞之中。

如果说秦始皇焚书只是为了禁止私学,回到"学在王官"时代的话,那么孔子及其门徒按照自己的目的灭纪废典则显得极为野蛮——因为一个失去辉煌历史记忆的民族只能回到愚昧的暗夜中去,犹如欧洲的中世纪!

以古籍作经典不利于思想的自由发展,问题是当笔者常常遇到这个的的问题:读哪些书才能真正了解没有被篡改过的中国历史?读哪些书才能了解中华文明原生形态及其不断成长的历史逻辑?

笔者认为以下书目值得推荐,它们由《黄帝四经》、《道德经》、《周礼》(《周官经》)、《逸周书》(更重要的《尚书》、《书经》)和其它五部书组成,为了方便,不防称之为"四经五书"。这些典籍远非中华道/法原文明的全貌,比如《六韬》、《尉缭子》在中华原生文明的传承中就有极其重要的地位,还有1983年在湖北荆州张家山247号汉墓出土了《二年律令》、《奏谳书》等西汉法律文献,它们和《睡虎地秦墓竹简》中的秦律同样重要。笔者想传达给读者的信息是:通过阅读以下书目我们能大致了解中华原生文明的概貌:

四经:

《黄帝四经》:也称《黄帝书》,是中国古典政治经济理论的"《黄帝内经》"，1973 年在长沙马王堆出土，这本成书于战国时期的重要著作跨越 2000 年历史横空出世，清楚地告诉我们，西汉推崇的黄老哲学不是老庄道家的无为而治，而是以老子自然主义世界观为基础的法家治国！同时，司马迁说法家申子和韩非子都归本于黄老也找到了坚实的历史依据。

《道德经》：道生法，老子自然主义世界观和整体尚中的思维方法成为中国古典政治经济理论的哲学基础。长沙马王堆《老子》甲、乙两种帛书和 1993 年湖北荆门郭店 1 号墓竹简《老子》的出土证实，《老子》思想具有开放进取的的一面，比如老子认为"兵者不祥之器也，不得已而用之，铦袭为上"，就是说在不得已用兵的时候，精进突击迅速解决最好，可后人却将这句话改为"兵者不祥之器也，不得已而用之，恬淡为上"；老子认为"法物滋彰，盗贼多有"，明显反对儒家的繁文缛节，后人却将之改为"法令滋彰，盗贼多有"，以为老子反对法令，甚至法家。

《周礼》：也称《周官》或《周官经》，是中国版的《雅典政制》（亚里斯多德著，1890 年在埃及古代纸草中被意外发现），被列为儒家十三经之一。直到上个世纪 50 年代，著名史学家顾颉刚和杨向奎才断定该书出自齐法家之手，杨向奎在《〈周礼〉的内容分析及其成书时代》一文中总结说："《周礼》虽然近于杂家的作品，然而也有它的中心思想，是一部重视刑法而有儒家气息的书，因此有人以为出于荀子学派，这虽然有待证明，它出于齐国有儒家气息的法家是可以肯定的。"（《山东大学学报》，一九五四年第四期）

《逸周书》：它是没有经过篡改的《尚书》（亦称《书经》），夏商周断代工程证明该书中的《世俘》是《尚书》真《武成》。由于《逸周书》是孔子"删《尚书》之余"（刘向语），所以长期以来得不到学者的重视。该书真实体现了周人早期的治国理念，是中国古典政治经济体系的理论胚胎，从中我们可以找到道家、兵家等诸子百家的思想源头。

五书：

《睡虎地秦墓竹简》：1975 年末，湖北云梦睡虎地 11 号墓出土秦简 1150 余支，这一千多支竹简多是秦国的法律。它以不可辩驳的事实告诉我们，按照秦国法律，以法家为理论基础的秦法不是暴法——它是中华法系的魂！

《竹书纪年》：唯一一部没有被儒家按照意识形态捏造的中国上古史，很多记载与后来出土的甲骨文、金文相符合。《竹书纪年》出土于公元280年左右，由于其记录的事实颠覆了整个儒家政治哲学体系，在宋代再次佚失。目前较好的传本是民国初年王国维先生重辑的《古本竹书纪年辑校》。

《管子》：是齐法家的代表作，该书后面的"轻重十六篇"是中国古典经济理论的纲领性文献。1972年山东临沂银雀山西汉墓出土一批竹简，一些篇目与《管子》有密切关系，其中《王兵》篇内容分别见于《管子》的《七发》、《参患》、《地图》等篇。

《商君书》：她是晋法家商鞅学派的百科全书，是秦法家政治、经济、社会管理理论、资料的汇编，创作过程从公元前四世纪中叶一直持续到公元前221年秦统一天下之后。

《韩非子》：韩非子是法家理论的集大成者。正是他，在战国百家争鸣的时代在理论上捍卫了法家，直接影响了秦始皇及后世诸多政治家。这本中华文明的伟大经典竟被冷落到几至失传，明代刻书家凌瀛初说："是书（指《韩非子》自唐、宋以来，病其峭刻，黜而不讲。故其文字多舛驳而不雠，市亦无售，几于失传也。"

由于儒家长期以来将诸子百家视为异端，险些散佚的不单是《韩非子》，许多中华文明原典不是散失了就是被篡改得面目全非，上面推荐的书目相当一部分是出土文献，这本身就是对儒家道统文化专制的控诉；幸运的事，今天，在人类最需要思想资源的时代我们再度"发现了"这些宝贵经典——天佑苍生！

附录四

新三字经

道法家　祖黄帝
马王堆　四经出[1]
道生法　法生德[2]
顺天时　民均平
损有余　补不足[3]
血与土　归一统
至秦汉　天下同[4]
有治道　本利害[5]
公私分　可止争[6]
在刑事　重其轻
在监督　倚全民
在选举　凭事功[7]
少盗贼　鲜腐败
户不闭　路不遗
原文明　黄金世[8]

官学散　儒家起
成病毒　侵肌肤[9]
反自然　论天命
崇平均　尚中庸
小技艺　不言兵[10]

空仁义　尊亲亲
人相隐　裙带行
害于今　腐败经
先礼乐　后心性[11]
举孝廉　制八股
先五胡　后日本
家国灭　杀奸掠
逢乱世　法家兴
微龙脉　缕不绝[12]

铁骑灭　炮舰来
出儒学　入西学
去整体　讲二元
去尚中　讲对立[13]
有治道　本性恶
私有制　圣如神
在刑事　轻其轻
在监督　倚部门
在选举　凭资本[14]
法美日　学苏俄
西施颦　东施效
邯郸步　匍匐归[15]
看今朝　新战国
美利坚　围神州[16]
楚声歌　曾记否
迷芙蓉　傻大兵
西湖舞　当叫停[17]
兴中华　赖吾辈
夜卧薪　昼尝胆
法自然　行工战[18]
西方融　天下平

新世界　新文明[19]

注释：

[1] 道家和法家皆称颂黄帝这一中华人文始祖；1973年长沙马王堆汉墓《黄帝四经》（也称《黄帝书》）出土，将汉朝治国理念的全貌展现在国人面前，原来汉不是老庄无为而治，而是和秦一样法家治国。中国社会科学院历史研究所前所长李学勤："在《黄帝书》公布以后，学术界为'黄老之学'面貌的揭示而振奋。原来文献艳称的'黄老之学'，其思想富于积极色彩，与庄列一派的引退截然有别。后来的若干法家人物，都曾于此取义，如慎到、申不害以至韩非之流，殊不足怪。"

[2] 建立在自然主义世界观上的中国古典政治理论认为，自然秩序衍生了社会法律，法律是道德的基础，提倡以法立德，以德固法。所谓："教训成俗而刑罚省"（语出《管子·权修第三》）。

[3] 因顺自然原则、百姓均平原则和商品储备原则是中国古典经济理论的三大原则，详见内文《中国古典经济理论基础》；"上医医国，其次疾人"，中国古典政治理论也同中医一样，通过调节各个利益集团的平衡实现社会和谐持续发展。

[4] 通过平等劳动和自由通婚，实现没有经济剥削和政治霸权的世界大同，是中华文明区别于西方文明的显著标志。血与土地的统一原则在《黄帝四经》中得到了很好的阐述。

[5] 中国古典政治理论的人性观既不是西方的性恶论，也不是孟子的性善论，而是可以参验的人情论，即人皆趋利避害。

[6] 中国古典政治经济理论主张公私相分，经济上既不主张私有制也不主张公有制，强调国家作为经济系统整体管理调节市场经济；政治上反对某一个阶层专政，主张不同利益集团之间的平衡。

[7] 这里分别指的是中国古典政治理论重其轻者的刑事政策，人与人之间互相监督的监督方式和社会功勋制原则，详见内文《中国古典政治理论基础》。

[8] 中华道/法原文明在秦汉达到了顶峰，那是一个"道不拾遗，山无盗贼，家给人足，乡邑大治"（《史记·商君列传》语）的大黄金时代。

[9] 东周百家兴起，中国古典政治经济理论以法家形态不断发展完善。此时儒家像病毒一样慢慢侵入中华文明有机体，和蛮族野蛮摧毁古罗马文明不同，儒家对中华文明的破坏是渐进的，宋以后华夏文明主体诸子百家中许多几成绝学——今天海内外还有太多的人将儒学作为中华文明的主体。

[10] 儒家主张天命，经济上主张平均主义（《论语·季氏第十六》："丘也闻有国有家者，不患寡而患不均。"）；将搞经济的官员贬为"盗臣"不如（《大学》："百乘之家不畜聚敛之臣。与其有聚敛之臣，宁有盗臣。"）；将包括兵学在内的实用技艺称为

"小人"之事（《论语·卫灵公第十五》："卫灵公问陈于孔子。孔子对曰：'俎豆之事，则尝闻之矣；军旅之事，未之学也。'"《论语·颜渊第十二》："樊迟请学稼，子曰：'吾不如老农。'请学为圃。曰：'吾不如老圃。'樊迟出。子曰：'小人哉，樊须也！'"），一味强调仁者无敌⋯⋯这样做的结果是中国古典政治经济体系及实用知识体系全面解体。

[11] 历史上儒学大致分为四个阶段，一是汉以前的原始儒学阶段，公元前316年燕王哙禅让失败后这一理想主义的儒学形态受到了巨大的打击；二是汉至唐的礼义儒学阶段，《开元礼》制成后理论上应是致太平，却招来了安史之乱，儒家由是很快过渡到第三个阶段：心性儒学，不幸的是，宋儒在佛教思想的影响下形成的理学随着外族的入侵失去了"儒效"。清末随着西学的引入，儒学进入第四个阶段，这种所谓的"新儒学"在国粹旗帜下用西学诠释儒学，不伦不类，政治经济理论实用性的东西很少。

[12] 中华文明儒化最沉重的后果是外族入侵，从五胡乱华到日军侵华。每当中华文明处于最危险的时刻，总有法家政治精英集团兴起，拯救国家于水火之中。

[13] 西方战略家眼光长远，他们甚至用战争赔款在中国建立西式教育机构。今天国人整体尚中的思维方式和本土学术受到了严重破坏，中国学术已经西化到"无洋不是理、无西不成学"的地步。中医应用几千年的黑箱方法（method of black box）被称为"非科学"，有些学者甚至公开主张取消中医。

[14] 西学将儒学扫进了历史垃圾堆。源于基督教的性恶论取代了儒家性善论，轻轻重重的刑事政策成了法制文明的标志，监督体系完全是部门监督，全民监督被脸谱化为野蛮的"株连九族"，现在又有人主张以资本为基础的政治分赃制（Spoils system）了。

[15] 一百多年来，中国基本上以美日或苏联为标杆国家，毛泽东探求一条中国之路，建立起了完整的工业体系，却不能坚持下去。根据国务院发展研究中心的一份研究报告显示，目前中国28个主要产业中，外资在21个产业中拥有多数资产控制权。我们在西方资本"斩首行动"后重建工业体系还有漫长的路要走。

[16] 今天是全球版的战国时代。一方面经济一体化了，另一方面国与国之间又竖起了无数阻止劳动力自由流动的圣迭戈墙（1994年，克林顿总统为阻止大批墨西哥人进入美国，开始在美国和墨西哥边境偷渡高发地区修建隔离墙，目的是封锁潜入美国的墨西哥非法移民，长期允许两国居民自由来往的美墨边境从此不再自由）；中美之间的"圣迭戈墙"是用签证和太平洋建造的，"9·11"后美国开始对中国进行战略合围。

[17] 当代，网上的芙蓉姐姐成为偶像，"好男不当兵"成了口号，中国有太多世界第一的娱乐场所建立了起来，风雨飘摇的时代南宋诗人林升的那首诗再度在我们的耳边

响起:"山外青山楼外楼,西湖歌舞几时休?暖风熏得游人醉,直把杭州作汴州。"宋鉴不远!

[18] 中华文明自古反对侵略别国,认为"好战必亡",同时反对乌托邦式的和平主义,认为"忘战必危"。工战的最终目的是为了保卫中华文明,保卫人类的未来;今天,美国主导的国际秩序不仅严重破坏了世界和平,而且已经危及人类生存环境自身,在这种情况下,"工战"应成为我们的基本政策,它包括两个方面,即经济上的工战和社会生活中的显工战之士——科学家、工程师和军人应成为我们时代的明星!

[19] 未来的世界必将是一个没有经济剥削和政治霸权的、按平等劳动和自由通婚的血与土地统一原则组织起来的新世界,西方古老的军事殖民逻辑将成为历史——那意味着一个崭新的世界秩序!一个重新焕发生机的道/法新文明!

跋

这是现居美国旧金山的陆寿筠（Sherwin Lu）先生通读笔者的诸多重要文章及本书原稿后所写。陆先生几十年在西方社会生活的经验，使他比许多人更能直接感受中华政治经济制度的伟大！此文原为英文，由甘肃农林大学的张小白先生译成中文，并由陆先生本人校译过。原题为：《当代全球危机呼唤东方智慧——"动态平衡多维整体"世界观探讨》。全文发表在香港《领导者》杂志2008年第一期（总第20期）。现经陆先生同意，收入本书以为跋。

现代人类面对着两大威胁：人们对大自然不负责任的摆布引起的生态危机，和国际垄断资本对人类生活的霸权引起的社会危机。前者表现在全球气候的剧变和越来越多物种的消失。后者表现为各种形式的恐怖暴力和不断加剧的全球核战争风险。为了找出这些问题的症结所在和解决方法，我们需要一个能够用来最有效地分析所有自然和社会历史现象的总括一切的世界观。可喜的是确实存在着这样一个可以概括为"**动态平衡多维整体**"的世界观，或者简称为**动态整体观**。在各种文化中，无论西方或东方，都能找到这一世界观的体现，而在中国思想传统中表现得尤为集中，也最为典型。

动态整体观包含如下三个侧面：

1. "整体性"，意即所有事物，从囊括一切的整个存在到我们可以观察到的最微小的存在物，从整个人类社会到各种各样的人类群体再到个体的人，从可感知的具体存在物到想象中的抽象事物，每件事物都是由若干部分或方面组成的整体。这个整体不是静止的、或是机械的拼凑；而是——

2. 其各部分总是处于"动态平衡"之中。正如中国古代经典《道德经》所说，"道生一，一生二，二生三，三生万物。万物负阴而抱阳，冲气以为和。"(《道德经》，42章）万事万物通过各自内部阴阳两面的对立互动，永远处于从不平衡到平衡、再由新的不平衡到新的平衡的变动之中。某一特定时刻的阴阳互动状况决定了这个"整体"在当下的性质。就社会事物而言，这个"整体"则是一个具有相对独立性、且有其自我意志的社会实体，它又反过来成为某个或某些更大"整体"中与其它部分互动着的一个组成部分。这种"既作为相对独立的实体、同时又是一些更大整体的组成部分"的两重性是所有存在物的特性。这种特性决定了所有事物结构的多层次形式，也为这个世界观的下述第三个侧面提供了基础——

3. 所有存在物都是一个多维的整体。至于人类社会，"多维"指的是对于社会内部互动模式的观察方式的多样性，它包括在各个层次上相互平行的社会主体（个人及社会群体）之间、以及不同层次上的所有那些主体之间多方向上的互动。

在中国历史上，动态整体世界观在黄老学派（齐法家思想的核心）的哲学，政治，经济思想中（还有传统中医学中，本文不作讨论）得到最好的体现。这一世界观的三个侧面（动态平衡，多维，整体）在两千多年前老子《道德经》关于"道"的哲学描述中就有显示。这三个侧面中，"动态平衡"是最关键的因素。这种平衡要通过所有层次上所有实体之间在多方向上的互动来达到，其中包括整体和部分之间的互动。本文不准备详细讨论这一世界观的哲学基础，而将集中论述中国古代法家是如何通过在国家层面上推行一系列明智的政策，来力求平衡各种社会关系的，如下表：

以平衡为目标	相应政策与制度机构	对当代世界的启示
人类与自然之间的协调（这是儒家及中国古代其它学派共同一致的目标——典型的中国思想传统）	根据自然周期安排生产，保护资源不被过早利用（如幼嫩动植物）或滥用；实行节制消费，节制资本，使其适应自然的承载能力，以确保经济的可持续发展和大自然的生态平衡。	当代工业生产的逻辑违背了自然周期，浪费和破坏了无数资源。从凯恩斯开始把扩大需求和信贷作为经济发展的动力，导致资源的加速枯竭，环境的破坏，和掠夺性的战争——所有这一切都危胁着人类的生存。

以平衡为目标	相应政策与制度机构	对当代世界的启示
农民间的经济平等	平等地分配土地（在前工业化时代，土地是最重要的自然资源）和平等地摊派税收，即按照每个家庭劳力的多寡和强弱来决定分配比例。	在今天的世界上，自然资源被少数特权者霸占，他们过着奢华的生活，而这是以多数人受着贫穷的煎熬为代价的。
作为生产者的农民、商人、消费者三者之间的利益平衡	国家通过"常平仓"制度，价贱时买进、贵时卖出，以控制粮食价格，使其"常平"，即免于大起大落，以保护农民和消费者双方的利益免受损害。这一政策在中国历史上曾经长期地延续了下来。	由亨利—华莱士（美国农业部长，1933—1940；副总统1941—1945）提议，这一思想在美国国会1933年《农业调整法案》中被采用。他是从一本有关中国传统经济政策的书中得知这一思想的。联合国1942年曾发动一项计划，要在国际范围内应用这一思想，但是由于美国和其他一些国家的反对被永远地搁置了。
国内商品价格全面平衡和国家间商品价格平衡	通过国家调节市场，而不像儒家主张的那样自由放任，也不是实行计划或冻结物价政策。国家调控的方式是建立商品储备，既作为未雨绸缪，又作为所发行货币的实物保证和物价调控的杠杆。调控的目标，除了国内价格的平衡，还有与其他国家间的平衡，以防止其他国家或投机者寻找时机牟取暴利。国家拥有战略性工商企业和足够大量的商品储备是调控市场的前提条件。	由于代表全人类共同利益的全球性权威缺位，因此以全球各方利益平衡为目标的国际性调控缺位，使垄断资本得以对世界自然资源和人工资源进行长期的廉价掠夺、甚至无偿霸占，这是从殖民主义时代以来逐步累积起来的、至今积重难返的所有世界性问题产生的根本原因。
国家权力与金钱权力之间的平衡	在肯定商业对社会的重要性、并保护商人合理利益的同时，也通过政府对市场的调控、和通过功勋制选择政府官员，来防范国家权力和资源为有钱阶层所垄断。	资本，特别是垄断资本，不受制约的经济、政治和意识形态三位一体特权是当今世界所有社会罪恶得以泛滥的根本原因。

以平衡为目标	相应政策与制度机构	对当代世界的启示
政治平等原则与国家权力结构功能性层次等级的必需存在之间的统一	通过实施社会功勋制使官员的地位与其业绩表现相匹配，即根据人们对社会的实际贡献赐予他们尊贵的地位和头衔，而不论其出身。因而：1）政治忠诚或道德操守、与专业能力这两条标准自然地统一了起来，并且还可以在实践中得到有效检验。2）平民也可以有平等的机会去获得公职、为社会服务，而贵族如果表现不佳或者违犯法律也会失去他们的地位和头衔；受功勋者同时被赋予与其功勋相称的资源享有权，不让这些资源被一些特殊利益集团滥用。这才是真正的、实实在在的平等。	今天世界上某些地方存在的平等只是名义上的形式平等。在西方政治中，从古代中国学来的功勋制原则仅仅部分地用于招聘政府机关办事人员，而主管官员的选拔依据是他们对执政党的政治忠诚。而他们的经济政治特权事实上是世代相传的，与封建时代的血统世袭没有本质的区别。这种政治标准与业务标准相隔裂的双轨制，不能保证为全社会利益提供忠诚有效的服务，更不能防范社会资源和国家权力被一小部分人所霸占和滥用。
全民平等监督之下的法治	以上提到的、所有意在全方位动态地平衡多维社会关系的各种规则，都作为法律来执行，具体则由按其功勋业绩选拔出来、并且处于全民监督之下的政府官员来实施。在法家的全社会互相监督制度下，任何人，不管是谁，故意掩盖别人罪行也会受到惩处，因此每个人，不论平民或者官员，都有权利也有义务使其周围的每一个人，包括那些社会地位比其高的人，都遵守法律，并且当有人触犯法律时向官方报告。 这种连带责任制也被正面应用于金融信贷系统，基层官员可以为信得过的贷款者作担保，这有利于经济的发展。	在当代中国，也许还有一些其他国家，儒家的"亲亲原则"流毒甚深，根深蒂固，亲属之间互相包庇被认定是一种天职，哪怕是有人犯了危害社会的罪行也一样该被包庇。因此，在这些地方，贪污腐败非常猖獗。要改变这种局面，必须对那种将家庭小群体的利益与国家大群体的利益对立起来的原子论社会观进行批判，必须革除以"德治"为名的人治，代之以全体人民及其选任的代表们监督下的法治。

以平衡为目标	相应政策与制度机构	对当代世界的启示
大国与小国之间以及征服者国家与被征服国家之间的关系平衡	老子，这位道家学派的开山祖师，认为天下所有国家的统一是一个自然的过程，他反对利用霸权进行武力占领。在他的《道德经》中，他以哲理性的语言阐述了古代中国"血与土地相统一"的原则：大国应以谦虚与尊重赢得小国的尊从，小国也以谦虚与尊重赢得大国的接纳保护；而接纳则仅仅是意味着要履行一种义务，即保护更多的人民使之免受饥饿与痛苦。根据这一原则，一国的首脑在决定是否以武力占领另一国家时应该非常地审慎，这样做的唯一正当理由必须是为了伸张正义。因此，对待战败国的人民应该平等相待：不准掠夺，不准欺压，不准贬他们为奴，不以武力占领土地，而应尽力赈济贫困，留用当地文武官员，令他们负责照料当地人民的生活需求，确保人人享有平等的工作机会，并且允许异族自由通婚，从而使人们愉快地留在原地生活，相互同化，像一个真正的"大熔炉"。这也就是为什么中华文明曾经同化了如此众多的不同族群的人，包括一批又一批来自北方的征服者和他们的后裔，还有犹太人，虽然后者的难以同化是出了名的。	在近现代国际关系中，有太多的掠夺、奴役、殖民统治、武装占领、经济剥削、政治欺压等等，而且很多时候这些都是打着推动自由，民主，经济发展的旗号进行的，还有什么漂亮的旗号没有打出来过呢？那么为什么不促进大国与小国之间的平等呢？为什么不推动建立一个处理国家关系（包括大国和小国之间的关系），处理涉及全人类福祉的世界性事务的民主原则呢？为什么不做得比古人更公正一些、却反而更不公正呢？

　　虽然法家的某些理论与实践发端于黄帝（见《黄帝四经》），但典型的法家实践是在中国的秦代（包括统一之前的秦国）。秦国的崛起始自公元前359年的法家改革，至秦始皇时代达到顶点，它将中国统一成为一个幅员辽阔、繁荣强大的国家。法家统治下的秦国和秦帝国见证了中国历史上最安定繁荣的社会秩序。对此，甚至儒家主要代表人物之一的荀子都表示了肯定和赞赏。

　　秦朝的终结是由于始皇帝死后发生在最高层的一场阴谋：他若干儿子

中间的一个篡夺了帝位,并且背叛了秦始皇的法家政策,扭曲了原本公正严明的法治,从而引发了大规模的农民起义。但秦朝的法家政策在接下来的汉代却在很大程度上得到了恢复和延续。只是到了后汉时期,儒家思想才逐渐获得优势。从那时起儒家学说在中国就一直作为正统的意识形态,直到1911年的辛亥革命。然而法家的某些作法曾经被延续了下来,法家的另外一些思想有时候被改革派政治家所采用,有时候会在一些刚取代了腐败旧皇朝的新朝代初期被采用。

为什么在中国历史上法家思想会被儒家思想打败呢?答案在于历史条件的限制所造成的法家实践的不彻底性。主要表现在:社会功勋制原则没有被贯彻到对最高统治者(国王/皇帝)的选择上——皇位始终由皇子继承;还有,全民监督制度也没有上溯到一人之下万人之上的那一两个人(丞相、内臣)。因此,当一个法家皇帝死亡以后,或是由于宫廷阴谋,或是由于人事随着时日的迁移,政权就可能轻易地转移到德性软弱、甚或堕落的继位者、或者权欲熏心的高层官员的手里,他们把自己的利益放在人民之上,也懒得像法家原则所要求的那样顶着某些强大的特殊利益集团的反对,尽力去调控社会生活,特别是在没有外患威胁的"太平"时期。这种不彻底性只能依靠基于人民主权原则的现代民主制度来纠正,纠正的方式是使得自上而下行使的国家制度性权力,与自下而上行使的人民主权,这两者始终处于一种持续不断的动态平衡状态。

然而,除了上面所说的漏洞,法家的理论与实践在古代中国还是相当成功的。其中最重要的教训是,特别是在类似"战国"那样群雄争霸的时期,一个民族得以生存和繁荣的唯一出路是必须拥有一个处于人民持续有效的监督之下的、强大的国家权力,并通过其制度性权力去实施一系列广泛的社会经济政治等各方面政策,目的是调节不同利益群体和社会生活不同方面之间所有各种各样的社会关系,使之不断达到一种动态的平衡,包括国家权力和人民主权之间的平衡。而要做到这一点,就必须批判原子论的世界观,无论是传统的中国版本,也就是正统的儒家思想体系(其中关于个人修养和社会政治伦理方面的某些论说可以批判地予以继承),还是现代版本,也就是当代鼓吹自由放任主义的主流意识形态。

原子论的思维模式是把社会看做是一个数以万计或亿计的、各为自身利益而奔波的单个个人的机械集合。根据这一观点,国家的意志和利益等同于所有单个成员的意志和利益的加总。它忽视了国家作为一种特殊的社会群体可以有自己相对独立的意志和利益，它反过来可以影响所有单个个人的、以及所有其它或大或小的、内部的或外部的社会群体的意志和利益。历史上儒法两家之间关于国家管理原则的争论就是一个典型的例子。

法家强调法治的重要性，认为只要社会法律是源于道、遵循道（即天然法则）的，它就能培育和强化所有人的道德，从而确保良好的社会秩序；而儒家则宣扬以家族亲亲原则为宗旨和基础的个人美德修养可以保障社会的正义。因为，据他们所说，如果所有的人都合乎道德地对待家庭中的其他人，他们也会同样地对待社会这个"大家庭"中的其他人。但是儒家没有看到一个事实，家庭美德不能自然地延伸到家庭范围以外，轻易地应用于所有的社会关系，因为家庭美德的培养部分地是基于天然的亲情，部分地是基于对人际相互依赖性的一种直觉，一种只有在范围有限的"面对面"的家庭关系中通过五官直接感悟才会产生的直觉。超过这个范围，人们就需要外在的推动来培育道德，也就是需要借助于法律的约束力，或者说是社会规模上的奖罚制度，并辅之以关于法律条文背后隐含着的道德原则的社会教育。

在这个问题上，儒家把家庭美德的作用说过了头，以至于将亲亲伦理原则凌驾于社会法律之上，如孔子所要求的那样："子为父隐，父为子隐"。这也就是为什么儒家思想浓厚的地方，腐败现象通常会很猖獗；而信奉法家的秦国却出现了中国历史上最公正平和的社会秩序。

儒家还反对国家拥有某些对于国计民生非常重要的经济企业，反对国家储备足够数量的商品财富作为调节市场、调节社会生活的其它方面、以及用于应付内忧外患的不时之需。这就是为什么儒家统治下的后汉、晚唐、宋朝、明末、清末，中国会遭受长年的外敌入侵和内部战乱，甚至整个国家陷于多个地方/民族分离政权、或军阀之间的长期对抗与混战之中。

原子论社会观否认群体和个人之间的双向互动和动态平衡，持这种观点的人往往忽略了国家作为一个群体性的社会实体所具有的意志及其对于民众福祉的重要性，并且过分强调了各别单个个人单向行动的意义，因此必然地倡导一种自由放任政策。这也体现在儒家所提倡的经济政治原则之中。怪不得早期西方自由主义者把孔子看作是来自东方的灵感之源，以致那位曾经极大地影响过亚当·斯密的十八世纪法国经济学家弗朗索瓦·魁奈,曾被称作是"西方的孔子"。

社会原子论者否认群体和个人之间动态平衡的必要性,他们必然地提倡一种放纵政策,放纵那些处于有利地位的个人,听凭他们剥削处境不利者。这一政策的必然结果是把一个社会分裂成拥有特权的少数和无权无势的多数这样"两个族类",这也是导致一切社会动荡、大规模暴力和战乱的根本原因。儒家思想统治下的古代中国是如此,贫富分化登峰造极的现今世界也是如此。在中国历史上,每当儒家高喊"德治"最声嘶力竭的时候,就一定是社会冲突严重到接近危机的时候,正如老子在他的《道德经》里早就尖锐深刻地指出来的那样。难道我们就不能记取历史的教训、用以启发我们对当今世界形势的真切理解?

在这个"全球化"时代,实际上是金融大资本利益集团称霸全球的时代,在能够代表整个人类社会的意志和利益的全球性权威缺位的情况下,没有公权力来推行这样一种"法律与秩序",借以动态地平衡全球范围内富强群体与贫弱群体之间的利益,平衡个别国家与整个人类社会之间的利益,平衡人类利益诉求与整个自然界的生态和谐诉求这两者之间的关系。在这种情况下,**按照民主原则逐步建立起一个全球性的权威体制,并在其统筹指导下,在全球范围内的各个社会层面上采取全方位的协同行动,将是可能挽救人类于毁灭边缘的唯一最后希望。**

另一方面,动态整体世界观也不同于一些社会理论家的铁板论,他们不是把个体的人看做社会的"基本粒子",而是将一些群体如阶级、或者民族国家看作一个更大社会的基本结构单位,就像是一个"不可分的原子"。这种铁板论将任何下属层次上的个人或群体统统虚化为好像一台"机器"上的"齿轮和螺丝钉",没有自己独立存在的主体性,而是必须将自己的意志和利益完全服从于阶级、国家等集团意志和利益的次等存在。以这种铁板论世界观为基础的各种"主义"如阶级集体主义,极端民族主义,国家主义,极权主义等都贬低或完全否认下属层次上的各类主体之间、以及它们与代表社会整体的最高层次之间、以社会全方位平衡为目标的互动的必要性,否认这才是社会最高意志赖以形成和运作的社会基础。苏联解体以前所有实行传统范式社会主义的国家都亏在这一理论缺陷。

综上所述,从哲学上来看,上个世纪世界两大阵营之间的冷战则是两种表面上看来似乎相反的世界观之间的争斗。由于西方打赢了这场思想战争,铁板论退出了历史舞台,而西方的主流世界观——原子论,现正风靡于全球。但实际上,这两个看似相反的观点却有着同一个盲点:他们都对社会各类主体同时存在于不同的结构性层次上这一事实视而不见,对这些主体之间在多方向上的动态互动视而不见。事实上,一些闻名于世的(或许是臭名昭著的)政客常常会交替地使用这两种观点,以服务于他们自己同一种特殊利益。例如,当他们想推动一些实际上仅仅有利于某些特殊利益集团的政策时,他们会假装是在捍卫整个国家的"整体"利益。或者当他们需要向海外推销自己的意识形态用以掩盖其霸权行径时,他们就会单单指出世界的"同一"性质,用以说明他们所推广的价值观具有普遍适用性。然后,当他们想逃避国际义务,例如减少污染,他们又会抬出他们这颗"原子"的特殊性作为借口。不过,这无关紧要,这些人迟早都会领受到来自世界上所有其它社会主体动态互动的冲击波的威力!

尽管上面说了那么多负面的问题,但是在人类思想史上,无论是西方还是东方,并非一切都是负面的。例如,共和主义,联邦主义和政府分权制衡机制,合作主义和劳资共治等形式的政治经济民主,都起源于欧洲。这些都是人们在某些领域内为求社会关系的动态平衡而自觉努力的很好例子,虽然是在有限的范围内。上个世纪理论物理学的诸多新发现,例如光量子的波粒二象性、相对论、测不准原理、混沌理论等,已经为西方与东方在更高层次上的交接开辟了新的平台(见 Fritjof Capra 所著《物理学之道》)。再加上 20 世纪 70 年代以来中国的许多考古新发现,让尘封数千年的中国古典经济政治思想重见天日,从而开启了中国古代智慧复兴再造的新时代。精神文化的全球化,亦即世界各地所有经过时间考验的人类智慧在世界范围内的整合推广,将带领人类走出面前的困境,并开拓出一片崭新的天地。

附录

国学系列

书　名	作者	定价
国学概论	马瀛	28.00 元
国学句典	王少毅	38.00 元
中国人的老家底——国学箴言精粹	秦人	32.00 元
纵横辩术——中国古代纵横家的最高智谋	李晓筝	18.00 元
破译《老子》祖本	干昌新	28.00 元
听南怀瑾讲《庄子》	潘鸿生	23.00 元
《庄子》新悟	何者明	38.00 元
道德经今解	袁劲松	30.00 元
听南怀瑾大师讲禅	本书编写组	25.00 元
佛家生死学	郑志明	38.00 元
道家生死学	郑志明	38.00 元
老子的智慧	舒大刚	26.00 元
孔子的智慧	舒大刚	26.00 元
晏子的智慧	王川　刘波	26.00 元
孙子的智慧	王川　刘波	26.00 元
墨子的智慧	王川　刘波	26.00 元
纵横家的智慧	杨世文	26.00 元
庄子的智慧	张希峰	26.00 元
孟子的智慧	廖名春	26.00 元
荀子的智慧	廖名春	26.00 元
韩非子的智慧	黄浩	26.00 元
听弘一大师讲佛	周林生	20.00 元
红楼人物之迷	隋邦森　隋海鹰	59.00 元
陈寅恪与红楼梦	刘梦溪	45.00 元

传统文化类

神州文化图典集成（彩色图文版）总主编：季羡林　主编：汤一介　孙长江		
副主编：魏常海　王守常　冯林		
第一辑：神秘文化		
书　名	作者	定价
谶纬与神秘文化	李中华	35.00元
中国古人论天	周桂钿	35.00元
星占与梦占	刘文英	35.00元
巫·舞·八卦	周冰	35.00元
中国傩文化	陈跃红	35.00元
第二辑：养生文化		
书　名	作者	定价
中国养生术	孙同德	35.00元
道教与仙学	胡孚琛	35.00元
阴阳五行与中医学	谢松龄	35.00元
武术文化与修身	刘峻骧	35.00元
针灸与气功	何学诗　诸葛连祥	35.00元
文物名家大讲堂系列		
书　名	作者	定价
明清官窑瓷器	吕成龙	65.00元
中国书法	单国强　马季戈	50.00元
宋代官窑瓷器	李辉柄	38.00元
中国青铜器	杜迺松	75.00元
中国玉器	周南泉	66.00元
中国金银器	贺云翱　邵磊	65.00元
中国绘画	单国强　马季戈	60.00元
中文经典100句系列		
书　名	作者	定价
论语	文心工作室编著	23.00元

史记	文心工作室编著	20.00元
古文观止	文心工作室编著	25.00元
庄子	文心工作室编著	30.00元
诗经	文心工作室编著	35.00元
战国策	文心工作室编著	32.00元
世说新语	文心工作室编著	32.00元
孟子	文心工作室编著	35.00元

图书在版编目(CIP)数据

道法中国:二十一世纪中华文明的复兴/翟玉忠著.
—北京:中央编译出版社,2008.8
ISBN 978-7-80211-725-9

Ⅰ.道...
Ⅱ.翟...
Ⅲ.传统文化-研究-中国
Ⅳ.K203

中国版本图书馆 CIP 数据核字(2008)第 122153 号

道法中国:二十一世纪中华文明的复兴

出版人	和 龑	
责任编辑	董 巍 金丽芳	
责任印制	尹 珺	
出版发行	中央编译出版社	
地 址	北京西单西斜街 36 号(100032)	
电 话	(010)66509236 66509360(总编室) (010)66509366(编辑室)	
	(010)66509364(发行部) (010)66509618(读者服务部)	
网 址	www.cctpbook.com	
经 销	全国新华书店	
印 刷	北京东方圣雅印刷有限公司	
开 本	787×1092 毫米 1/16	
字 数	290 千字	
印 张	19	
版 次	2008 年 11 月第 1 版第 1 次印刷	
定 价	38.00 元	

本社常年法律顾问:北京建元律师事务所首席顾问律师 鲁哈达
凡有印装质量问题,本社负责调换。电话:(010)66509618